大

如何选择成长股

[美] 弗雷德里克·R. 科布里克（Frederick R. Kobrick）——著

卢 斌 张小敏——译

钱

The Big Money: Seven Steps to Picking Great Stocks
and Finding Financial Security

中国人民大学出版社

·北京·

译者序

　　本书的内容，就像书名《大钱：如何选择成长股》所蕴含的，看似简单、通俗易懂，实际上别有洞天。人与人之间，有时候隔桌对坐，实际上却像隔了一条银河。在最真实日常的生活场景中，普通人隔着一层玻璃坐在银行柜员对面，却可能连自己银行卡上的数字也未必完全由自己决定，更何况大钱。大钱是个简单的词，就在咫尺，就在天涯。人与书，穷与富，大与小，身与土，何曾两样？

　　那场疫情来得快、去得慢，疫情防控足足持续了 3 年，但在我们的记忆中，它似乎早已遥远，几乎没有人愿意回首，毕竟，活好当下更有价值。让疤痕成为勋章，继续抵御生活中的剑戟刀枪，才能释怀过往，不畏将来。就在那时，一所蜚声海内外投资界的价值投资研究院的一些师生，也是我的领导、同事和同学，向我和中国人民大学出版社推荐了这本书。

　　从刀耕火种到具身智能时代，"赚大钱"与"当大官"一直是两个不同的梦，但殊途同归，都指向选择自由、生活幸福、达己济人。如果说"当大官"还属于很大一部分人敢想不敢追的梦，因为这不仅需要读书的天赋与努力，还需要跨过多道门槛的持续幸运——从古代科举、进士及第、入朝为官到当下追求考入

"211"、"985"和"考公"，中间浸润着多少"范进中举"的唏嘘和"御街夸官"的喜悦，太多的仕途不确定性让人望而却步，那么"赚大钱"却不折不扣地是从贩夫走卒到达官贵人都热衷而不一定宣之于口的梦想，也是普通人敢于放手一搏、激发潜能、创新创业的最原始本质的个性化社会冲动，其覆盖的群体涵盖了从"保安、保洁、保险"城乡打拼三件套群体，到精通资产管理、阿尔法和贝塔投资等令普通人望而却步的艰涩知识的高净值人群。

《大钱：如何选择成长股》就这样朴素实在、高瞻远瞩而又匪夷所思地来到了我的案头。朴素实在是指这个书名人人看得懂、愿意看。高瞻远瞩是指那所价值投资研究院的绝大多数学员都已经实现财务自由，管理能满足很多个"小目标"的资本品，无论是做一级市场还是二级市场，无论是做风险投资、私募股权投资、股票投资还是固定收益产品投资等，他们都在阅读这本书，它的价值得到了专业投资者的认同。匪夷所思是指这本书内容如此通俗易懂，读者只要识字，对创新创业、股票投资感兴趣，均能开卷有益。当然，对于具备一定专业投资能力和国际历史文化背景的读者而言，作者的慷慨分享无疑能让这样的高知读者大呼过瘾，并将此书常备案头。

投资名著《价值》一书的作者张磊先生说"流水不争先，争的是滔滔不绝"，他认为烈火烧不尽的，才具备真正价值。这道尽了投资真谛：真正赚大钱的投资是科学和艺术的水火相济，不是焦虑和运气的水火不容。艰苦卓绝的后天努力中究竟包含多少神秘天赋，很多不可言说。但可以说的是，《大钱：如何选择成长股》是一个雅俗共赏的选股、选公司的投资赚钱干货总结，书里的投资案例虽多是 2000 年互联网泡沫破裂前出现的公司，但赚钱秘诀却依然鲜活，具有反复重温学习的价值。其根本原因在于两点：一是坚持价值投资，守正用奇；二是文风朴实，雅俗共赏。

作者在书中反复提醒读者在选股、选公司时要运用 BASM（即商业模式、假设、战略以及管理）和七步走法则，其本质还是坚持价值投资的精髓：研究一家营利机构如何做到不投机取巧，不被个人情绪和短期利益裹挟，而是专注于与时俱进，全力以赴地为自己的目标客户创造价值。创立公司就要为客户创造价值，这个道理朴素到人人耳熟能详，但在面临纷繁复杂的品牌竞争、内部纷争和资源约束等条件下，真正能有几人做到初心不变、素履以往？大音希声，大巧若拙，只有守正用奇，在自己擅长的领域专注于为客户创造长期价值的公司，才能活下来、活得久、活得好。三观正则赚大钱。同时，作者也睿智而又老到地反复强调，选股、选公司的实质就是选领导人，并以自己实地调研的家得宝公司伯尼·马库斯、苹果公司乔布斯、IBM 公司郭士纳、戴尔公司迈克尔·戴尔等真人实事为案例，不厌其烦地屡次验证"投资就是投人"这一颠扑不破的大钱真理。

《大钱：如何选择成长股》一书没有晦涩艰深的金融模型、复杂时尚的选股炫技和长篇累牍的财务报表数字拆分组合，有的只是按照一以贯之的价值投资主线娓娓道来的案例分享和得失体会，可以说是长幼咸宜、常读常新。在"文风朴实、雅俗共赏"这一突出风格上，特别值得强调的是，书中的智慧箴言俯拾皆是，既可以当作选股指南反复揣摩，也可以作为管理座右铭时常领悟。关键是这些字字珠玑的内容均源于作者的投资心得，这是我们对本书具有长期阅读价值抱有信心的一个重要原因。恰如书中所说，农民购买种子的决定因素不是种子成本，而是信任，公司管理层应该具备一致性、可重复性、远见卓识、卓越的执行力和锲而不舍的精神，应及时承认错误并积极纠正错误，并具有常识。在人工智能热潮涌动的今天，这样的管理层依然是进行投资的最好的和最有利可图的核心要素，投资越早越好，越早赚得越多。

译完本书，我更深切地感受到，无论是选股投资还是做实业，赚大钱的本质都是做本分人，"聪明人下笨功夫"，一夜暴富当故事听听就好。情绪稳定，目标专注，有本事选定并追随那些敢追大梦、扎实做事、长期创新、始终"以为客户创造价值为中心"的公司和领导人，从而实现财富自由的投资者，真是不乏其人。

在翻译本书的过程中，我有幸得到了众多领导、老师、亲友和同事的支持和帮助。我要感谢我的同事张小敏老师，感谢她在我忙碌时分担了诸多繁重细节工作，感谢蔡美兰与马文海同学在不同阶段和章节的辛苦付出。此外，要特别感谢中国人民大学出版社各位领导和编辑的信赖，感谢他们在获取本书版权、联络、加工和推广等方面的慷慨、专业和努力。

历史一直在重演。如果你通过对本书案例的学习，识别出了现实世界中不断上演的财富故事的逻辑变化，你将大概率能赚大钱。每一次的投资都是一个选择决策，每一个选择决策都需要复盘和学习。投资者、实业家、科学家也好，普通劳动者也好，每个人都是自己未来的投资人，都必须珍视和审视自己的选择，选择比努力重要。我们应该以行为终极是否为客户和社会创造价值为指针，不断优化完善自己的日常行为和方法论，以收获内心宁静。宁静致远，远方有梦，有大钱。

目 录

第一章

人人皆可变富有

投资三大法宝：
一只股票、BASM 和七步走法则。

美国赢得了独立战争，其背后原因极其复杂，涉及作战方式、作战毅力和物资供给等多重因素。在学生时代，我们从课本中了解到，英军过时的作战方式也是其失败的原因之一。他们老套古板，每个人身着鲜红外套，沿着直线行军，站着开枪。

然而，美国本土军与之形成鲜明对比。他们行动自由，隐藏在树后，做好准备才开枪。喜剧演员比尔·科斯比（Bill Cosby）有个即兴表演：他既扮演红衫军（即英军）军官，又扮演美国本土军军官。当本土军军官抛硬币赢时，科斯比问他想要什么。

本土军军官说，希望敌方军队身穿鲜红外套，采用直线行军方式靠近本土军，只有接到命令后才可开枪，而本土军可以藏身于岩石和树木后，自行判断是否开枪。听到这个梗，我们总会笑，也因此加深了对从学校学到的内容的理解。英军的严格管制削弱了其打这种战争的能力，而本土军的灵活性和新式作战方式帮助他们赢得了战争，即便英军的规模更大、装备更好。

最终，美国独立了。

如果我告诉你，现在大多数投资者正在采取一种可被称为"红衫军式"的投资方式，而这种方式削弱了他们成为富人的能力，你会怎么想？

现实中其实存在一种方法可以帮助人们从这种不灵活且适得其反的投资方式中解脱出来。多年来，我和多名投资业绩卓越的投资者一直都在使用一种简单又可靠的优质股投资策略，并从中获利丰厚。这并非魔法，它不会在你睡觉时起作用。你必须学习如何识别一家卓越公司，学会如何识别一个未来的赢家，学会持有它们的股票，然后创造财富。

难道你不想识别、购买并持有一只投资收益高达 100 倍（即原始资本的 100 倍）的公司股票吗？要将这一结果变为现实，首先，你必须摆脱陈旧的思维方式。其次，你需要一个"指南针"，让你的注意力集中于一些关键但简单的事情上。

本书正是你需要的"指南针"，我将介绍一套只有 7 个步骤，但行之有效、简单又高效的投资方法。一旦你开始使用这套投资方法，你将战胜自己、赢得收益。本书不是一本指令复杂的指导手册。恰恰相反，本书既真实有趣又富含可贵的经验教训，因为它是我作为一名选股人几十年来积累的实战经验。这对大多数人而言，是最快、最有效的学习方式。

随着时间的推移，在投资方面，你的自信心越来越强，挫败感越来越少，赚大钱的机会越来越多。三四倍的投资收益固然很好，但我所谓的赚大钱是指通过拥有一家卓越公司的股票，并依靠洞察力和耐心长期持有，最后赢得 10 倍、25 倍、100 倍甚至200 倍的投资收益。同时，你将获得另一种形式的自主——财富自由。

20世纪80年代早期到中期，计算机开始普及，但投资并没有随着信息时代的到来而得到改善。对于大多数人来说，信息过载反而增加了挑选优质股票的难度。人们试图搜索尽可能多的信息，缺乏关注焦点和搜索目标。本书揭示了聚焦什么以及如何聚焦的秘密。通过简化和聚焦，你的致富机会将显著增加。

我的大学英语文学老师曾说过，文学作品只有七大主题，每本书、每部电影或每场戏剧都只是涉及其中一个主题或是衍生主题。当然了，投资原则不止7个，但也并不会太多。优质成长股的投资原则几乎都围绕着公司如何赚钱、成长，以及如何为股东提供投资收益展开。

如果我们能识别出过去发生过的事，那么投资将会变得更简单。卓越公司都有商业模式，概括来讲就是：公司将如何发展、如何盈利以及如何保护自己免受竞争对手的侵害。在信息时代，学会识别真正重要的信息至关重要，这不仅可以让你关注关键问题，而且可以让你避免陷入信息洪流。通过这种方式，你可以将精力集中于商业模式的相关要素、公司战略和公司所做的关键假设，以及公司的管理好坏等核心问题上。我将在书中概述如何查找这些相关信息，以及如何专注于四个关键因素，我称之为BASM（business model，assumption，strategy，以及manage-ment的英文缩写），即商业模式、假设、战略以及管理。事实证明，专注于BASM的投资者最终成为获益最大的赢家。

在相对较长的时间内，公司盈利可以反映到股票收益上，但从短期来看，情况总是复杂混乱、分辨不清。对于我们大多数人而言，公司报告和玩"数字游戏"的会计手段（其中甚至存在欺诈）有时看起来就像是花园里的迷宫，令人摸不着头脑。因此，我将公司收益视为创造股票收益的"金蛋"，而把 BASM 视为下金蛋的"金鹅"。

从投资者的角度分析，人的本能、弱点和情绪反应是阻碍投资者投资成功的拦路虎。这些弱点包括贪婪，如果控制得当，贪婪其实可以成为一种积极因素，但当情绪高涨时则会成为负面力量；也包括缺乏耐心和忽视投资的时间跨度，或是对基准指标不敏感。另一个关键且源于人性弱点的错误是，人们总是试图预测短期市场走势，并将对优质股票的投资建立在高风险之上，这一策略几乎总是导致卓越投资失败。总的来看，所有伟大的投资，其核心都是用知识代替情绪，并通过建立正确的知识体系来赚大钱。

为使用 BASM 和成功投资的工具及概念，我们需要停止做那些会让自己投资失败的行为，即便这些行为属于人的本能。然后，我们需要遵循以下七步：

- 知识（knowledge）；
- 耐心（patience）；
- 纪律（discipline）；
- 情绪（emotion）；
- 投资期（time horizon）；
- 市场时机（market timing）；
- 基准指标（benchmark）。

你可以将七步走法则和 BASM 自然、顺畅地结合使用，以帮助你赚大钱。学习使用这些工具并不难。通过本书的案例，你可以明白它们是如何起作用的。本书采用案例教学方式，案例是哈佛大学商学院和其他很多顶尖商学院，以及大多数优秀法学院的核心授课工具（虽然书中的案例都是基于我个人的经验，但你会学到远比在课堂上学到的任何工具都更有效的投资工具）。这种方式通常远好于其他方式。经验造就伟大的投资者，这些经验可以帮助你变好、变富有。

你是否早就预测到亚洲金融危机将在 1997 年爆发，或是世纪之交的互联网泡沫将在 2000 年 3 月达到峰值？通常，在赛季初，人们无法准确预测哪两支球队将进入超级碗（Super Bowl，美国国家橄榄球联盟主办的年度冠军赛）或世界大赛（World Series，美国职业棒球大联盟举行的总冠军赛）；同样，人们也无法准确预测天气变化，更无法预测个人生活中可能会发生的一些最为重要的事。我们喜欢自己能够准确预测某些事情的感觉，但现实中这很少发生。

但是，我发现，我越熟悉一家公司的首席执行官（CEO），我越能推断出他或她应对新状况的反应。虽然你可能无法轻易与 CEO 面对面交流，但可以阅读他们的业绩记录、公司的公开声明以及有关他们的文章。简而言之，就是运用本书教你的技能，找到你真正需要了解的信息。

如今，互联网和其他渠道让人们有可能了解到 CEO 的真实情况。你只需坐在桌前就可以找到以前必须通过出差、参会和电话调查才能搜集到的信息。

通常，你能预判出最亲的家人和朋友在某些情况下的行为。虽然你对 CEO 的行为预判做不到同样准确，但你仍能识别出那些优秀的 CEO，而这才是重点所在。

当你可以识别出优秀的 CEO，同时理解最佳的公司商业模式时，你将会变得非常富有。我一再强调，这一套投资要素明确的投资系统是大多数优秀投资者通过他们的实践总结发现的——和本书中呈现的案例一样，这套投资系统是赚大钱的最佳方法。经过多年实践完善，我将这套许多专业投资人士使用的筛选卓越公司和优质股票的投资系统概括为四个关键因素——BASM，通过这四个因素，你可以辨别和预判出那些能为投资者创造巨额财富的股票。

我永远不会忘记许多年前在芝加哥的那个温暖的春天，那时我刚向我所管理的共同基金的投资者做完路演，一个人从人群中朝我走来。他是我所管理的共同基金的投资者中的一员，同时自己也喜欢买一些个股。他明确地对我讲，对他来说，这次路演最好的部分并非有关这只基金本身的介绍部分，而是有关我如何挑选优质股票的讲话。多年来，通过与投资者的交谈，我印证了一个事实，即那些渴望财富的人，同样渴望了解职业投资者在午餐时互相讲述的选股故事。

这些投资者感受到，与一般的规则、书籍或文章相比，他们从成功投资者的经验中学到的东西更多，受益更大。这帮助我意识到这套投资系统的重要性，因为我不仅从我个人经验和我所认识的优秀投资者那里学到很多，也从一个我从商学院毕业前面试我的人的经历中学到了很多。这是一个伟大的故事，但有时这就是全部。

多年来，通过交流和路演，我对人们所遇问题和挑战的理解更加深刻。我总是试图让人们相信，他们可以只拥有、跟踪些许股票，甚至只通过一只股票获得财富。当然，我也会针对他们买入的我所管理的基金如何投资谈论很多，这也是为何我与他们交流、进行路演的目的。在交流中，他们对我如何挑选股票背后的故事尤其感兴趣，总是听了又问，问了又听。我告诉他们，像我们这样的专业人士也喜欢向杰出投资者了解他们挑选股票的故事，通常我们都相互讲述自己的选股经历。这些交流不仅有趣，也是专业资金管理者和个人投资者学以致用的最好方式。这也是我为何要在本书中讲述其中一些故事的原因。如我之前所述，我想给投资者写一本投资指南，提供一套简单的方法，同时让他们自信地学以致用，最后实现财富自由。

只学习而不付诸实践，将得不到任何结果，这一点显而易见，我们也都明白这个道理。然而，情绪影响以及缺乏对学习内容的指引却是投资者普遍面临的问题，这些也常常阻碍投资者的投资行动。

我的好朋友本·布鲁姆斯通（Ben Bloomstone），一位经验丰富的经纪人，在星巴克（Starbucks）上市前更早几年，曾在西雅图的一家星巴克咖啡店排队买过咖啡。他认为星巴克制作咖啡的操作流程超级棒，他和其他客户都很喜欢星巴克。然而，本没有具体方法来评估星巴克与竞争对手的差异，也从未关注星巴克的关键因素（我称之为 BASM），所以他从未买过星巴克的股票。他现在想知道自己为什么没有在星巴克首次公开募股（IPO）时就买入星巴克的股票。如果当时他知道 BASM 原则，他就不会犹豫——他本来可以通过持有星巴克的股票而致富的，但却错失了这次挣大钱的机会。我的另一个好朋友维克·利内尔（Vic Linell），每当市场让他感到恐慌，或其他因素造成股票可能暴跌的假象时，都会卖掉微软（Microsoft）股票。然而，每次微软股票暂时下跌后，总是掉头继续上涨，而很多坚定持有微软股票的人**拥**有了巨额财富。

这两位朋友都是美国顶级投资机构的经纪人，他们的经纪公**司给**他们提供优秀的研究报告，辅助领先的专业投资者做投资决**策。然而**，他们忙于做好本职工作，没有时间整理一套不同于研**究型**分析师的选股系统。虽然分析师的研究工作做得很出色，但其思维方式异于资产管理者，因此通常他们并非优秀的选股人。**补充**说明一点，尽管优秀分析师理解 BASM 的重要性，但他们通常不遵循七步走法则，而这导致最终收益差距巨大。

我为何如此确定？因为我的职业生涯是从分析师起步，后来才发展为专业投资者。我不会在书中介绍我职业生涯的详细情况，但会通过选股案例展开说明对你有帮助的部分，书中也阐释了为何 BASM 和七步走法则让我如此成功，以及我是怎么通过它们帮助更多人赚更多钱的。

我的个人经历决定了这本书是一本选股指南，而非证券分析书。

2005 年 8 月，谷歌庆祝上市一周年，其股价约为刚上市时的 4 倍，看涨和看跌的人都难以理解这个价格。

一年前，在即将进行 IPO 之际，因为这家互联网搜索引擎开发公司的产品非常受欢迎，所以它成为媒体关注和报道的焦点。关于谷歌股票价格是否过高的争论热度达到了国家问题或重大体育比赛的水平。大多数争论使用了一些证券分析的基本方法，但都未涉及 BASM 关注的核心问题——谷歌只是一个热门产品、一只**热门**股票，还是一家值得关注和拥有的卓越公司？

不可避免，随着谷歌的壮大，它将进入应对外部竞争（主要来自雅虎和微软的竞争）的阶段，而竞争是所有潜在卓越公司都必须面对的关键因素。面对这种情况，BASM 同样可以帮助我们确定如何跟踪谷歌的进展，并判断它是否属于卓越公司的行列。

我是怎么做到的

和大多数投资者一样，我通过经验学习，并将每次投资经验作为理解卓越投资者如何识别商业模式和选择赢家的垫脚石。

1971 年，在华尔街的一次午餐会上，我第一次听到股票的故事。这个故事给我留下了深刻的印象，之后我一次又一次应用那天听到的内容，这为我的整个职业生涯定下了基调。接下来要讲的故事，我认为对许多投资者都会有帮助。

那时，我即将从哈佛大学商学院毕业，上午参加了一家大型华尔街公司的面试，它的优秀证券分析师团队对我进行了面试。中午时，我与他们的老板和研究部主任共进午餐。那天的面试进行得非常顺利，我感觉我和分析师之间默契十足。午餐会也证实了这一点，其间我们的交谈自始至终都没有间断。

这些分析师给我留下了深刻的印象，其中我对戴夫（Dave）的印象尤其深刻。他不同于我之前遇到的研究部主任，与其称他为管理者，不如称他为导师。他说："我想培养选股人才，我想让我的部门拥有一群真正的投资者。这才是全部意义所在。"我们两个都明白，很多分析师都可以做到深入研究，并撰写出色的报告，但他们通常不知道如何在正确的时间选择正确的股票，从而帮助他们的客户赚大钱。

那天，漫长的午餐会接近尾声时，戴夫拿起账单，从口袋里掏出一沓子钞票，看上去足以堵住一头水牛的喉咙。我感到惊奇，睁大眼睛，忍不住问戴夫是否总是携带这么多现金。

"哦，我想是这样，"他随意地回答道，"我的抽屉里放了很多现金，需要时就拿一叠。坦白说，我根本不考虑钱的事情。我从一无所有开始，通过投资变得非常富有。现在都不需要工作，我来上班是因为它很有趣，我喜欢它，我喜欢挑选优秀的股票。"

人生中的决定性时刻

我们大多数人都能记得几个人生中的决定性时刻。也就是说，有些事让我们走上了新的或不同的道路，或者产生了巨大影响。这件事对我来说就是这样，我从未忘记它。戴夫告诉我的看似简单的股票故事，为我如何开始投资奠定了极大的基础。这个故事对我产生了极大影响。

那天我意识到，未来我要一直与真正懂投资的优秀投资者一起工作，而不是试图从技术期刊或教科书中获取大部分信息。我曾读过投资和其他领域的"大师"文章，似乎一个人应该从大师那里学到最多、最好的知识。过去，我总以为能成为大师的人物一定非常有名，但没有意识到其实很多大师级人物并不总是站在聚光灯下。

戴夫是我第一个深入交谈过的人，他也是我认识的第一个因擅长选股而变得富有的人，我因此渴望了解更多。

他告诉我，在一段时间里他投资了一堆小而快速增长的公司，其中一些的表现尤其亮眼。他虽然同意人们应该拥有一个适合自己的投资组合，或一组具有增长潜力的股票，但他也始终相信，人们可以靠只持有少量几只股票而变富。

有一次，他投资了施乐公司（Xerox），其前身为哈洛伊德公司（Haloid）*。1959 年，该公司推出一项技术。该公司一边销售这项技术，一边持续完善它。同一年，该公司股票上市并在场外交易，于是他成为第一批投资者。施乐公司生产了第一台使用普通纸的自动办公复印机，它于 1961 年在纽约证券交易所上市。由于股票价格一直上涨，施乐公司变得更加知名，该公司的收益也随之快速增长。之后，他阅读了所有关于施乐公司新技术和市场接受度的资料，了解到该公司并没有有实力的竞争对手，也认识到该公司的潜力所在。之前施乐公司相对不为人所知，它的新技术同样如此。施乐公司的机器可以直接复印打印好的纸质文件，而当时人们普遍采用低技术手段，如在打字机所用纸张中夹入复写纸以实现复印。

在戴夫读完资料并理解施乐公司的运营方式后，因为根据已有资料，仍无法确定这种新技术是否能够自我维持和持续发展，所以他仍感到不满足。之后，他采取的重要行动是询问采购施乐公司机器的采购员。此外，他也询问了华尔街附近的办公室复印机使用者。他与店员和秘书等聊天。他询问的问题包括用户的使用模式、喜好和满意度，以及他们复购的原因等。这让他了解到市场的真实状态，为估算公司数据获得了充足的信息。

戴夫根据常识，考虑到技术提升、价格下降、市场效应、分销和品牌认知等所有可能促进扩张的因素，估算出了销售量，并分为强、中、弱三种情况。仅依据估算数据，该公司已显现出巨大的市场增长潜力。戴夫的相关常识性知识完备，也有纸面上的真实数据作为依据。整个估算流程的简单性和逻辑性令人印象深

---

* 它有一个阶段改名为哈洛伊德施乐公司（Haloid Xerox）。——译者注

刻。时至今日，我仍喜欢未来收益模型，这让研究分析变得简单、直接且合乎逻辑。

我通过早期的投资训练受益匪浅，正是这种常识性方法的实际应用启发了我，我在很多事情上都形成了自己的独特方法，例如多年来我一直与飞行员、卡车司机和棒球卡经销商保持沟通，而这些只是其中一小部分。接着来说戴夫投资施乐公司的事。随着施乐公司股票价格的上涨，戴夫对施乐公司了解得越多，就对它越自信，进而买入越多施乐公司的股票。当然，市场波动势必影响股价波动，戴夫逢低买入，因为他坚信施乐公司可以坚持下去。他告诉我，了解越多赚得越多，赚得越多就越想了解越多。

我能理解许多投资者和商人对这个新产品的怀疑态度，他们担心买家可能只是尝试一下，毕竟这个"新玩具"复印文件的成本远高于用复写纸复印。记住，施乐公司的这段繁荣期发生在个人电脑甚至文字处理器进入办公室之前，因此当时怀疑全新、未经测试的产品、服务和市场都是恰当的。怀疑主义是对风险的健康敏感的反应，它的表现方式为要么远离恐惧或未知的事物，要么努力获取知识以消除部分疑虑和不确定性。

对于好想法总是存在很多不看好的言论，怀疑者认为机器的成本过高，以至于无法形成规模化的市场。没有一家企业不关注自身成本和费用，这将导致这类复印机不可能物有所值。此外，这类复印机新打印出来的文件带有潮湿的墨迹，机器噪声大且速度慢。实际上，早期根本没有任何东西被坚实地证明过。但有一点是明确的，即这家公司早期开发了一种产品，并推广到了尚未成熟的市场。然而，不同于 20 世纪 90 年代的大多数互联网公司，施乐公司确有收益，管理良好且商业模式可靠。

到目前为止，戴夫和许多其他投资者一样，通过各种投资赚了很多钱。多年来，有很多投资者在早期恰当的时间购买过施乐、微软、美敦力（Medtronic）、家得宝（Home Depot）、玩具反斗城（Toys "R" Us）等优质公司的股票，但是多数投资者过早地获利退出了，错过了仅凭几只股票或一只股票致富的机会。当某些事件发生导致整个市场走低时，无数投资者逃离市场，只知道简单地抛售这些优质股票。

不同之处在于，他们没有深入了解股票背后的公司——这种深入了解让投资者在市场波动时继续持有股票，让投资者在市场低迷时买入更多股票，也让投资者可以做到长期持有股票。

只要查看一下那个时期的股票走势图，便可以发现经过股票分割*调整后，戴夫买入施乐公司股票的成本大约为每股 4 美元，这个价格相当于戴夫首次买入施乐公司股票的价格。几十年后，施乐公司的股价涨至每股 160 美元。戴夫的资金翻了 40 倍，他获得了可享用一生的财富。事实就是这样。

戴夫变富的那个阶段正是施乐公司的黄金时代。之后，施乐公司的表现或更好或变糟，而那些施乐公司未能很好应对挑战的时期都与它自身的管理有关。在接下来的几十年里，施乐公司为我们提供了其他重要的经验教训，后面我们会再次讲述这家公司。当然，我从戴夫那里学到了重要的一课——这一课让我踏上了对投资的探索之旅。如今我仍在这一条路上进行探寻。

---

* 股票分割又称股票拆细或股票拆分，即将一张较大面值的股票拆成几张较小面值的股票。股票分割给投资者带来的不是现实的利益，但是投资者持有的股票数量增加了，给投资者带来了今后可多分股息和获得更高收益的希望，因此股票分割往往比增加股息派发对股价上涨的刺激作用更大。——译者注

本书是关于做戴夫所做之事的指导。书中的案例既有教育作用，又不乏趣味性。本书介绍了一种简化股票挑选和消除挫败感的最佳方法。在书中，你将会了解到 20 世纪 20 年代的卓越投资者是如何被自己打败的。遗憾的是，如今大多数人仍存在这一问题。我们都是情感动物，忙于处理信息和数据，但很少有人拥有清晰的"导航图"。

案例中总结的经验具有普适性，适用于很多股票，不止一只股票、一个行业。简化投资至关重要，本书适用于零基础的投资者，因为理解书中的数据和概念不需要太多经验。只要你愿意每周花几个小时阅读，并聚焦于其中的几个关键因素，就可以通过一只股票或几只股票赚大钱。

我总是向人们提出这样的问题：如果你不真正了解最初如何识别出微软、家得宝、戴尔、耐克或麦当劳等公司，你如何识别下一个这类公司？

麦当劳既没有发明汉堡，也没有发明快餐，耐克也没有发明跑鞋，但它们都成了行业领导者。同样，微软没有发明计算机操作系统、文字处理软件或电子表格，但它成了所有这些产品的领头羊。家得宝并没有发明五金店或零售业（尽管它确实开创了自己的一些东西），戴尔也没有发明计算机（尽管它也是先驱）。不仅如此，在它们起步的早期，它们都不是所在行业的领先者，它们都是后起之秀。这些案例生动有趣，可以帮助你认识到是什么让一家公司及其股票成为巨大财富的潜在来源，从而使你致富。

所有你听过或没听过的卓越公司都存在一些共同点，即拥有可以转化为战略、商业计划和行动的想法。

随着时间的推移，像思科（Cisco）、戴尔、微软、家得宝、沃尔玛（Wal-Mart）等公司已经让投资者赚了数百倍（有的甚至达数千倍，如沃尔玛）。然而，还有更多的股票可供选择。有些收益不错，有些收益巨大，有些可以让有耐心的投资者拥有享用一生的财富。

我赞同人们应该将退休金主要投资于共同基金，或交给理财顾问，或两者兼有，这样他们就不必费心管理退休账户。然而，我也认为每个人都可以应用我开发的方法，持有几只股票，将所有投资时间集中在"挣大钱"的股票上，目标是成为真正的富人。

并非只有名气大的公司能够让你致富。在本书第二章，你会发现一家名为莫仕（Molex）的公司，以及我投资它的逻辑，它的收益表现与思科一样不同凡响。你将见证20世纪80年代初期工作站计算机的领导者阿波罗电脑与太阳计算机公司之间的恶战，后者取代前者成为新的领头羊，并让投资者获得了超过200倍的收益。

商战永无止境。西尔斯公司（Sears），这家曾经的美国零售业之王，为彰显自身的统治地位，于1973年在芝加哥对外宣布启用110层的西尔斯大厦。在1996年之前，西尔斯大厦一直是世界上最高的建筑物，是美国最成功的零售和目录销售公司的总部所在地。分析师在20世纪70年代预测西尔斯的行业龙头地位将维持很长时间。然而，他们不仅错了，而且错得很彻底。西尔斯的衰落和沃尔玛的崛起都与商业模式和管理直接相关。如果仔细研究它们各自发布的战略的关键要素、管理层的行为以及商业模式的主要部分，而不是只机械地推算收益趋势和盲目相信分析师的研究，一切都是显而易见的。

或许还有投资者记得萨帕塔（Zapata）或斯伦贝谢（Schlumberger）*在能源业务中取得的巨大收益。也许有投资者知道，桂格燕麦（Quaker Oats）和罗尔斯顿·普瑞纳公司（Ralston Purina）的股价在短短几年内分别有过 700％和 800％的涨幅，或连锁药店来爱德（Rite Aid）的股价在大约 24 个月内从每股 4.75 美元涨到55 美元。或许投资者更容易想起，在六年（1966—1972 年）时间里，迪士尼公司的股价从 4.50 美元涨到 120 美元，同一时期投资麦当劳的投资者的资金翻了 50 倍。但许多人可能不知道 MGIC 公司，一家专业机构和个人都持有其股票的优秀金融公司，其股价从 1.70 美元上涨到 96 美元。

然而，问题在于你预测不出，一段时间里哪个行业、哪家公司可以创造巨大收益。优秀公司一段时间来自科技行业，另一段时间又来自零售或媒体行业，有些时候同一个行业里的优秀公司表现不凡，而其他公司的表现却停滞不前。大多数时候，一家公司是经营药店还是从事软件服务并不重要，关键在于它是否拥有巨大的增量市场机会，以及是否有抓住这次机会的 BASM。

本书不是历史书，而是一本难得的经验教训之书，它教你选出优秀公司的股票，从而变得富有。但是，历史确实可以告诉我们哪些公司为股东赢得了巨大的收益，并揭示背后原因。每个投资者都需要这样的历史视角，以帮助投资者在未来几年辨别出伟大的投资机会。那些想知道谷歌将如何发展的投资者，如果他们能理解早前的头部搜索引擎公司的历史，如从 Alta Vista、WebCrawler 到 Lycos 等公司的发展过程，并专注于它们的发展轨迹和

---

* 斯伦贝谢是全球能源行业领先的技术提供商。——译者注

商业模式，那么他们对谷歌的投资将会更成功。

此外，商业领域与军事、国际象棋等领域一样，所有伟大的举措都具有可重复性。公司的产品或服务或许不同，但商业模式可以基本一致。这也是我从莫仕学到的东西可以帮助我辨别出思科，并通过思科赚取巨额收益的原因。因为根据 BASM 分析，两家公司的关键因素并无差异。

如今人们对谷歌以及其他一些公司，如苹果、奈飞（Net-flix）、TiVo、纳米技术公司等的讨论可谓热火朝天，它们被看作可能有大机会的股票代表。然而，关于谷歌的讨论往往止步于基于市盈率的股票估值层面。讨论者没有其他选股指导，不知道自己可以以哪些因素做参考，只能依靠传统估值算法。于是，投资者每次只能根据传统方式判断，当价格看似过高时，卖掉一些股票，但实际上很多情况并非如此，他们可能卖掉了原本可以让他们变得富有的股票。

我和很多学生和投资者交谈时发现，他们并不真正理解微软、戴尔等公司为何会后来居上，对此我感到很失望。只有明白过去到底发生了什么，他们才有可能寻找到未来的集大成者。二流将军只图最后一战，筛选优质股票不是这样，为了可以在下一次胜出，投资者需要理解那些过去反复出现的特征。有一点是确定的，即卓越公司的管理者理解赢的商业模式史，最好的投资者同样如此。

因此，为发现谷歌、纳米技术公司等未来胜出的公司的股票，我们要远离传统的"红衫军式"投资方式，采用 BASM 和七步走法则。

成就卓越的经理人和战略家是真正有远见的人，他们通过过往经历总结经验教训，并在形势严峻时坚守自己的承诺。例如：耐克在应对锐步（Reebok）的竞争过程中，在领导人菲尔·奈特（Phil Knight）的带领下赢得竞争，并成为运动鞋行业龙头；在比尔·盖茨带领下的微软战胜了早期在电子表格领域占据约70％市场份额的莲花公司（Lotus）；晚于康柏（Compaq）成立的戴尔，在康柏看似不可被战胜的情况下崛起成为电脑行业的领军企业。

对我而言，这样的事情一再发生，只是公司名字改变了而已。互联网公司大战时，最后的赢家很大程度上取决于 BASM。互联网改变了我们的生活以及做生意的方式，想要在互联网行业取得投资成就，就必须理解其他公司做不到的事情为何 eBay、亚马逊和雅虎可以做到。互联网行业不会因为谷歌的出现而停止涌现新的互联网公司，相反，未来还会有更多的公司出现。如今互联网时代才刚刚开始。在这个科学与发现的时代，将会不断地诞生更多新技术。纳米技术，即研究微小物质的科学，专注于研究宽度不超过头发的事物，与之相关的新的做事方式正在探索中。任何一个新的、令人兴奋的领域，都会诞生狂热股以及伟大的投资，而你需要知道如何辨别它们。

有些投资者问我，如何区分美国 KK 甜甜圈（Krispy Kreme Doughnuts）这样的一时狂热股和谷歌这样的一直以来的稳健成长股。本书里有些很好的案例，可以回答这些问题，而更多的经验教训隐藏在当下和过去的市场中，这些教训将帮助你应对未来的股票投资。

我喜欢将早期的苹果公司与早期的 TiVo 进行比较，这是一个很好的对比。那些不了解科技行业的昔日巨头——包括王安电脑

(Wang Laboratories)、迪吉多（Digital Equipment Corporation）、莲花公司和康柏——发生过什么的投资者将会发现，如果他们知晓这些科技公司之间的大战以及胜负的原因，他们将成为了不起的科技股投资者。

最后，本书也会介绍一些应对潜在欺诈或财务报告问题的方法，以及使用 BASM 和七步走法则来应对这些问题的方法。

你听说过 Sambo's 餐厅吗？就像莫仕教会我在思科一上市时就识别出思科的真实实力一样，对 20 世纪 70 年代 Sambo's 餐厅的了解，让我在 20 世纪 90 年代认清了安然（Enron）的真面目。

历史一直在重演，而这正是通过股票赚得巨大收益的优势和秘密所在。如果你能够识别出那些不断重新上演的事情，你将能遥遥领先多数投资者。这条原则同时适用于赢家和输家。通过本书，你将学会如何识别投资方向以及股票。所有投资方向都涉及 BASM 和七步走法则。

专业投资者确实存在一些固有优势，但个人投资者的优势远大于此。他们不必向投资委员会提交报告，以解释买卖的合理性，并争取支持买卖决定所需的投票数。这个世界充满机会，只要你简化并专注于你所需要的特定知识就能发现机会。知识带来自信，再加上一些法则，就能带来巨大的财富。

本书的写作对象是那些不满足于只投资共同基金，而想通过清晰、简单的方法投资股票并实现财富自由的人。书中介绍到的案例、概念和经验，适用于大多数人，可以帮助人们摆脱投资惯性和传统投资方式。

收益固然重要，书中也对此进行了讨论，但我们必须专注于可以创造收益的金鹅，以便真正简化和理解优质股。BASM，或者它的某个版本，是我选股以及做到 15 年保持美国投资前五名的神器。这一方法也帮助了美国很多优秀投资者选股。

希望你可以享受接下来的阅读，并从中有所收获，然后去行动，"Just do it"（想做就做）！

第二章

知识：了解你所拥有的

要在商业上取得成功，达到顶峰，个人必须尽可能地了解该业务的所有知识。

——让·保罗·格蒂（Jean Paul Getty）

知识如何运作

或许有些人听过莫仕，有些人没有。许多年前，在我第一次买入它时，它几乎没有名气。1972年，莫仕首次公开募股，我深入了解它之后买入。通过莫仕，我赚了很多，我也不止一次地买入它。

经过一段时间，莫仕涨了几乎20 000％，股价几乎是最初发行价的200倍。因此，早在思科出现前，它已经创造了思科式的增长传奇。莫仕的管理和经营在某些方面与思科相似，正因为如此，近20年后思科一上市，我便看到它未来的可能模样。这是最佳案例之一，它印证了过去的经验确实可以帮助投资者识别未来的优质股票。

莫仕位于伊利诺伊州的莱尔，四周都是玉米地，它是1972年上市的一家小型电子连接器公司。当时我在惠灵顿管理公司（Wellington Management Company）工作，负责分析这家公司。那时我对技术公司知之甚少，但那些有关技术公司和股票的信息引起了我的兴趣。当然，我有点惶恐，因为我并不懂什么因素可以让一家技术公司及其产品脱颖而出，或者促使它们成功的秘诀是什么。

不过，很快我就发现，对于大多数个人投资者而言，只需要关注 BASM 和那些有助于公司变优秀的因素即可，只要做到这样，你就可以轻而易举地做好技术领域的投资。你既不需要成为一名工程师，也不必坚持"扮演好工程师角色"的路径，相反，那样做只会让你困于所谓的技术语言。

我的惶恐并未维持太长时间。随着阅读内容的深入，我发现就公司的某个具体技术产品而言，公司对技术研发与升级的管理、对客户关系的维护、对产品与服务的营销以及对自身的运营管理等更重要。一直以来，并不缺少好的技术，但伟大的技术公司却不多。

我并非要贬低技术的重要性，无论是新技术还是旧技术，它们都很重要。技术可以看作是进入争夺客户和市场份额"游戏"的"赌注"，而 BASM 可以看作是获胜公司能够取胜的路径。与其他行业的公司一样，优秀技术公司的 BASM 四个因素均排在行业前列。这可以确保公司股票具备持续盈利能力，这一点对股票投资至关重要。许多技术投资者被拥有热门产品的公司所吸引。然而，随着公司无法继续推进技术革新，不能保持持续盈利能力，这些投资者被套牢，最终获得少许收益或直接亏损。

当我第一次去见莫仕的管理层时，我永远不会忘记那些高层是多么令人信服。他们没有试图向我推销他们的公司，但他们确实让我相信他们真正了解自己的使命以及如何实现其目标。他们在我心中拥有很高的信誉度，而且这些年来也得到了证明。他们并没有夸大其词，宣称自己的技术将征服世界。克雷比尔家族（The Krehbiels）是一支坚实的中西部家族管理团队，多年来他们齐心协力，发展壮大这家 1938 年创立的、专门生产价格低廉的玩具和花盆模具的公司。

之后，他们利用自身在制造业积累的丰富经验，想要打开一个更具活力的市场。最终，他们选择了电子连接器行业，因为他们坚信这一领域前景广阔。

这一案例是关于 BASM 中的"A"即假设的最佳案例。莫仕预判到了电子连接器的未来前景，这一预判对公司取得成功至关重要。（多年后，微软预判软件市场需要标准化的软件，而消费者并不喜欢在不同热门产品之间频繁切换。正因为对市场有这样的预判，所以微软早期愿意牺牲利润，只为提前锁定客户。）

随后，从汽车、录像机到百事可乐自动售货机，使用电子连接器的产品迅速增多，这对莫仕而言意味着巨大的机遇。

你可能见过电子连接器——外围由塑料制成，中心有电线。你可以在几乎所有你能想到的电子产品中找到它们。采用电子连接器替代焊接零件可以使产品制造成本更低，更具竞争力，同时这种连接元件支持升级，可以提高产品性能。

电子连接器可以用于个人电脑的硬盘（主要存储器或磁盘驱动器）和计算机的其余部分，包括"大脑"即中央处理器（CPU）的连接。电子连接器也被广泛应用于汽车中，如应用到引擎、仪表盘和车头灯等上。从电视到自动售货机，很多设备都需要使用电子连接器，这是一个极其广阔的市场。

出色的公司通常不局限于为小众市场提供服务，而是能准确地选出潜力巨大的产品或服务领域。

这一市场由制造各类产品的公司组成。自电子连接器取代老式焊接零件后，降低制造成本及提高产品性能的市场压力逐渐被转移到了电子连接器公司身上。那些能应对市场要求的电子连接器公司自然赢得了收益丰厚的合同订单。

通过近距离观察电子连接器成品，我明白要制造这样的电子连接器，首先生产工艺必须非常专业、精细，其次产品的不合格率必须很低，最后还要具备成本优势。（一旦电子连接器出现缺陷，只能作废，不可回炉重造。）从莫仕管理人员向我展示的客户订单可以看出，客户一般从小订单开始，其目的是测试莫仕的产品。当时安普（AMP）才是这一领域的领导者，是最大也是最成功的电子连接器制造商。[安普仍是这一领域最大的供货商，但它现已成为泰科（Tyco）旗下的一个子品牌。]然而，我认为莫仕的增长比安普更快，是该领域的创新领袖。

莫仕发布的声明和报告都与整个行业的发展态势相吻合。莫仕希望所有人都了解它，阅读它的文章，理解它的商业模式、假设、战略和管理实力。它想表明它想要成为电子连接器行业里最好的公司，并且有实力做到这一点。

知识越渊博，信心越足。两者都是赚大钱的必要条件。对我来说，获取相关知识是早期投资成功的关键，也是我所总结的成功投资七步走法则的第一步。

高中物理课上我学过"鸟飞过窗户"的故事。一个不成熟的观察者可能会认为鸟会一直沿着同一方向飞行，但一个深思熟虑的人不会做这样的推断。所以，我不认为我眼下观察到的会无限地延续下去。在一些情况下，分析师分析时会做一些推测，如推测收益和公司产品周期等要素，但推测太多反而是阻止人们赚大钱的永恒陷阱之一。

因此，我的研究目标是探讨可能会发生变化的事物以及可能会重复的事物。莫仕需要如何做才能重复产品循环、持续创新并获得合同订单？虽然第一天我并不知道，但我了解到莫仕拥有三个最重要的条件，而当一家公司想成为赢家时，这三个条件是必不可少的：

（1）从其他有价值的竞争对手那里夺取市场份额；

（2）拥有巨大甚至开放式的市场机会；

（3）知道如何锁定客户并与客户密切合作。

请记住，那时我并不知晓 BASM。在作为投资者的早期阶段，我通过像莫仕这样的公司学习到了 BASM。同样地，你可以通过本书中的案例学习到这些知识，之后在投资时牢记它们。

我相信莫仕管理层所说的他们为开发产品所做的努力，同时我也认同他们对巨大潜在市场设想的正确判断。因为通过阅读和研究我了解到，世界正在发生诸多变化，这将促使这个新市场成长为巨大的市场，并推动这一市场迅速增长。

事实上，一切确实如此。现在，莫仕向一台百事可乐自动售货机供应 5 个电子连接器，向一台普通扫描仪供应 9 个，向一台洗衣机或类似设备供应 4 个，向一台有线电视机顶盒供应 7 个，而这些还只是终端市场中的一小部分产品。

我最喜欢的是从表面上能看到的东西。通过粗略的数据估算，我看到了市场的巨大潜力。我从管理层那里获得的信息，也在公司年报和季报中有所反映。一切都很顺畅，且简单明了。

当时我最想知道的是，将大幅的近期增长和市场份额的增加推广至相当长的一段时间是不是愚蠢之举。毕竟，很多小公司最初的确很成功，但却无法年复一年地重复这种成功，特别是规模变大之后。

正如我之前所说，自成立以来，莫仕一直由家族经营。通过最近的阅读，我了解到家族式的经营管理很少能够延续到第二代，更不用说第三代了。根据专家的研究，只有4%的家族企业可以传到第三代。莫仕至今仍是家族经营，并且非常成功。

我非常喜欢管理，这是深入了解的第一步。接下来是对莫仕的商业模式的深入分析，其核心是在避免债务的同时尽可能地盈利，并且非常重要的是，莫仕重视与客户的密切合作关系，预测并满足客户的需求，甚至超出客户的预期。这使得莫仕尤其擅长设计最适合客户需求的最佳产品。莫仕希望拥有广泛的生产线，便于满足客户的所有需求，避免自身被困于小众市场。

对我来说，关键在于与客户合作，并在这项重大活动上投入大量精力、时间和金钱，这是该行业成功商业模式的核心。那些同我聊过的莫仕管理层，包括克雷比尔家族，都很敬业，且诚实可靠，言行一致。你会看到这并不是那么容易做到的。很多公司声称自己与客户合作密切，但当将它们的年报与竞争对手或客户的年报结合来看时，哪些公司做到了而哪些没有做到，其差异立刻就会显现出来。做到与客户保持密切联系很难，且成本高，但做好一定可以带来收益。莫仕、思科、家得宝和沃尔玛这样的公司，其商业模式严重依赖于理解客户最重要的需求，并在现在或未来，设法满足客户的需求。

　　一般公司做不到深入理解客户现在以及未来的需求。大多数公司出于财务顾虑，无法采取必要行动，常以短期利润最大化为依据做决策。然而，为客户的需求花费资金可以最大化未来的利润和增长，并有助于锁定客户——这是公司未来盈利、复制当下成功的关键因素。

　　很多公司口头上说要与客户保持密切合作，但在控制成本和保持收益的前提下做到这一点的确相当困难。很多管理者都在谈论这一主题，但很少有人能够真正做到。这也是为何我将辨别有执行力的管理者纳入我的股票三大买入纪律之一，这一点将在第四章"掌握买卖纪律"中详细论述。

　　通过莫仕学到的知识，帮助我后来通过思科大赚了一笔。因为我认识到商业模式和管理层执行力的重要性，这帮助我在计算机网络与交换领域发展早期将思科从诸多同类公司中识别出来。这两只股票都为持有它们的投资者赚取了巨额利润，同时也证明了一切都会重复。尽早学习认识这些成功的关键因素，会使你早日具备筛选明日超级牛股的知识和信心。

　　通过莫仕赚钱的投资案例表明，知识与财富相辅相成。成功的投资者从学习知识开始。你拥有的知识越多，你赚的钱就越多。

　　市场和股票总在波动中，而知识就是你所拥有的重要资产。知识带来信心，而信心是让人们在股价承压时仍能坚持持有的关键因素。正因为投资者拥有信心，在价格下跌时他们反而买入更多股票，但那些对自己所持股票不了解的投资者则会由于恐惧和知识匮乏而情绪化地抛售股票。

　　知识降低风险。正如拉尔夫·沃尔多·爱默生（Ralph Waldo Emerson）所言："知识是恐惧的解药。"当你拥有更多知识时，你敢于投入更多的资金，从而获得更大的收益。因此，要了解你所拥有的，以及弄明白你为什么拥有它。

知识就是力量

投资就像生活中的其他领域一样，其成功往往取决于知识。就莫仕而言，简单的分析和常识为我提供了赚大钱所需要的知识。

很多投资公司在莫仕上市时买入莫仕的股票，我们也买了一些莫仕的股票，也赚了一些，但不多。之后不久，经济下行，市场下跌，莫仕股价也大幅调整。由于我们了解这家公司，于是我们利用市场的看空情绪，在短时间内逆向买入了大量莫仕股票，并加仓至原本想要的仓位，弥补了首发时因买入限制而持仓不足的局面。随后莫仕的股价翻了四倍，接着横盘了一段时间，之后又再翻了三倍。没有一只股票可以一直直线上涨，股票的市场行为常常会过度影响那些对自己所拥有股票缺乏足够了解的人，导致他们无法遵循正确的买卖纪律（第四章将讨论买卖纪律）。

长期来看，在 30 多年中，莫仕的销售额从略高于 1 700 万美元增至超过 20 亿美元，增长了近 120 倍。由于利润率的提升，利润更是成倍增加，从 178 万美元增至顶峰时期的 8.58 亿美元，上涨了 481 倍。莫仕经拆分调整后，其股价从 33 美分涨至最高点 61 美元，增长了近 184 倍。莫仕的股价波动示意图如图 2-1 所示。

多数科技公司通常只在最初的几年做得比较好，它们迅速崛起，又快速落伍。持续的成功正是卓越公司的与众不同之处。出色的商业模式带来可重复性的成功，让企业卓越长青。

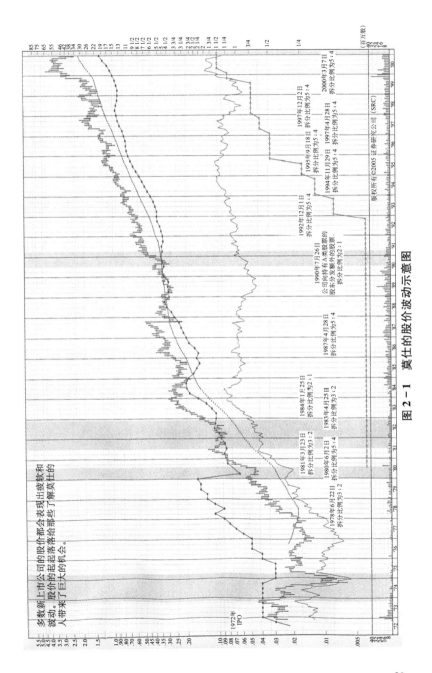

图 2－1　莫仕的股价波动示意图

你可以通过认真观察学到很多东西。

——尤吉·贝拉（Yogi Berra）

刚进入投资行业时，我没想到停车场可能成为投资者的重要信息来源。但是，自从听同事讲了麦当劳停车场的案例后，我不再排除任何场景的可能性了。

当我开始为我们公司调研麦当劳时，我拜访了麦当劳的管理层，也跟华尔街的杰出分析师交流，同时阅读了所有能找到的相关资料。我的知识储备随之拓展。为更进一步了解麦当劳，我还特意与特许经营者交谈，甚至走进麦当劳的餐厅，看看是否有模式、趋势或其他可以获取的信息。我也喜欢与吃麦当劳的消费者交谈。我想知道为何人们成群结队地来麦当劳，而不是去其他汉堡店。

我还记得戴夫一开始时是如何大量获取关于施乐的信息的。我通过与消费者交流，知道一致性、质量及卫生条件都是消费者看重的要素。这些要素构成麦当劳商业模式的核心。这意味着，汉堡店不能仅仅靠美味来获得成功，它必须有差异化，即一种可以帮助它在竞争激烈的市场中立足的商业模式。

我曾经非常努力地尝试让惠灵顿管理公司的所有投资组合经理购买麦当劳股票，但在费城的小组（我当时在波士顿），由传奇价值股票买家约翰·内夫（John Neff）领导，始终认为麦当劳股票偏贵。他们不确定麦当劳的差异化能否保持足够长时间，以实现更高的定价。但有一天，在上午的投资会议上，我听说内夫的高级合伙人约翰·尼海姆（John Nyheim）在他们的投资组合中买进了这只股票。

我向尼海姆询问了此事。由于上面提到的原因，他们早些时候拒绝购买（同时尼海姆也曾表示他个人不喜欢吃汉堡），看到他们买入我感到很高兴。

尼海姆回答我说："是的，弗雷德（里克），那是正确的。我决定买入麦当劳的原因有三条：第一，我现在去那里是因为孩子们喜欢，他们让我去；第二，每次去时，那里总是挤满了人，停车很难；第三，它的停车场是我去过的唯一各种档次汽车都有的停车场，从大众甲壳虫到高档车奔驰，应有尽有。这家公司服务的市场非常广阔，具有大众吸引力——这是一个巨大的市场！"

这些事情改变了他的想法。约翰·尼海姆拥有开放的心态，而这是卓越投资者普遍具备的特质之一。卓越投资者对他们的观点保持开放态度，他们不试图捍卫观点，而是尝试找到真相。

此外，尼海姆所做的事情也是我喜欢做的事情——他观察用户并研究市场。其实，我们不需要每天学习太多，重要的知识就那么多，重点在于必须记住关键知识并加以运用。这既是卓越投资者卓越的原因所在，也是通过股市赚钱的关键所在。

随着时间的推移，我对麦当劳的研究越来越深入，我意识到看似简单的东西实际上并不简单。管理层设计了精妙复杂的系统，以实现一致性、质量和成本控制，这些都是麦当劳股价走高的因素。公司的可持续性和可重复性一直是我们所关注的，它们不是凭空出现的，也不是轻而易举得到的，更不是运气带来的。它们来自 BASM 中的 M——"管理"造就成功。

常识投资

> 命运掌握在自己手中。
>
> ——弗朗西斯·培根爵士（Sir Francis Bacon）

无论是莫仕还是麦当劳或其他公司，常识告诉我如何对它们服务的市场做出评估。通过一些非常基础的数据，我得出了投资结论，而任何投资者都可以通过研究 BASM 得出相同的结论。换句话说，BASM 是筛选金鹅的标准，收益是金蛋。随着时间的推移，这种收益增长将孕育出优秀的股票。

尽管你可以为麦当劳和其他公司制定非常复杂的收益模型，然而实际上你只需要知道该公司能否达到或超过华尔街的预估。你不是在试图说服别人购买，也不是在写报告。你想知道的是，该公司是否会强劲增长，以及是否会实现或超过已经公开的收益预期。你只需要常识和一支铅笔就能找到答案。

我看到麦当劳在整个餐饮市场的份额很小，但我明白只要它经营得好，未来它可以实现强劲增长，直到它占有相当大的市场份额。然后，我看了公司对开设新餐厅的规划，并通过公司年报中的总收入和利润以及总店面数计算出每家店面的平均收入和利润。尽管新店需要一些时间才能实现良好的盈利能力，但从这些数字中很容易看出，麦当劳的增长强劲，而我认为麦当劳的市盈率并没有反映出这一前景（参见第四章有关如何以简单的方式衡量股票市盈率和增长率的内容）。根据我的计算，麦当劳的股价被严重低估了。即使你不喜欢数学，这种计算方式也很简单。了解到这家公司拥有如此卓越的系统，我增加了知识和信心，并相信麦当劳具备优秀的管理能力。拥有 BASM 所重视的管理能力，以及新开业店面数量，都告诉我应该买入这只股票。

请记住，对于任意一只优质股来说，专业人士并没有比阅读本书的任何人更具优势。戴夫与施乐的案例，以及尼海姆与麦当劳的案例，都印证了这一点。如果你想通过股票获得财富，那么就去学习了解 BASM，具备常识并愿意付出努力，致力于了解更多。你哪怕只找到一只真正伟大的股票也就够了。

侦察和"琥珀屋"

第一次参观麦当劳时，我还是一名年轻的证券分析师，正在研究和跟踪这家公司。我在麦当劳总部伊利诺伊州奥克布鲁克度过了一整天。就在那时，我开始深入了解公司的核心。那天，一位高管带我参观了一个特别的区域。

"这就是我们称之为琥珀屋的地方。"他向我展示了一间充满琥珀色灯光的房间，房间色调昏暗，装饰朴素。穿过像船舱舱口一样的门，我发现自己站在一个圆形房间里，其中大部分被一个圆形水床占据。墙壁呈圆锥形，向上延伸至一个点。这位高管看到我的积极反应后告诉我："科学家发现，琥珀色灯光和放松的氛围结合起来，可以激发最具创造力的大脑波。创造力和创新是我们的未来，也是我们保持行业领导地位的核心。"

那次参访麦当劳的经历确实让我看到了这家公司的巨大潜力。管理层致力于成为最好的，他们富有创意，也始终在思考如何做到长期保持成功。这些都很好，但仅有这些并不能让麦当劳变得卓越。正如之后我将讲到的一样，我曾拜访过各大航空公司的管理层，他们每个人都有强烈的竞争意识，但这些并没有促使公司变得卓越。我也拜访了很多餐厅的管理层，但还没有看到一家称得上"卓越"的公司。那么是什么让麦当劳成为一家卓越公司的？你可能很少（甚至从未）有机会与那些距离远而自身感兴趣的公司的经理会面，但如今已不同于我刚入行的时期，你可以通过公司网站获取大量信息，而且美国证券交易委员会（SEC）的《公平披露规则》[Regulation FD（Fair Disclosure）] 规定公司不能向专业投资者（或其他任何人）提供未经公开发布的信息。

你的确是有优势的。你不必出差就可以获得所有信息，也不必出差后飞回家写报告或争取获得委员会的批准。你可以根据自己的研究结果做出投资决策。

另外，很多品牌企业在你所在的城市开有分店或代理店，你可以随时进去看看，从客户角度感受一下店面的地理位置和设施，并体验它们的服务或产品。这就如同军事侦察一样。在采取行动前，必须先了解地形——洞悉公司的现实情况，而不仅仅是关于它的抽象信息或管理层声称的内容。

在你阅读完年度报告和管理层发布的信息后，再亲自侦察一番，你就会真正自信起来。

这听起来可能太简单了，但实际上，确保"公司所声称的"与"它们的客户对它们的看法"一致，将帮助你识别赢家。

关于麦当劳，我首先看到的是它本质上的创新，它设计了一个系统，可以提供独特口味（并具有大众吸引力）的汉堡，而价格比你在街角餐馆里买到的汉堡更便宜。

虽然价格低廉很重要，但质量、服务和卫生也是吸引客户的关键部分。通过研究，麦当劳创建并沿用了一套优秀的运营体系，而这要比坚持低成本和低价困难得多。正是麦当劳的卓越、创新的体系让它做到了别人做不到的事情：保证所有汉堡的品质始终如一，并且每一天、每家商店的味道都是如此。这是连竞争对手都称赞的伟大之处。

做创新者是一件好事，但是第一个推出产品并不是成功的必要条件。有时候，那些争先恐后推陈出新的公司很难保持增长，特别是当它们不具备应对快速增长的系统时。1961 年，雷·克罗克（Ray Kroc）收购了麦当劳。那时美国已经有很多快餐连锁店，但没有一家公司成为投资者的长期投资对象。另外，当时汉堡也不是新鲜事物，肉饼夹在面包中间的现代形式最早出现在 1904 年的世界博览会。之后，在 1921 年，在堪萨斯州威奇托诞生了白城堡（White Castle），主打小汉堡。在完成服务标准化之后，它发展成为这一品类的第一家连锁餐厅。

由于白城堡做得很好，一大堆模仿者涌现，但没有一个做得和它一样好。但是，白城堡从未积极扩张，从未开发过更多样的菜单，也从未开发过必要的运营系统以及设定增加店面计划或是筹资组建大型连锁店。白城堡始终在城市发展，未能扩展至有利可图的郊区市场。如果没有像麦当劳那样的系统，郊区扩张很可能会失败。但是那些小汉堡和洋葱很受欢迎，在一些地区至今仍然如此。（白城堡还在超市占有市场份额，在冷冻食品区可以买到那些好吃的小汉堡。）

霍华德·约翰逊（Howard Johnson）餐厅诞生于 20 世纪 20 年代，几十年都表现非常出色，但它后来发展成为一家全餐厅，只在高速公路边开设分店，以想要全餐的客户为服务对象。因此它既不是汉堡店，也不是快餐店。1973 年，石油禁运几乎使公司破产，它关闭了许多分店，但一段时间后创始人又将其重建。直到他儿子接管后，公司才因管理不善从美国一流成功公司沦为二流公司。这是管理起到关键作用的最具代表性的案例之一。

1954 年，汉堡王（Burger King）诞生。［在我深入调查麦当劳时，温蒂汉堡（Wendy's）出现，并于 1976 年上市。］汉堡王是一个优秀的竞争对手，但麦当劳的文化让它永不停歇，不断拓宽菜单，这促使它将业务从午餐扩展至早餐和晚餐。麦当劳在很大程度上依赖于特许经营者的经验和想法，其中许多人都很聪明、有进取心，并提出了获胜的想法。例如，巨无霸（Big Mac）和吉士蛋麦满分（Egg McMuffin）就是由一位特许经营者构思的。企业文化非常重要，麦当劳拥有获胜的企业文化。作为个人投资者，如果你想看懂企业文化对运营的影响，只需要去最近的麦当劳用餐，观察员工的工作方式以及他们如何与客户打交道就可以了。也就是说，侦察！

我提到的所有事情都促使麦当劳成为一家真正的卓越公司。然而，当人们真正将麦当劳作为一家公司去了解时就会清楚地看到，管理成功的核心秘诀在于运营。

雷·克罗克之所以想要从麦当劳兄弟手中购买这几家餐厅，是因为他认为凭借成功的计划，这些餐厅可以做得更好。他的计划包括放弃烤牛肉（因为这需要太长时间准备和食用），并专注于汉堡。克罗克想要建立一个大型连锁店，并制定相应战略，使这一目标成为可能。更重要的是，他认为他需要一个体系来控制成本，以及标准化每个菜单、每次服务和每个单位的利润率。

挥动魔杖

因此，当竞争对手不断扩张，包括出售大量特许经营权时，雷·克罗克反而花了几年时间构建体系，放慢扩张速度。这就像挥动魔杖一样，高度复杂的体系打造完成后，运营将变得有利可图，并随着时间的推移打造出世界上最大的餐饮连锁店。

随着公司的快速扩张，麦当劳股票经历了多次升值浪潮。麦当劳于1965年上市，其股价第一天上涨了33%，之后几个月一直没有什么起色。不过很快，其股价一年内就增长了两倍，之后两年半又增长了两倍。因此，最初几年的麦当劳股票对许多人来说是一项巨大的投资。我第一次访问并开始了解麦当劳时，它正在计划积极扩张。

看过麦当劳的系统细节与优势之处后，我意识到麦当劳所做的事情是可重复的，并断定它在市场中具有广阔的上升空间。从奥克布鲁克回到波士顿后，我向公司第一次推荐了这只股票。其中一些投资组合经理接受推荐购买了这只股票。但因为它不是新上市的股票，加上这只股票在一段时间表现很好，而很多人没有深入研究过，担心麦当劳的好运即将结束，所以很多人没有购买麦当劳股票。他们没有预见，随着时间的推移，人们将通过它获得巨大收益。

我们以15美元左右的价格购买了这只股票，它不到2年就涨到了60美元，而这只是一个开始。随着时间的推移，麦当劳让很多人变得富有。哪怕在麦当劳上市时你没有购买它的股票，但你几年后买入也可以赢得很好的收益，我们就是这样。（麦当劳IPO时，我还在上学。）从一开始就买入并持有麦当劳股票极其困难，请允许我向那些拥有知识和耐心，并在麦当劳IPO时买入其股票的人表示敬意。以公开发行价买入100股只需花费2 250美元，30年后变为180万美元，相当于最初的10 000美元变为800万美元。

麦当劳的股价波动示意图如图 2-2 所示。

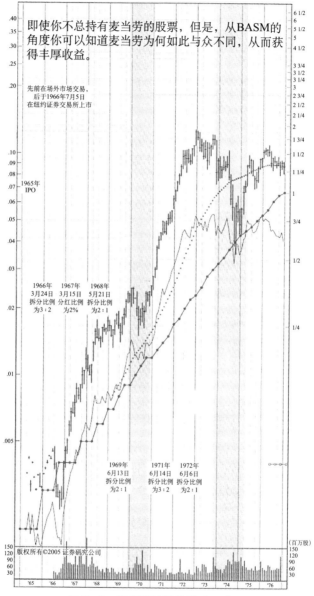

图 2-2　麦当劳的股价波动示意图

很多人通过麦当劳股票赚了大钱。那些以看似高价买入并持有麦当劳股票的人拥有更多知识和信心，因此他们也投入了更多资金，赚了更多钱。

麦当劳是我了解的第一家卓越公司。我通过研究发现，它将命运牢牢掌握在自己手上。而当温蒂汉堡和肯德基（KFC）实现这一点时，麦当劳已成为行业毋庸置疑的领头羊。连肯德基都惊叹于麦当劳的标准化，这一点业内无人能及。麦当劳的体系意味着更简单、更快速、更高经济效益，而客户看重的质量、新鲜和卫生等，也是麦当劳自身强调的。

创建一套体系

只要玩过二十一点或其他赌场游戏的人，都应该听说过有人试图开发一套专有体系以打败庄家。在很多行业的公司中，一套专有体系就像是公司击败庄家的等价物，可以使公司运营得更好，实现更高利润与增长，推动股价上涨，进而打败竞争对手。管理层规划实现盈利的战略和商业模式，且在落地过程中，只有当每个细节都执行到位时才能真正实现盈利。对此，投资者了解得越多越好。

知识可以帮你找出落后公司和卓越公司的区别。关于这一点，我想详细介绍一下，以便你能真正理解麦当劳的与众不同之处。差异化运营和卓越这些概念普遍适用于你将投资的许多公司。

我们都知道，英特尔多年来一直表现出色，不断推出最好的新型微处理器芯片，即个人电脑的"大脑"。正因为英特尔的体系具有可重复性，因此在大型计算机制造商看来，它不仅拥有设计新芯片的能力，而且芯片的质量也靠得住。当苹果公司因为芯片辐射等原因想要更换供应商 IBM 时，它原本可以选择更便宜的山寨版，但考虑到产品的可靠性、可重复性和低辐射等特性，最终苹果公司还是选择了英特尔。

大多数投资者只知道英特尔因出色的产品研发能力而成功，其实英特尔在生产方法和体系研发上也有巨额投资。换句话说，芯片设计完成后，也需要减少生产过程中的缺陷、次品等潜在问题以保证生产质量。为加快生产，缩短运输周期，控制成本，同时确保不合格率最低，必然需要强大的生产体系。这样的体系设计需要充足的智慧，也需要耗费巨额资金。英特尔拥有足够的能力做到这一点。

对于汉堡连锁店而言，又需要怎样的体系呢？想象一下，客户在一家汉堡店里只需 110 秒就可以取餐，而在同一品牌的另一家连锁店中却需要好几倍的时间，你能指望客户对此感到满意吗？更别说同样的食品口味不一致了。这是破坏声誉的商业行为，是企业的损失。与之相反，麦当劳深知，将汉堡所用面包全部预先切片，而不只是部分切片，不但可以节省时间和成本，而且加快了食品的制作流程。起初，雷·克罗克发起的第一波生产改革降低了汉堡的生产成本，这为汉堡降价预留出空间。当汉堡的价格从 30 美分降至 15 美分时，麦当劳的企业利润率仍保持不变，而优惠的价格吸引来更多消费者，进而提高了公司的总销量和利润。

对于完整的体系而言，细节尤其重要，如一磅肉做多少汉堡肉饼，面包烤多久（17 秒），以及清洗奶昔机时使用的消毒剂剂量是多少（2.5 加仑水用 1 个小包）。另外，体系也可以向店铺经理提供反馈，以便他们衡量自己管理店铺的平均水准、最优和最差的表现。麦当劳的管理层准确知道一个烤架可以烤多少排、多少列汉堡，也知道四盎司牛肉汉堡（Quarter Pounder）必须使用更高温度的烤架，且无论店铺有多忙，都必须在每批次出炉以后清洗烤架。这套流程基本需要 15 分钟。类似的细节你可以看到很多，它们就在那里，只要你想看就能看到。作为投资者，你需要知道，细节对于打造像麦当劳、星巴克、沃尔玛、联邦快递（Federal Express）这样的大公司至关重要。在之后的投资中务必留意这些因素。

最好的管理不允许任何一项随意的流程。雷·克罗克将麦当劳早期的行业领袖成就归功于所建立的体系。截至 1979 年，温蒂汉堡所占市场份额为 8%，汉堡王为 11%，而麦当劳却高达 35%。

这是卓越公司之所以卓越的范例之一。类似的案例还有很多，而以上所述正是我选择麦当劳这一案例的原因。此外，很多分析师认为餐饮业与其他任何行业一样，都是管理密集型企业，竞争环境同样激烈，餐厅的倒闭率与其他科技公司一样高。每家实现利润增加和提升股价的公司，其背后一定有一支执行力强、有创新能力和领导力的管理队伍。戴夫·托马斯（Dave Thomas）之于温蒂汉堡，正如雷·克罗克之于麦当劳，而后者也明智地将卓越人才引入麦当劳。

联邦快递

麦当劳并未开创一个新市场，而是进入一个已有的市场并做得更好。伟大的成长故事来自那些拥有巨大市场或需求，并且做得更好的公司。很多小公司通过这种方式最终成长为大公司。与之相比，那些定位于小众市场的公司，由于市场的限制很难发展壮大，结果常常是被大公司收购。

快递服务本是一个不需要太多技术支持的巨大市场。但就像餐饮行业可以通过选择好的地理位置、降低价格和提高质量等方法扩大市场份额一样，技术也可以帮助快递服务行业扩大市场规模。联邦快递正是这么做的。

正如雷·克罗克的愿景是从正确的方向开始，保持缓慢增长，直到体系和管理团队各就各位。与之相似，联邦快递的弗雷德·史密斯（Fred Smith）也是一名管理天才。他极具远见，提前预判到重要包裹的商业价值。早年，史密斯在耶鲁大学读本科时写过一篇论文，其研究内容为空运托运人所采用的方法和路线以及它们的不足。他建议开发一个体系，用于时效性较高货物的运输，如计算机零件、药品和电子产品等。大学毕业并在军队服役后，史密斯进入航空业。不久之后，他想出了如何在两天甚至一夜之内为人们送达包裹的具体实施办法。这彻底改变了快递服务行业的商业模式，并成为行业的标杆。然而，要实现这一点，需要出色的管理、体系和技术的支撑。

联邦快递的创意是有史以来最巧妙的商业创意之一。该公司位于孟菲斯（Memphis），这座城市每天天气都很好，适合飞机飞行，同时这里也是快递服务行业的重要枢纽，因此该公司选在这里是最理想的。最初，联邦快递只有几架猎鹰喷气式飞机，后来逐渐发展壮大为拥有近 700 架飞机的庞大机队。很多人认为将所有货物都通过孟菲斯运输，不但愚蠢而且成本极高——一件从迈阿密到亚特兰大或是到佛罗里达州杰克逊维尔的快递件，途经孟菲斯转运有什么意义呢？然而，弗雷德·史密斯开发了一个跟踪每个城市每架飞机装载率的体系，他的飞机大多数可以做到装载率达到 80%（飞机容量的 80%）。这非常高效，也非常有利可图。另外，关键问题不仅在于他做了什么，还在于他没有做什么。他并没有安排每晚往返数百个不同城市的航班。

联邦快递商业模式的天才之处在于正确理解快递服务的高昂成本，这是决定快递公司成败的关键因素。快递行业的大部分成本来自飞机，包括租赁或购买以及维护飞机的成本和支付飞行员的费用。史密斯发现，如果你将所有物品先集中送到一个城市，然后再飞送至全国各地的不同地点，那么这样做只需要使用一小部分的飞机和机组人员，相比于从一个服务城市到另一个服务城市的点对点运输，效率更高，成本更低，并且向客户收取的费用相对于其他替代方案更加合理。

其次，建立一个中心点体系来接收和发送货物，可以简化复杂的操作流程，让事情变得简单，避免出现不及时交货的情况。这种可靠性对于成为行业第一至关重要。

这类商业模式的核心在于中央航运城市，因此成本、定价和可靠性可以保持在对手无法与之相抗衡的水平。这也是卓越公司卓越的原因，这种体系可以带来无限增长及持续的成功。

有趣的是，在 20 世纪 90 年代中期，一家核心商业杂志上发表了一篇关于美林证券纽约总部内部邮件系统的文章。这一系统非常糟糕，并由于负荷过重而崩溃。将文件从一个部门送往其他楼层的另一个部门，过去需要几小时，如今却需要几天的时间。因此，美林证券开始使用联邦快递的隔夜递送服务。这些包裹一般当日下午 5：00 左右被取走，送往孟菲斯，然后在同一晚飞回纽约市，并在第二天上午 10：30 之前完成交付！

这种方式运营效果很好，直到美林证券的账单增加，一位记者听到风声报道了此事。这让美林证券难堪，但对联邦快递来说则是一种褒奖。如果一个投资者通过这则报道就决定购买联邦快递的股票，那么这个投资者在几年内就会赚到几倍的钱。当然，我建议进行更多的阅读和研究，毕竟知识越多越好。然而有时候事情就是这样简单，研究的目的是寻找那些能够产生可重复性的成功及抬高专业壁垒的因素。就麦当劳和联邦快递的案例来看，它们的商业模式所构建的体系正是这种因素，再加上富有想象力的管理，通过这些你可以知道它们想要获胜的决心，并判断出它们可能会取得成功。

卓越公司基业长青，"冰冻三尺非一日之寒"

任何一家公司都可能生来就有成就伟业的潜力。但在经历考验前，我们无法知道它的表现。因此，我们首先进行观察、研究，然后决定是否投资它。

无须列举过多的细节，我们也能看到联邦快递从一开始就像麦当劳一样注重体系和细节，而这正是潜在竞争对手感到无从入手的主要原因。每晚，在孟菲斯上空一架架飞机排着队等待降落，地面上一批高素质员工负责卸货、扫件。他们在等待飞机降落的同时，也为起飞的飞机做好准备工作。建立体系的目的就是管理工作中的所有细节，这些细节涉及很高的技术和人力培训水平。

弗雷德·史密斯的愿景很大，但如果没有能支撑愿景落地的体系、企业文化和管理团队，联邦快递也只能发展成为众多强劲竞争者中的一员。但实际上，联邦快递最终成为行业的领头羊，就像英特尔、微软和麦当劳一样。

卓越公司的卓越之处在于商业模式的灵活性，并且它们能在不断变化的条件和竞争压力下反复取得成功。因此，优秀投资者会尽可能了解一种商业模式中的内置灵活性。这正是你追踪英特尔、微软和家得宝时需要关注的内容，也是你在竞争对手试图打败谷歌时追踪谷歌需要关注的要点。

1978 年联邦快递上市时，买入其股票就是一笔很好的投资。我们中的一些人买了它，并在短短几年内赚了好几倍，但未来还有更大的收益。随着时间的推移，联邦快递的业务量已经非常大了，其客户所涉足的领域对经济走势极为敏感。当经济波动时，联邦快递的股票也会随之波动。但随着时间的推移，联邦快递股票的收益已高达 75 倍，公司更成熟后，收益增速才开始放缓。

这是否意味着联邦快递不再是一家卓越公司？我不这样认为，因为我看到联邦快递拥有优秀的技术和管理能力。卓越公司的增长可能放缓，其业务会变得更成熟，但它们会不断适应市场并最大化机会，而这正是联邦快递所做的。相比之下，施乐与其说是一家卓越公司，不如说是一家只拥有一个卓越产品的公司。实际上，它并未采用自家研究人员开发的大部分技术。

施乐的高层厌恶风险，没有建立以技术为中心的企业文化，而这本可以产生巨大的差异。相比之下，联邦快递从早期就建立了技术文化来支持未来发展。施乐最终变得自大起来。在其专利到期后，它本该预料到自己的结局：遭受来自日本和其他国家的激烈竞争和侵入。早期的施乐就像任何一家"热门"科技公司一样受到追捧，但记住，这种商业模式最终都失败了。这种商业模式不具备可重复性。

BASM 仍是关键

记住，不要投资于产品，而是投资于生产产品的流程和带来收益增长的金鹅。这只金鹅由 BASM 定义。

卓越公司可以由四个属性界定：商业模式、假设、战略和管理（BASM）。你需要做的就是学习了解那些可以发展自己并掌握自身命运的公司案例。事实上，能够称得上卓越的科技公司并不算多。其原因在于：首先，很多科技公司过于专注地积极推出产品，而忽视了根据具体情况发展和改变商业模式及管理的重要性；其次，科技公司的客户受经济影响较大，这导致科技公司自身也容易受经济形势影响，从而无法保持可靠、稳定的增长趋势。可重复性的结果至关重要。卓越公司都是那些可以自我更新的公司，比如英特尔；或者那些近乎垄断但又不断创新的公司，比如微软；或者那些商业模式杰出且具有弹性的公司，比如戴尔。

后面我们将讨论的公司都是符合卓越公司定义的公司，即使它们的股票有时被高估，也值得被持有。遵循卖出纪律（第四章将介绍）虽然必不可少，但当你明白自己持有一家卓越公司的股票时，即便股票被高估了，破例不遵循卖出纪律也是值得的。然而，机械投资法不鼓励变通，导致投资者赚不到大钱。

按照传统标准，思科的股票有时被高估。然而，我认为它将成为一家卓越公司，所以思科进行 IPO 时我就买入了一些股票。之后，我一直密切关注思科，追踪思科的市场份额、客户满意度的变化，以及它如何解决我们一直讨论的关键问题。当我看到思科如何出色地实施其战略并管理其业务细节，以及如何打造强大的客户忠诚度时，我得出结论：这只股票会走得很远。我从莫仕学到的经验帮助我认识到思科将会成功。图 2-3 展示了思科的股价波动情况。

在思科股价翻倍后，很多投资者因为对公司不够了解，没有意识到他们手中可能拥有一家卓越公司的股票，于是卖出股票获利。而我则在股价翻倍后买入更多，最终获得了 18 倍的收益。这 18 倍的收益是在几年内实现的，之后我还赚了更多的钱。这只股票在上市的第一个十年中为投资者赚了 200 倍。

1987 年股市崩盘后，我们买入了英特尔股票。与之相似，在每次市场调整使得价格下降时，我们都对思科股票进行增持。

因此，当你真正理解卓越与平庸的区别后，针对优质股你便懂得应该在估值上留有余地，要知道卖出后再买入它们通常非常困难。

如此之多的互联网新公司，哪些会成功呢？去找那些高收益、高增长、高竞争壁垒和具有可重复性的公司吧。我通过 BASM 找到符合要求的公司。我认为亚马逊可能符合这样的要求，它将成为一家卓越公司，但它的商业模式需要进一步调整，进而提高资产收益率和利润率。我确实认为它有可能到达那里，也希望如此。杰夫·贝佐斯（Jeff Bezos）是一位伟大的管理者，他构思了一个伟大的想法。就像麦当劳的克罗克和他的团队一样，贝佐斯拓展了亚马逊的"菜单"。他开发的体系可以销售和运输远不止唱片和书籍等物品。此外，我认为 eBay 和雅虎都符合卓越公司的标准。雅虎一定会给谷歌带来一些压力。而这个领域的其他公司尚未凸显出自己具备卓越公司的特征。

一个人应该始终寻找、买入并持有卓越公司的股票。

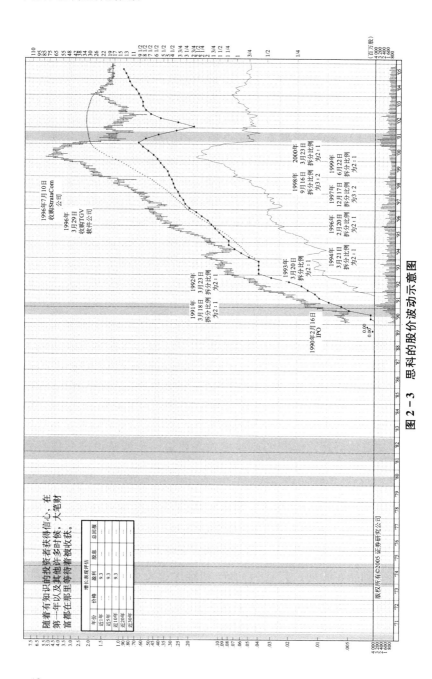

图 2-3　思科的股价波动示意图

第三章

持有与耐心，创造财富之道

> 耐心和毅力有一种神奇的效果，在它面前困难消失了，障碍也消失了。
>
> ——约翰·昆西·亚当斯（John Quincy Adams）

在此，我想说明一个事实。在华尔街待了很多年，赚了又赔了数百万美元之后，我想告诉你：从来不是我的思维让我赚了大钱，而是我的耐心。再强调一次，是耐心让我赚了大钱！在股市中，准确把握市场并不是什么难事。你总是会在牛市中发现很多早期的多头，在熊市中找到很多早期的空头。我认识很多把握住了时机的人，他们在价格达到最低点时买入股票，在最高点时卖出股票。然而，他们中的很多人都没有真正赚到大钱。也就是说，判断正确的人很多，但能够耐心持有的人却不常见。这一点最难做到，但只有掌握这一点的人，才能通过股市赚到大钱。

这就是为何华尔街有那么多交易员，他们的资质也不错，但却仍赚不到大钱。市场没有将他们打败，他们只是被自己打败了，因为他们虽然判断正确但却不能耐心持有。

——杰西·利弗莫尔（Jesse Livermore）

杰西·利弗莫尔的这段话出自埃德温·勒菲弗（Edwin Lefèvre）1923年创作的《股票大作手回忆录》（*Reminiscences of a Stock Operator*）一书。这是一部篇幅短小但经典的作品。虽然这是一部小说作品，但这个故事却是根据传奇股票投资家利弗莫尔的真实经历改编的。很多投资者持有股票，如果他们具备知识和耐心，并坚持持有，这些股票本可以让他们变得非常富有。

如果人们通过深入研究明白自己持有的股票是优质的，那么拥有耐心将会让他们赚大钱。他们也明白，长期持有一家卓越公司的股票，一般至少需要3～5年。投资者所犯的最大错误之一就是持有卓越公司的股票，却获得了等同于持有平庸公司股票的收益。如果投资者希望赚到大钱，必须长期持有这些卓越公司的股票。让你赚到100倍或200倍或更多的公司的发展和成长需要数年而不是数月的时间，而且这一过程充满坎坷，如遭遇熊市或空头变多等等。

知识和耐心的结合会将你的收益从30％提升至三四倍，而持有那些大牛股将为你创造巨额财富。虽然你可以在途中赚到很多钱，但如果你想赚大钱，就需要对优质股保持耐心，给它们成长和繁荣所需的时间。

大多数股票的持有都需要投资者有耐心，为做到这一点，你需要坚持七步走法则的另外两条：纪律和基准指标。对于大多数成长型公司来说，可以选择一个合理的时间周期（三年或更好的选择五年）作为业绩评判标准。

对于有潜力成为卓越公司的公司，你要根据它们设定的目标来衡量它们的表现（即收益和市场份额）。阅读公司报告，你会发现，公司越优秀，其目标就越具体。优秀的公司会发布自己的业绩报告。差一点的公司在这方面做得不好，往往只能找借口，因为它们的业绩败给了那些卓越公司。市场份额的增减是需要观察的核心指标变化，但必须观察几年，留足时间以便观察公司战略的实施情况，并通过股票价格表现出来，进而为你带来丰厚的收益。只会嘴上说"嘿，拥有卓越公司股票时，不要卖掉它们。坚持持有，争取赚 10 倍或 100 倍，甚至更多，这是持有优质股可以做到的"远远不够，你需要真正做到。

令人遗憾的是，投资者往往把那些可能成为大赢家的股票与那些普通股票一视同仁。你可能会在股票快速上涨 30％后卖出，收益也不错——前提是如果这家公司不具备满足 BASM 要求的要素。但是，如果你考虑的是快速挣钱而不是真正富有，那么你在卖出股票后很可能见证股票直接翻了一番或两番。你当然不愿以更高的价格再买回来，所以自然也赚不到那部分的收益。如果一只股票是潜在的优质股，它将可能给投资者带来 200 倍的收益。也就是说，你只需要一只股票，但前提是要懂得如何结合运用 BASM 与七步走法则，而耐心和基准指标可以帮助你坚持持有买入的股票并赚到大钱。

顺便说一句，好股票即使获得 200 倍的收益，也是微不足道的。看一下戴尔和沃尔玛等公司给投资者带来的收益，简直是小巫见大巫。

如第二章所述，我通过莫仕学到了一些重要的经验，当思科出现时，我将这些经验应用到这家公司上了。

思科在经营中表现出了莫仕风格。它开发产品时与客户紧密合作，创造新的路由器和交换机来控制、引导互联网流量并将其发送到应该到达的地方。不过，思科不仅体现出了技术上的出色，它也与客户密切合作，并投入财力和精力，满足客户最迫切的需求，同时预测未来需求。而这些都需要耗费巨大的努力和投入。

思科很早就给出了两项了不起的预测。早在 20 世纪 80 年代，互联网尚未流行时，思科就已预测到互联网市场将成为下一个巨大市场，并率先设计专门用于转换和分流互联网流量的产品。同时，思科也给出了第二项预测，即客户更愿意从一家供应商那里获得系统，而不是不停地了解与判断哪家拥有最好的新产品。因此，思科管理层做出以下判断：如果思科拥有最好的产品，甚或只是具有竞争力的产品，再通过优质的客户服务，那么思科一定可以胜出。事实证明，只要执行得当，这些都是制胜的战略和假设。

1994 年，联邦储备委员会认为当时的经济实力将导致通货膨胀，因此决定收紧信贷，提高利率。实际上，这一举措并不必要，因为通货膨胀并未加剧，但却仍影响到关注短期市场的人群，造成一阵恐慌，导致纳斯达克指数短线急跌。一批思科股票的持有者决定卖出股票，毕竟经过几年增长，他们已经取得了丰厚的收益，对他们而言套现离场才算明智之举。经过这次事件，思科的股票价格下跌了约 50％。在我看来，许多人并不了解思科的潜力，因此再也没有买回来。有些投资者缺乏知识，缺乏对未来的信心，因此也就缺乏耐心。

本书后面将具体讲述思科，这里提到思科的目的主要是说明一点，即认识到思科的经营模式与莫仕相似，这一点给了我继续持有思科的信心。一旦我了解了思科，加之依据 BASM 获得更多关于思科的知识，我持有思科的耐心就越持久，赚到大钱的概率就越大。

有报告显示，科技股由于竞争激烈，其优势地位一般只能维持三四年，之后无论是在创新上，还是在客户维系和竞争方面，都会遇到困难，难以为继。仔细想想，每年那些明星级上市公司最后都去哪儿了？不是被并购，就是销声匿迹了。这也符合达尔文主义——适者生存。因此，大多数善于观察的投资者都应该清楚，思科将是一个长期的赢家，因为它贴合客户，客户也喜欢它。思科拥有强大的管理和商业模式，产品开发能力极强。与此同时，互联网行业前景一片光明。

然而，那些缺乏知识和耐心的投资者必然错失思科所能带来的巨大收益。

由于投资者可以接触到很多信息，可供选择的股票也有很多，因此多数投资者都曾持有过正确公司的股票。然而，他们大多数人并不充分了解所持有的公司股票，往往过早卖出，且不再买入。通过阅读获取知识只是起步阶段，面对铺天盖地的信息，BASM作为指南针将使这一过程变得简单易行。

耐心不仅是一种美德，更是必须具备的品质。投资者往往由于缺乏耐心而付出高昂代价。他们的耐心可能只是理智上的，也就是说，他们知道该怎么做，但在实际行为上却跟着情绪和市场波动走。如果投资者没有买卖纪律、基准指标或指南针，那么无论是理智上的还是情绪上的耐心，都将不断受到市场波动的考验。

对于上述情绪波动，投资者可以通过掌握七步走法则来应对。

简单的投资原则

坚持持有一只股票，理由必须充分。当你足够了解一家公司时，自然对公司的长期价值有自己的认知，而你必须掌握坚守这一认知的原则。投资原则的执行建立在知识的积累之上。如果一家公司的管理层言行一致，并证实了你对这家公司的判断，那么你对这家公司理性的且建立在信息基础之上的信念将更加坚定。这意味着你对这家公司的未来充满信心，看好公司未来一段时间的表现。接下来，你需要思考对公司绩效的衡量需要具体考虑哪些指标。

投资者首先需要关注的是对公司增长的衡量指标，因为公司的增长将使你的投资增长。正是这些衡量指标让投资者理解公司的 BASM 是如何发挥作用的。所有的公司都应该说到做到。公司在销售额和收益方面要优于其竞争对手，这样才能赢得更多市场份额，成为行业龙头。资产收益率和资本收益率（return on capital，ROC）（二者均可衡量资金的使用效率）是衡量一家公司未来增长表现的至关重要的指标。净资产收益率（return on equity，ROE）也是投资者关注的一项指标，但 ROE 并没有考虑到债务融资，因此通常需要将 ROC 和 ROE 结合起来进行分析。另外，利润率，包含毛利率（销售收入减去销售成本再除以销售收入）和净利率（净利润除以销售收入），也可以用于判断一家公司相对于其他公司的表现。无须使用公式，只需学会如何对同类公司进行对比即可。因为你要寻找的是赢家和最佳选择，而不是绝对数字。

通过阅读年报，你也会发现管理者为所在行业制定的指标。例如，零售商的同店销售额（经常公布）可以告诉你同一家店一个时期相对于前一时期的表现如何。其他指标还包括银行的贷款数据、交通数据以及航空公司的载客率等。你可以找到此类信息，并以常识性的方式加以应用，从而在深入了解和掌握预期后判断公司的健康状况。这些指标如同棒球比赛中的打带跑，将正在发生的事情展现给你。好公司可以让这一过程变得简单。

应用这些指标的关键在于对公司未来的潜力做出明智的判断。预测一家公司能赚多少钱，即其盈利能力，是继续持有股票的关键。对这些指标的认知将增加你的判断信心，使你明白自己拥有的是一家卓越公司的股票，还是一家具有竞争优势和优秀管理能力的好公司的股票。1982 年，美国电路城（Circuit City，简称 CC）还只是一家普通公司，但它率先提出专门的电子产品零售业这一概念。电子产品零售开始从传统的立体声系统扩展到更广泛的产品领域。这意味着美国电路城进入了一个新兴行业，潜力巨大。

这时，你要获取更多知识，获得信心，从而明白它的股票是否值得付出耐心持有。1982 年，由于经济疲软，投资者担心这会影响到美国电路城的产品销量。但实际上，这正是公司战略即将取得巨大成果的时刻。如果你花一些时间密切关注公司的基本面——之前讲到的 ROC 和 ROE，或许你就能预测到即将到来的增长势头。

美国电路城做了一些非常重要的预测。它预测任何时候人们都乐意从市场中买入激动人心的新电子产品，他们也乐意在一家拥有最多品种的商店购买。美国电路城需要做的就是让人们相信，它可以提供最多的电子产品，而且价格更低。为此，美国电路城着重发展产品目录的深度和广度，并致力于降低一些知名度高、受欢迎的电子产品的价格，这样消费者购买电子产品时，才会把美国电路城作为首选。在这种情况下，消费者的购买量可能会远远超过他们的预期，也就是说，他们会进来逛逛，发现很多令人兴奋的东西，并购买他们未曾想过的东西。

维持如此深度和广度的产品目录需要高昂的成本，而这是小型零售商无法望其项背的。最后，美国电路城的赌注得到了回报，它的预测是对的，也因此赢得了销量、获得了收益。

在 1982 年的经济衰退期间，我和许多理财经理都在增持一些看起来很便宜的股票，比如美国电路城的股票。由于许多人抛售，股价在几个月内下跌了至少一半。然而，该公司的收益并没有长期下滑，很快就大幅走高。这正是管理有方的新兴公司的魅力所在。人们仍在美国电路城购买产品。该公司在 BASM 方面表现得很好，执行力和选品也非常出色。一段时间的研究给了我信心，也增加了我持有它的耐心。

实际上，该公司股价的下滑趋势在公司收益好转前已扭转。因此，我们有充分的理由预期它会有更好的业绩表现，而具备良好的 BASM 的公司几乎总是如此。之后在不到 1 年的时间里，其股价翻了 3 倍；在大约 2 年里，持有者的资金翻了 5 倍。如果投资者一直坚持持有，那么 13 年后长期持有者的投资收益将高达 100 倍。当然，持有期间仍会出现股价下跌情况，投资者也将面临选择：要么承受不住压力卖出，要么继续买入并在几年内实现 2 倍、3 倍甚至更多倍数的收益。

资深的成功投资者都知道，市场的波动和财经媒体报道的夸张标题往往会瓦解投资者的耐心，并将他们卷入市场择时的深渊，迫使他们判断市场的短期走向。我和其他优秀的选股专家始终坚信，也有足够的证据证明：择时不仅是不可能的，而且还会让人们错失本可以让他们致富的好股票。

市场在短期内的波动是由许多瞬息万变的经济和金融因素，以及投资者的心理和观念造成的。这些因素太过复杂，难以预测。

因此，尽管总有人声称自己有一套系统，可以利用图表、计算机或其他方法预测市场，但我所认识的最伟大的选股人从不允许自己相信这些。我们专注于股票，而不是短期的市场波动。关于这一点，我将在后面的章节中有更多的论述，毕竟试图把握市场时机的做法非常普遍，而且对投资者非常有害。

在第四章中，我将介绍七步走法则中的纪律，这也是一种帮助投资者保持耐心的工具，避免市场择时，坚持持有卓越公司的股票，并关注股票本身而非市场波动和头条新闻。

一次又一次，投资者买入许多新兴行业里极具发展潜力的新上市小公司的股票。但是，由于投资者缺乏差异化，缺乏良好的衡量标准和尺度，或者没有认识到这些公司在管理和商业模式上的薄弱点，许多投资者被那些故事好听、价格走势良好的热门股所迷惑。当这些公司无法凭借出色的经营业绩支撑高位股价时，这些股票的股价就会回落到该有的位置，那些早期积累的利润也会消失殆尽。

明智的做法是要牢牢记住，能够长期获胜并赚大钱的并不是热门产品，而是能反复给客户和投资者带来信心的产品开发与运营能力。大多数科技公司都是以热门产品起家，并获得一些投资者的资金，但很少有公司能在新产品的开发与运营方面重复这种成功。

只有少数几家公司能够复制出色的产品周期，这完全是因为它们具备良好的 BASM。追踪卓越公司的指标是容易的，它们的财务报告通常说明了一切。

多数投资者经常买入一些热门股票，迅速获利并清仓。他们为自己在很短时间内获利 30％、50％甚至翻倍而沾沾自喜。然而，他们靠的是运气和直觉，缺乏足够的知识，无法形成理性的信念，更无法保持长期持有的耐心。对于一家管理水平一般的公司来说，热门股可以一夜之间遇冷，关于这一点，他们想不明白为何会这样。或许他们能够通过快速操作从中获利，但真正的财富是随着时间的推移而累积的。

哪些公司值得你付出耐心

在 20 世纪 90 年代的互联网热潮中，数百家互联网公司应运而生，每家公司都向投资者描绘着自己的辉煌未来。iVillage（IVIL）正是其中之一。

虽然 iVillage 起初看起来很棒，如同玛莎·斯图尔特生活全媒体公司（Martha Stewart Living Omnimedia，MSO）和其他女性网站一样，但它不久就被证实并非如此。首先，缺乏独特性意味着可以被雨后春笋般的后继网络公司模仿、取代。其次，缺乏独特的产品意味着公司无法将大部分网站访问者转化为付费用户。

这家公司成立于 1995 年，并于 1999 年 3 月底上市。IPO 的定价为每股 22～24 美元。上市当日，在市场兴奋情绪的推动下，股价最高涨至 95.38 美元，最终以每股 80.13 美元收盘。

很快，它的股价冲高至 121 美元。但不久，股价势头转向，一路下跌至每股 0.67 美元左右。再之后，股价有所回升。我看到，像 iVillage 这样的公司因为缺乏专有的产品，且竞争者越来越多，最终无法实现盈利。

直到 2004 年末，iVillage 仍处在亏损状态。如果不是首发上市时筹集到大量资金，它可能早就破产了。正是因为最初通过上市募集到大量资金，才使得很多商业模式可疑的互联网公司得以喘息存活。

然而，虽然很多人已认清了没有合适的盈利衡量标准，但他们依旧没有寻找其他可用的衡量标准。最重要的是，他们没有研究公司的商业模式，无法判断这样的公司是否有真正的盈利途径。这也是商业模式中最重要的一点，另外还有增长能力和抵御竞争的能力。商业模式应明确解释公司如何实现盈利。

iVillage 的网站内容确实丰富。该公司称其网站每年的点击量或访问量高达数亿次。这一事实吸引到了投资者，但问题在于它的网站缺乏差异化，缺少足够有价值的内容，以至于消费者不愿意为此付费。

相比之下，同一时期上市的 MSO 的产品、品牌、形象、管理都很优秀，而且商业模式也稳健。换句话说，这是一家真正的公司，而且是一家好公司。（尽管它遭遇了法律纠纷，但它仍可能会重振旗鼓。）

首先，在公司上市之前，玛莎·斯图尔特（Martha Stewart）已经对市场和客户有多年的了解。她并不是趁着互联网的热潮才迅速成立自己的公司。她知道消费者需要什么，在开发产品方面也有更高的技巧。其次，虽然她本人代表了公司的形象，但她不是一个人在单打独斗，而是建立了一支多梯队多层次的顶尖人才团队。这一点不仅体现在管理方面，也体现在产品开发方面。她并非孤军奋战，而是将其商业模式建立在团队合作和技能互补的基础上。另外，她的内容更有质量，更有广度，能吸引更多人。最后，其运营是建立在品牌基础上的，在良好的管理下，MSO 实现了盈利，财务状况良好。

作为 BASM 的一部分，MSO 给出一个重要假设：如果人们喜欢她在杂志或电视节目中所做的，他们就会关注她正在做的其他事情。因此，这家公司投入资金打造"交叉推广"。这一假设、战略和投入的资金最终被证明是对的，大大增加了公司的收入。

MSO 的客户是真正的消费者，而不仅仅是看客。MSO 是一家卓尔不群的公司，很多公司争相模仿它。耐心持有它的股票是有道理的，你也会得到回报。

我们试图尽可能多地与新兴互联网公司的经理见面交谈。即便如此，如果不目睹公司的运作方式，我们仍不能确定哪家公司拥有成功的商业模式。比如开创网上商店的 Webvan，理论上看起来不错，但通过对 Webvan 运作方式的深入了解，我们发现它的商业模式行不通。因为 Webvan 的送货成本过高，客户不愿意为此付费——尽管调查和使用情况表明消费者实际上很喜欢这项服务。长期来看，Webvan 的问题在于获客成本比杂货店高。实际上，该公司并不清楚这一点，一开始时我们也不清楚；但随着业务的发展，这一点开始变得清晰起来。于是，我们发现这是有缺陷的商业模式，公司并没有明确的盈利途径，于是我们卖掉了这家公司的股票。

20 世纪 90 年代末期，互联网公司发行新股成为主流，我因此见了一大批互联网公司的经理。在最初阶段，很难分辨哪些公司的商业模式可行，哪些不可行。当然也存在一些马上能分辨出来的公司。透过表象，从公司的报告和运营中，有时也从分析师的预警报告中，我们很快就能判断，在新股发行的热潮平息之后，哪些公司值得我们耐心投资，哪些不值得。例如，亚马逊曾有一段时间不赚钱，但它在很多方面都很独特。它的商业模式和盈利能力虽然有待改进，但由于真正的差异化和技术优势（就像联邦快递一样），两者表现都还不错。最重要的是，它赢得了客户的喜爱，并使之成为老客户，这也是它的最大优势。最终，亚马逊以其客户的喜爱度和它的增长赢得了我们的耐心。

因此，尽管并非在所有情况下都是如此，但一家公司只要能抓住、留住客户，且增加客户量并从中获利，那么作为投资者就能赚得更多。Webvan 和 iVillage 做不到留住客户，但亚马逊做到了。要想赚大钱，无一例外都需要耐心。

Webvan 根本无法扩大或留住客户群，因为它无法以公司和客户都能承受的成本满足客户的全部需求。坦率地说，Webvan 提供的服务在经济上并不划算，而 iVillage 与竞争对手相比也缺乏差异化。

早在 1892 年就成立的可口可乐公司就是一家用耐心可获得丰厚收益的公司。巨额收益通常不是来自"蓝筹股"——那些看似具有相对可预测性的老牌增长型公司，而是来自那些刚刚起步的新兴公司。我们都听说过早期买入可口可乐股票，但没有坚持持有因而错过巨额财富的故事。市场下跌了，他们就抛售股票。这是因为他们没有认识到可口可乐公司的真面目，没有看到它的潜力。不过，在可口可乐公司发展壮大后，仍有大赚一笔的机会，比如 1982 年经济衰退时。

1982 年，市场低迷时持有或买入一家大型、稳健公司股票的人，5 年内可以获得 5 倍的收益。到 2000 年的市场顶峰，可口可乐股票的价格已涨至 1982 年的约 68 倍。然而，通过可口可乐股票获得巨额财富已经不属于投资新兴公司的范畴，这份投资收益来自一家成熟稳健的公司经年累月的正确经营。

这些事例并不少见，很多股票都是如此。多年来，消费者一直在使用乐柏美（Rubbermaid）的产品，购买戴尔的电脑，但大多数喜欢这些产品的人并不真正了解这些产品背后的公司。随着时间的推移，他们总会积攒一些对公司的不满，因此失去投资机会。对于这些公司，其股票价格因为一些临时事件下跌时，正是买入的最好时机。

如果你喜欢并真正了解一家公司，你就会从股市的波动性和不确定性以及随着时间的推移而出现的价格波动中获得许多买入好股票的机会。当你真正了解一家卓越公司时，就会明白下跌很可能只是暂时的；而当市场情绪化、人们争相抛售时，这些下跌恰好给长期投资者提供了机会，让他们可以以非常诱人的价格买入他们喜爱的公司的股票。

如果一只股票的价格平稳上涨，那么人们通常不会卖出。不过，由于影响市场的因素很多——经济、金融、心理和政治事件等，因此几乎没有涨势平稳的股票。

在过去、未来，总会有一段时间，股价因受外界压力影响而下跌，从而导致人们因担心甚至害怕而抛售股票。正如我在前面所指出的，大多数投资者不会在此时买入股票。这有时是因为缺乏了解或是其他投资占用资金等，但大多数情况是出于心理因素，即在更便宜时早早卖出了，在价格下跌但仍高于之前的卖出价格时，对于再买回来就产生了心理障碍。我之所以提到这一点，是因为这种情况太常见了。

不常见的是，投资者保持耐心，坚守那些能让他们真正致富的公司。正如杰西·利弗莫尔在 20 世纪初所指出的那样，投资者是通过"稳坐钓鱼台"来实现这一点的。保持耐心和买卖纪律，遵循七步走法则，将对你大有裨益，因为你很有可能已经遇到甚至持有了一家卓越公司的股票。

钱都让谁赚了

无论市场形势好坏，长期持有大量股票的有三类人：

第一类，一些公司高管，他们对公司的未来非常乐观，不希望参与市场投机。

第二类，像沃伦·巴菲特（Warren Buffett）这样的睿智投资者，他们更看重自己所拥有的资产以及长期价值，而不是市场或其他短期因素。巴菲特是一个极端投资者，买入公司股票后，他会将其抛之脑后——因为股票价格可能在短期内大幅波动。巴菲特的投资时间跨度比其他大多数专业人士要长。他的长期投资记录比几乎所有其他普通个人或专业人士都要好，他被认为是世界上最富有的人之一。

长线投资者一般是指那些持有股票和共同基金三至五年的投资者。当他们的投资资产可被观察且基本面仍保持良好时，他们会继续持有股票和基金，只有在触发卖出纪律时才会卖出（见第四章）。

第三类，对公司充满热情的公司员工。这一类投资者单靠一只股票就能发家致富。

以上这些人就是所有坚持长期持有的人。

在决定如何挑选和持有股票时，投资者总会问自己一个问题：如果犯错误了该怎么办？我的做法是确保尽量减少错误，降低错误的影响。一旦我开始质疑事情的发展方向，也许只是因为一家公司目前执行不力，我也会选择卖出。所以，我也犯过很多错误，但几乎都是小错。不过，你也可以像我一样，卖出后再观察一段时间。如果股票呈现复苏态势，那么这可能是在向你发出这家公司是一家好公司的信号。

这时，你必须把它买回来，哪怕需要多付一些钱。我这样做了很多次，这非常有帮助且有利可图。卓越公司并不等同于完美无缺，将这一点融入投资中非常重要。我建议准备一个小本子，记下你跟踪的重要基准指标。

风　险

你不能假装投资中没有风险，但你可以学会应对风险，将风险降到最低。知识是抵御风险的最佳武器。虽然有一些统计方法可以评估风险，但它们无法准确说明哪些风险是确定知道的，哪些是不知道的。对我来说，最重要的因素是了解你的投资并以投资者的方式看待事物（即依据 BASM 做判断）。

安然公司的大规模欺诈行为毁掉了大多数安然公司员工的退休储蓄（他们中的大多数人的退休基金全都投在这只股票上了）。自那以后，财务顾问就不断提醒人们，不要把大部分家当放在一只股票上。

那么，不在一只股票上投入大部分资金，又如何做到通过一两只优秀的股票致富呢？通常情况下，他们会买入一批潜力巨大的股票，对其进行观察，然后再顺势买入更多表现最好的公司的股票（从 BASM 来看）。开始时，每只股票只占投资组合或总资产的一小部分，后来才成为投资者资产的一大块。在这一过程中，投资者卖出弱势股票，再买入强势股票。这种方法加上股价的巨幅增长，创造了最终的财富。

利用本书介绍的方法，你可以将风险降到最低，将潜在收益最大化，卖出那些随着时间的推移没有显示出 BASM 优势的股票，买入更多显示出 BASM 优势的股票，就像我对思科及其竞争对手所做的那样。

建议你依据以下方法去做：

（1）通过你掌握的各种信息来源，寻找可能的优秀股票。朋友、公司员工、你的工作、新闻、金融出版物和华尔街等都是信息来源。

（2）先了解这些公司，看你是否明白它们的业务，以及它们计划如何取得成功。再深入了解最有前途的公司，看你是否对其管理层有好感，并阅读公司在年度报告和新闻中展示的内容，看你能否很好地掌握它的商业模式，因为通过商业模式，你可以大体上明白公司的盈利方式、未来发展，以及应对竞争的能力。

（3）先持有少量最有前途公司的股票。然后，随着知识的积累和信心的增强，增持那些最能兑现承诺的公司的股票。这样做很有效。我一开始同时持有思科和它的几家竞争对手公司的股票，后来卖出它的竞争对手公司的股票，一路买入更多思科的股票，最终获得巨大收益。

（4）对于那些增长最好的公司，可以考虑持有多年。不断积累知识，只要这些股票仍能兑现承诺，就一直持有下去。

此外，买入那些仍有前景的老牌公司的股票（如 1982 年买入可口可乐股票），并期望自己或子女能长期持有它们。除了持有你喜欢的共同基金外，还要持有符合上述条件的小型股票。

每当市场大幅下跌时，就是好公司股票的降价促销时期。无论大市值的公司股票还是小市值的公司股票，都是如此。在我看来，那些知识储备不足、信心不足的人，投资期短，正是他们把股票打折卖给了知识储备充足的长期投资者，最后也是这些保持耐心的长期投资者赚到了大钱。

财富之路与"大忌"

1974 年的大熊市之后，我的一位朋友为他襁褓中的孩子购买了一些当时看来很不错的公司的股票。但是他错过了沃尔玛股票，这是一只人们会集中投资的股票，但他因为当时沃尔玛还不出名而错过了——尽管它已上市 4 年，其股票已经让投资者的资金翻了 10 多倍。但这其实不算什么。事实证明，沃尔玛股票的传奇故事才刚刚开始。

总之，我的朋友买了很多公司的股票，比如通用电气公司，其 2005 年初的股价大约是买入之日的 83 倍，尽管 2005 年初的股价远远低于 2000 年的最高点。他还买了可口可乐股票，为他孩子投资的钱翻了近 50 倍。此外，他还买了许多类似的蓝筹股。

对于有史以来最优秀的股票和共同基金，相对而言容易找到持有这些股票几年的人，而很难找到长期持有并获得最大利润从而真正致富的人。但实际上，哪怕持有几年赚到 5 倍或 10 倍本金的人也很少。并不只是那些不愿或没有能力为自己或子女进行长期投资的人卖早了，而是几乎所有人都会提前卖出。

投资切记不要把卓越公司等同于那些平庸的公司。这是多数投资者从未赚到大钱的最重要的原因。

1923 年赚了数百万美元（当时可是一笔巨款）的卓越投资者

杰西·利弗莫尔曾说过一段话："有人说，获利意味着永远不会变穷。确实如此。但在牛市只获利 4 个点也不会变富。"

利弗莫尔认为，人们必须与自己的情绪对抗，当感到恐惧时要继续抱有希望，当感到兴奋时要保留恐惧。也就是说，无论熊市还是牛市，人们都本能地选择跟着"羊群"的情绪走（即羊群效应），但你必须避免成为"羊群"中的一员，并努力掌握更多知识，与"羊群"保持足够远的距离。这无疑是"低买高卖"的另一种说法。恐惧是压低股价的最强大的力量之一，越低的价格会产生越严重的恐惧。当乐观和贪婪达到最高点时，股价也达到了最高点。

利弗莫尔（也代表勒菲弗）所阐述的观点同样适用于当下，因为这就是人的本性。这也是为何人们需要一种方法来保持耐心，从而变得富有。无论你是否有自己制定的纪律，很多投资者都发现，正确的投资之路包含了知识、纪律、投资期等等，换句话说，就是我统称的七步走法则。

七步走法则：让一切成为可能

耐克

至此，我们明白知识不仅让我们能够理解所持有的资产，而且给了我们信心以经受住短期的干扰，无论这些干扰是来自市场调整还是来自令人失望的公司收益报告。

耐克为使用七步走法则提供了一个较好的案例，对未来的投资极具借鉴意义。正如之前所提到的，七步走法则包含知识、耐心、纪律、情绪、投资期、市场时机和基准指标。1986 年，耐克的收益下降，从表面上看这是一个抛售信号。

然而，当时耐克采取积极进取的战略方针，并在市场推广和促销方面投入了大量资金。对于了解这些前提（即知识）的人而言，耐克股价疲软恰好是买入的机会。根据第四章的买卖纪律，我们也能说明当时的耐克符合买入纪律，而并没有触发卖出纪律。因此，我们要避免被股价或市场下跌（情绪、市场时机）吓到，而是要充分利用下跌的机会。耐克的股价确实经历了一次可怕的下跌（见图 3-1），但无论投资者是决定卖出后再观察，还是因为至少 3 年的投资期（这是我认为的可以称得上成长股投资的最短期限）而继续持有，这次下跌都是一个不可多得的机会。投资期和基准指标是七步走法则的两个内容。在本案例中，基准指标可以选择市场份额。

1986 年，耐克的股价下跌约 50%。这是因为公司为了成为行业领头羊，采取了激进的战略。锐步和业内其他公司被打得措手不及，再也没有赶上耐克。当你结合运用知识、投资期、纪律和七步走法则的其他要素时，更容易保持耐心。

在股票市场上，行业龙头企业极具价值。这也是耐克成为"耐克"的原因所在。

毫无疑问，很难确定谁最终会赢，也很难判断收益持续下降的时间。但有一点毋庸置疑，当一只股票价格下跌时，投资者需要很大的定力。一般公司的执行力不强会导致收益连续几个季度下滑，此时多数投资者会抛售股票。但如果你认为这家公司将可能成为一家卓越公司，那么股价下跌正好提供了买入机会。BASM 是你判断公司好坏的依据，而七步走法则是你通过公司股票能否赚钱的依据。

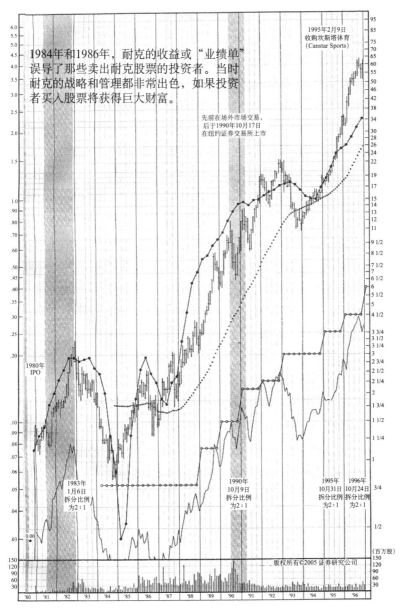

1984年和1986年，耐克的收益或"业绩单"误导了那些卖出耐克股票的投资者。当时耐克的战略和管理都非常出色，如果投资者买入股票将获得巨大财富。

图 3-1 耐克的股价波动示意图

69

有效与无效

通过以上对股票和相关方法的论述，我们可以得出一些简洁的路径，可以像投资者一样看待股票并了解哪些路径是有效的。

有效路径包括：

● 了解公司的发展计划及其实现方式，并对其进行跟踪。这一点在商业模式中应明确说明。对于优秀的公司来说，这一点很容易在其网站、年度报告和其他明显的地方找到。

● 当一家公司的股票价格远远高于或低于其趋势线或同类公司的估值时，要考虑这时是不是买入或卖出的时机。市盈率（P/E）只是其中一种衡量标准。市销率（P/S）、市净率（P/B）也是不错的参考标准。

● 了解一家公司是否处在一个增量市场，就像早期的生物技术、电子产品零售、个人电脑等行业一样，能否成为所在行业的国际龙头企业。

● 要明白能够成为国际龙头企业，意味着企业具有差异化的产品、优秀的商业模式和管理能力等。

● 最重要的是，要明白做投资决策时，必须用分析、知识和常识取代情绪。

无效路径包括：

● 在股价下跌时感到恐惧，并抛售股票。

● 当一只股票价格迅速上涨时，媒体喜欢它，你周围的朋友也喜欢它，让你感觉你必须买入并持有它。

● 搞不清公司未来三到五年内想要抓住哪些机遇。

● 不清楚应该持有多久，只是凭感觉把握市场时机，认为只要涨得可观，就可以卖掉。

耐克可以说明这一切。只要你主动找，信息就在那里。所有的风险在于创始人菲尔·奈特能否正确决策、有力执行。

当然，找出答案的方法就是关注公司的每一次战略调整，同时明白为何要关注它。只有这样，即使你没有在价格最底部或以合意的价格买入股票，你的投资也能获得长远的发展。

耐克的收益大幅好转，这是因为公司的战略奏效了（它正在成长为一家卓越公司），其收益走出低谷，并迅速增长了两倍，且在很长一段时间内持续上升。

如果你掌握了知识、纪律、投资期——投资的基本三要素，你就有机会赚大钱。仅仅几个月后，耐克的股价得到了修复，又回到了原来的位置。不仅如此，如果一个知识渊博、信心十足的投资者在低点附近买入，他将在不到两年的时间里使资金翻3倍，在四年半的时间里翻10倍，在六年的时间里翻18倍。

如果像长期投资者一样，在1986年期间只是持有，不买也不卖，那么从1986年初到1992年第四季度，投资的资金仍可翻10倍。

在这六年里，耐克的股价反复波动，是亏损卖出、继续持有还是买入更多？需要做出判断的考验有好几次。这种情况很常见，如家得宝、戴尔、微软、莫仕、麦当劳等公司的股价也都是反复无常的。即便跟踪那些长期来看涨幅很大的股票，同样能发现类似的大幅波动。对公司未来前景的看法发生变化，哪怕是一点点，也会让大多数没有深入了解情况、尚未达到三年或更长投资期的投资者感到不安。

投资期是耐心的框架，两者指代的其实是一件事，但前者有助于后者。知识和投资期相互配合，能让你更容易保持耐心。如果没有一定的投资期，几乎不可能有耐心。仅凭"信念"来克服情绪也几乎是不可能的。要控制情绪并将其引向财富积累之路，知识是必不可少的。

股市非常不稳定，调整或暴涨比想象中要频繁得多。有了坚定的投资期，再加上你对最喜欢的公司的深入了解，你可以缓和股价下跌对你的冲击，在下跌时买入，这样你持有的所有股票的平均成本就会降低，当股价恢复时，你就能赚更多钱。如果投资者能用知识、纪律、投资期以及耐心取代情绪，那么令人恐慌的下跌往往会给投资者带来黄金机会。当然，你不能只是告诉自己不要情绪化。这永远行不通。当你感到恐惧时，你不能仅仅从理智上认识到这一点。你必须有所替代，这才是重点。

如果投资者没有完备的知识，只是告诉他们"低买高卖"是行不通的。这是因为投资者需要知道是什么因素导致了低价或高价，以及在某一天的"高价"意味着什么。同样，仅仅鼓励别人保持耐心也是行不通的。投资者需要明白一家公司可以变得卓越或值得等待的原因所在。他们还需要明白，掌握知识和坚定的投资期让他们有能力对有潜力的卓越公司保持耐心。

家得宝：小而有远见的成长型公司

我对小公司（通常称为成长型公司）的投资经验已超过40年。有些小公司股票本身并不属于成长股，它们可以是价值股——暂时的低价是有原因的，也许公司遇到一些需要解决的问题。还有一些小公司股票也不属于成长股，因为它们在很大程度上与经济周期或其他一些完全超出管理层控制范围的外部因素有关。

多年来，能赚大钱的股票大多是成长股，起初公司规模都相当小。每个时代都会出现新的小公司，其中一些会成为卓越公司。1981 年上市的家得宝当时还是一家小而有远见的成长型公司，后来成长为一家卓越公司。

保持怀疑

有时，华尔街甚至在公司股票真正上市之前，就已经对其赞不绝口。比尔·盖茨的微软以及 20 世纪 90 年代末上市的许多亮眼的互联网公司都是如此，2004 年上市的谷歌也是如此。

我提到过，只有看过一家公司如何应对竞争和挑战，你才能够判断这家公司是否卓越。在此之前，你只能知道它具有巨大潜力。因此，如果一家新公司的股票发行出现了"热潮"，那就意味着麻烦。在这种情况下，保持怀疑的态度是正常的，所以你只需要静待负面消息浮出水面。

对于家得宝这种新型的五金零售商，人们在一定程度上感到兴奋，因为它试图以新的店面形式吸引更多善于自己动手（DIY）的客户。然而，也有质疑的声音指出，尽管公司规模不大，但其扩张计划却显得过于雄心勃勃和积极进取。而且，这是一个全新的概念，即仓储式商店。它直接向 DIY 买家销售产品，并通过雇用更好的员工，支付更高的人工费来为客户提供帮助和建议，这增加了成本。怀疑会产生恐惧，这是一种关键的负面情绪。人们害怕风险，而知识则是消除恐惧的良药。

鉴于其成本高于平均水平，这种商业模式既是机遇也是风险。

另一种风险是，当公司上市时，只有为数不多的几家商店，而且大多数店的经营时间不长。

在我看来，要抵御这两种风险，需要做到以下几点。我非常重视公司的管理。管理层要提出好的想法和计划，并执行和实现这些想法和计划，而不能出现相反的情况。

如果管理一般，战略和执行也一般，再好的新产品或新创意也会很快沉没。因此，我在第六章将专门讨论管理问题。在这一章中，你将学会如何从平庸和无能的公司中挑选出佼佼者。当然，赢家是少数，输家是多数。

投资那些具备出色管理能力的公司。假如你只做到两件事——运用常识和投资管理出色的公司，你也能致富。

也许存在这样的公司，在没有优秀管理层的推动下也能长期为股东赚大钱，但我从未发现过这样的公司。

如果你能在七步走法则的其他部分之上再加上以上两点，你的胜算就会大大增加。

众所周知，家得宝公司的共同创始人伯尼·马库斯（Bernie Marcus）具有非常强的管理能力。公司告知潜在股东，它已建立了成本控制系统，并将培训员工作为其商业模式的重要组成部分。这样，它的商店就能真正向客户介绍DIY项目，并确保客户满意。

伯尼的新理念让人感到担忧，因为他既想以低价竞争，又想给零售店员工比竞争对手更高的工资，同时还想为扎实的培训项目买单。这是对远见和智慧的赌注，因为伯尼的商业模式旨在抓住客户，抢占市场份额，并最大限度保持客户的忠诚度。最终，伯尼赢了。只要能洞察这一商业模式的核心，人们就会发现其中蕴藏着巨大的商机。

股　票

然而，人们对于家得宝的兴奋战胜了疑虑，我们也和许多其他投资者一起在首次公开募股时买入了股票。我认为，也许是因为 20 世纪 90 年代后半期的经历，现在的投资者普遍存在一种误解，认为所有真正优秀的公司在首次公开募股的第一天和之后的一段时间股价都会大幅上涨。事实并非如此。戴尔的股票在首次公开募股几个月后跌破了发行价，思科的股票也是如此，尽管下跌时间很短。随后，这两家公司的股价都一路飙升。许多公司的首次公开募股都是如此。

实际上，几个月来，家得宝公司的股票一直在小范围内交易，因为有些人希望通过发行股票快速赚钱，而另一些人则在小心翼翼地追踪，试图弄清这一切是不是真的。结果是它的表现继续给人们留下深刻印象，股价一路飙升，在不到两年的时间里，人们就赚了 10 倍的钱。

当你发现一个创新的想法——一个能提供好产品或服务的商业模式，再加上一个优秀的管理层时，你就知道自己应该设定一个更长的时间框架并保持耐心。要有耐心，不能自满，因为你需要观察管理层的执行情况。

在年报中伯尼·马库斯和共同创始人亚瑟·布兰克（Arthur Blank）写给股东的首封公开信让我们对家得宝的设想、高管及其员工都感到非常满意。我喜欢整封信，因为它告诉我更多关于伯尼·马库斯的信息，而不仅仅是展示数据和结果。这是一个很好的例子，说明投资者可以从管理层向公众发布的信息中获得很多东西。

这封信中的以下内容让我对持股更加自信：

截至 1982 年 1 月 31 日，财政年度的最后一日，我们很高兴地宣布⋯⋯本年度的销售额增长了 131%⋯⋯扣除非经常性项目前的收益增长了 168%。

结果表明，家得宝的 DIY 仓储式商店得到了客户的积极认可，无论他们是 DIY 新手还是老手，抑或是小型承包商和装修商。尽管经济不景气，但光顾我们仓储式商店的客户人数却创下了新高。

还有很多内容让股东感到兴奋，但我喜欢的一点是，伯尼·马库斯和他的共同创始人在公开场合写了很多文章，其主题为：员工的付出与努力造就了公司的成就。这是我一直在寻找的东西；它并不总是存在，但在这个案例中却非常重要。

伯尼在信中提到"这种努力"时，将员工的表现与整家公司获得的认可联系在了一起，这样的内容同样让员工感觉良好。

通过这些努力，家得宝被《建筑供应新闻》（*Building Supply News*）评选为 1982 年家居中心行业年度最佳供应商。

家得宝的发展一直都很好，直到 1983 年第三季度，科技泡沫破灭，市场上大部分被高估的股票开始下跌。尽管一切都很好，但我和其他人还是开始卖出，因为市场估值过高，最重要的是，家得宝的估值过高。现在，有人可能会说（我也说过！）卖出是个糟糕的主意，因为即使卓越公司暂时估值过高，也应该在以估值为依据的卖出纪律上留有余地，因为卓越公司往往会在收益和公司业绩上给我们带来惊喜。

是的，如果你知道这是一家卓越公司，你可能会忍痛坚持下去。毕竟，员工最常做的事就是稳坐钓鱼台，耐心等待，无视市场的短期波动。我需要更好地学习这一点，随着时间的推移，我做到了。

对于家得宝这样的股票，员工的这种行为是正确的。机构投资者有一个劣势，那就是我们不想在一年内跑输同类基金。然而，我们中的大多数人都会买回股票，且不会因为市场没有上涨而感到害怕。

修正错误

家得宝确实犯了一个错误。1984 年，它过于激进。公司并不是变愚蠢了，但由于年轻，急于收购，它买下了一家其实并不怎么样的公司。由于这次收购，公司连续几个季度的收益大打折扣，或许那些获利卖出的人会很高兴。然而，在一年内没有重新买入股票的人，在随后股票强劲上涨时就高兴不起来了。这家公司显示出了承认错误并修正错误的意愿。在从 1985 年底开始的下一轮长期上涨中，提前卖出的投资者都错过了另一次大涨，在接下来的 7 年中，投资者的资金翻了约 54 倍。

家得宝从那次糟糕的收购中恢复过来，并从中吸取教训，从而成为一家更强大的公司。这让投资者对它的长期成功更加充满信心。在长达几十年的时间里，家得宝的收益持续快速增长，实现了创始人的设想和投资者的美好愿景。

耐心持有，风险与收益并存

卓越公司往往需要更多耐心。首先，它们更有可能修正错误，而缺乏耐心的投资者导致的价格波动就会成为巨大的买入机会。

其次，虽然继续持有或重新买入（如果已卖出的话）正在解决问题的公司的股票总是有风险，但耐心等待卓越公司要比耐心等待普通公司所取得的收益大得多。收益通常至少是投资额的数倍，甚至可能让投资者发家致富。

有耐心的员工或投资者曾多次经历经济低迷时期仍坚持持有并在多年后获得巨额收益。一些投资者对 3 倍、4 倍或 10 倍的收益感到满意。但对于真正的长期投资者来说，家得宝股票是有史以来最伟大的投资之一，让人们赚得盆满钵满。如果投资者一直持有，他们最后的收益将远远超过 1 000 倍，这意味着数千美元变成数百万美元。

基准指标

基准指标虽然简单，但对成功却相当重要。

第一类基准指标与股票有关。你需要在投资之初就确定自己的预期。

写下你对增长率的预期，以及你是否认同外界对未来收益的判断。如果不认同，请写下理由。准备一个笔记本，记下你对日期和价格的预期，以及买入想法的来源。然后写下你追踪这家公司的信息来源（如果信息涉及特定人物，可以记下电话号码），以及将促使你卖出的因素（想想买入纪律）。

如果你的定期信息来源不包含上述的"提示"信号，你就不知道什么时候该卖出，甚至没有办法对投资进行追踪。

投资组合基准指标

两个最重要的基准指标是：（1）长期追踪记录的你的投资——基金或股票，与同类投资的收益对比情况；（2）至少三年，最好五年的适当投资期。其他类型的基准指标是衡量公司绩效的指标，如市场占有率。

另外的基准指标是收益和公司业绩（销售额）。查看收益和销售额的趋势线。如果出现加速增长，高于趋势线，那是好事。低于趋势线并不一定意味着坏事，但你需要保持警惕，找出问题所在。观察不同时期，计算出三年、五年甚至十年的增长率，得出趋势线。耐克花费了大量资金，虽然暂时降低了利润水平，但这些支出实现了抢占市场份额的目标。此外，其收入增长趋势也变得更好。虽然利润有所下降，而且低于趋势，但了解到其他情况后，我对耐克的未来利润水平充满了信心。

如果你持有基金，应该使用理柏（Lipper）或晨星（Morningstar）等的各种评级服务，或阅读高质量的金融出版物，以了解基金的表现如何。每只基金要与其特定类别中的其他基金进行比对，评判的基准是类别相同的基金，选择适当的投资期进行比较。基金大师杰克·博格（Jack Bogle）和其他专家一致认为，一年的投资期太短。一些人认为五到十年最恰当。从本节的投资案例可以看出，如果你持有正确的股票和基金，长期持有对你更有利。

然而，对于一些人来说，却存在一些实际问题。这些人更有可能持有三到五年的时间。投资者卖掉世界上最好的股票和基金，就是因为他们缺乏耐心或没有一个合适的投资期，从而放弃了致富的机会。

如果你想成为公司的长期股东，就必须知道自己对公司的预期是什么。基准指标有助于实现预期。

不要离开牌桌

杰西·利弗莫尔和我都不希望只告诉你"不要离开牌桌"，而是希望你真的能做到。本章讲述的是你可以轻松执行的准则，这样你就可以持有正确的公司的股票，而不会因缺乏知识、投资期设定或耐心而犯下卖掉卓越公司股票的大忌。

在沃尔玛等公司工作过的人们通过真实体会找到持有其公司股票的理由。你们或许会对一位名叫艾尔·迈尔斯（Al Miles）的退休助理经理的一段话感兴趣，他就是靠沃尔玛这只股票发家致富的，而由公司创始人山姆·沃尔顿等所著的《富甲美国：沃尔玛创始人山姆·沃尔顿自传》（Sam Walton: Made in America）一书引用了这段话。

> 当我们进入股票市场时，我们这些乡下孩子并不知道这意味着什么。公司的董事长总说我是赤脚跨过红河，找到一份工作，这确实是事实。我甚至不知道股票是什么。感谢上帝，我还是买了一些，因为菲尔·格林（Phil Green）说："嘿，孩子，你也买点股票吧。"我买了并保留了下来，因为我相信沃尔顿先生，也相信我工作的商店。事情就是这么简单。当他说我们可以和公司一起做所有这些事情时，我信了。我们也确实做到了。

我不知道有多少人能像艾尔·迈尔斯那样，在自己的投资组合中持有股票。我不知道艾尔变得有多富有，但大多数像他一样的早期投资者都变得非常富有，原因有两个：持有正确的股票且不离开牌桌。

毕竟，30年来，沃尔玛让原始投资者的资金翻了近两万倍。这就是耐心的力量。耐心会让你变得富有。图3-2展示了沃尔玛的股价波动。

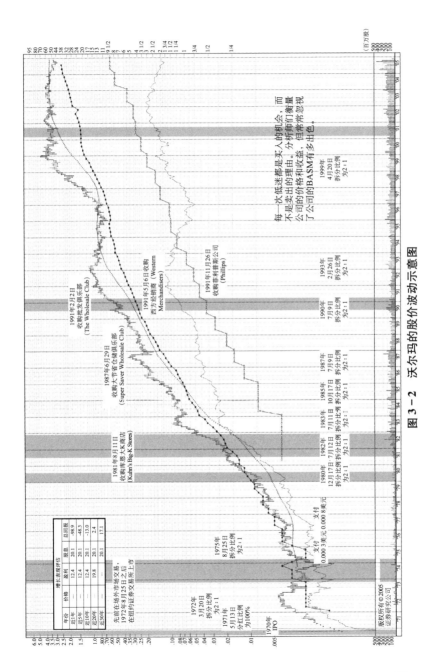

图 3－2 沃尔玛的股价波动示意图

第四章

掌握买卖纪律

> 预期到那些难以预期到的事情，是一种充满现代性的智慧。
>
> ——奥斯卡·王尔德（Oscar Wilde）

我计划参加 1987 年在圣路易斯举办的 A. G. 爱德华兹小股票投资会议。当我得知这个城市将同期举办世界职业棒球大赛时，我非常兴奋。我和我儿子雅克布（Jacob）都热爱棒球，我设法买到了两张东道主红雀队和明尼苏达双城队之间比赛的门票。为了参加会议并观看比赛，我们于 10 月 19 日星期一晚上飞往那里。

我仍记得那天的事情，我一大早就去上班，股市上午 9：30 开盘前，我一直沉浸在投资研究中。在我的电脑显示我预先选中的 30 多只核心股票的开盘价后，一看到显示屏，我就立刻意识到事情不妙。

一眼看去全部股价都以刺眼的红色显示，它们的价格都远低于前一天的收盘价。每一只股票的价格都在暴跌，没有例外。英特尔股价下跌了几美元，当天的收盘价比前一天低了 10 美元。我从未见过我们持有或追踪的股票都像这样暴跌。它们每一只都像石头一样掉落在池塘里。

这是 1987 年 10 月 19 日星期一早上。这一天发生了著名的股灾——"黑色星期一"。

一位与我有密切合作关系的同事赫伯（Herb）周末出差了，当他上午抵达波士顿洛根机场时，他打电话给我询问市场情况。我告诉赫伯，我们似乎正在经历一场暴跌，并给了他一些样本股票的价格，即使在那个时候，这些股票的价格也低得足以让最强壮的人胃部不适。

赫伯是一个很正直的人，他是忠诚的教徒，不说脏话，也不喝酒，所以当他说了一句难以启齿的脏话时，他一定很不高兴。赫伯希望我是在开玩笑，因为我经常开玩笑，他让我把他的电话转给我们的首席股票交易员。我照做了。然后，我慢慢走进我们的交易室，看看谈话进行得如何。情况并不顺利。坏消息是实实在在的，也许比我们从价格上想象的还要糟糕，因为没有人知道发生了什么，也没有人知道原因是什么。我和儿子的旅行没能成行，但他对此非常理解，应对得很成熟。

即使是最有经验的专业人士，也和其他人一样有情绪。专业上的学习并不能消除人类情绪，也不能消除情绪化的买卖冲动。对于我们中的任何人来说，没有什么可以降低不确定性所带来的感受。但是，如果一个人有纪律和知识框架，就可以抵制情绪的浪潮。控制情绪，并用这个框架中的要素取而代之，这就是秘诀所在。

当交易日终于结束时，道琼斯工业平均指数经历了历史上单日最大点数和百分比跌幅，许多个股的下跌幅度远远超过道琼斯工业平均指数近 23％的跌幅。投资者们看着自己持有的股票组合，摇头表示难以置信，它们的价值下跌了四分之一、三分之一，波动大的股票跌幅也大。

投资者的危机意识

接下来发生的事情只能被描述为投资者危机意识的产物。大多数人觉得他们必须采取行动，但却不知道该做什么。买入，卖出，还是继续坚持下去？这一切来得太突然，对每个投资者的财务状况都是沉重的打击，使人们感到恐惧甚至麻木，更不利于投资者果断行事。

> 中文的"危机"一词由两个字组成。一个代表危险，另一个代表机遇。
>
> ——约翰·肯尼迪（John Kennedy）

我们都在与当时的不确定性和情绪作斗争，但仍然坚持与之前同样的买入和卖出纪律。这些纪律不仅带领我们度过了这一市场年度，而且还带领我们度过了以往所有的市场年度。资深投资组合经理们在纪律的执行上有一些差异，但都有一个以选择优秀股票为核心的框架。在接下来的几天里，我们将根据对公司的了解，结合估值、对未来收益增长的信心以及各家公司执行力的强弱程度进行买卖。

换句话说，BASM 是一种救援手段，是一种核心工具，也是一种在关键时刻发起进攻的有效武器。

梦想、情绪、现实和财富

在人们将巨大财富梦想变为现实的过程中，经常会发生一件有趣的事情。情绪和缺乏纪律都是阻碍。对于一些投资者来说，再多的分析也无法克服情绪的影响，但投资者可以选择将 BASM 作为指南去掌握所需了解的知识，采用七步走法则对冲情绪的影响，同时遵循以股票估值和基本面为依据的买卖纪律。

BASM 和七步走法则的组合不仅在 1987 年的股灾及其后的危机中发挥作用，而且在任何动荡、不确定或情绪高涨的时期都能发挥作用。不确定性几乎总是出现在你拥有最大机遇的时候，因为这两件事是相辅相成的。

当你看到我们在危机中的投资方式时，你要想到如果我们没有买卖纪律，没有使用 BASM 或七步走法则来关注基本面，我们会处于何种境地。

估值、信心和执行力三个因素帮助我们避开了美国国家半导体公司（National Semiconductor，NSM）等的明显便宜但偏弱的股票，进而买入英特尔等行业领军企业的股票。这些因素不是我们使用 BASM 和七步走法则时要考虑的全部元素，但它们是我们的投资起点。这种投资方法还能让我们避免屈服于强烈的情绪（贪婪和恐惧），更重要的是，避免了常见的预测市场时机的风险。

避免这种错误的行为是七步走法则中的一步，这一点你现在知道了。一些投资者持有卓越公司的股票，并确实知道自己持有什么，但他们没有耐心持有更长的时间，也错失了赚取更多钱的机会。为什么会这样？在大多数情况下，他们之所以没有采取适当的行动，是因为他们变得非常情绪化，或者试图把握市场时机，或者两者兼而有之。

所谓"择时"，是指在投资时假定自己能够预测市场的下一步走势（通常是错误的预测），从而买进或卖出资产。试图把握市场时机的做法很常见，但学者和从业者得出的结论是，这种情况只有在运气好时才会成功，而运气好只是一时的，形势很快逆转，投资者将因此付出高昂的代价。

情绪化投资非常普遍，无论是受市场动荡的驱动，还是受特定股票发生的事件的影响。情绪化投资不仅对非专业人士，对专业人士也是一个巨大的、代价高昂的威胁，不是咬紧牙关、鼓足勇气就能解决的。在1987年春季，贪婪的情绪高涨，即便在市场不温不火的情况下，许多股票涨势仍非常强劲。当时大部分科技行业的公司正是如此，尽管它们对新科技的资金投入和收入似乎都乏善可陈。

随后，股价开始悄然下跌，时断时续，几周之后就发生了令人难以置信的股灾。但由于那之前的股市表现非常强劲，人们普遍认为这只是一次正常的回调，毕竟很多人因获利而卖出离场了。在股灾前的几天，股市相当疲软，甚至在10月19日大跌之后，一些股票仍然下跌。所有这些都引发了人们的困惑和恐慌，让人倍感压力，但同时也提供了绝佳的买入机会，因为大多数卓越公司的股票也都暴跌了。迪士尼、可口可乐、微软、IBM以及其他知名企业的股票无一幸免，都在下跌。

在这一年的大部分时间里，股票市场一直强劲攀升，直到夏天，股市开始变得疲软，然后从夏天到秋天一直走弱。至1987年10月19日，道琼斯工业平均指数已经从最高点下跌了约9%。发生股灾的当天，道琼斯工业平均指数暴跌500多点（这相当于2005年初的近2 500个道琼斯点）。这是一次可怕的下跌，仅蓝筹股指数的价值就下跌了近四分之一，而按百分比计算，大多数股票的情况更糟。场外交易市场的纳斯达克指数也急剧下跌，并且由于这些股票的交易流动性较差，投资者想要退出需要更多的交易日才能实现。

之后市场情绪一度高涨，但人们不知道发生了什么或该如何应对，这种不确定性触动了他们的情绪，随后引发了相当长时间的抛售。绝大多数处于危机中的投资者都没有投资指南来帮助他们。

多年来，我积累了不少关于买入和卖出的经验。通过我的投资经历，我形成了一套可以实现最大化收益的有效方法：三条买入纪律和三条卖出纪律。这些简单的纪律涵盖了几乎所有可能的投资情况。

买卖纪律

要买入一只股票，三条纪律都必须具备。要卖出一只股票，其中任何一条被触发都应卖出。如果你不确定估值是如何起作用的，请参阅本章关于估值、收益和经济走势的部分。

买入纪律	卖出纪律
有吸引力的估值	目标价达成
高收益增长	管理或战略变化
有执行力	无执行力

通过欺诈或明显误导行为来美化报告结果的管理层，属于不具备执行力的管理层。第九章对欺诈进行了专门讨论，我们有办法避免成为其受害者。

没有固定的买卖标尺

收起标尺和计算器，因为这不是一种量化方法，不是要以简单的数字公式取代判断和分析。举例来说，这本书非常关注优秀的公司、优秀的管理层和优秀的商业模式，而这种组合正是创造真正财富的最佳投资方式。一路走来，具有这些特点的公司有时看起来可能被高估，即使实际上并非如此，因为它们经常会凭借杰出的商业模式的力量，最后超出收益预期。

因此，如果你持有的公司股票可能是真正卓越的公司的股票，我的建议是，给它们一些余地。如果它们的股价超过其估值趋势线，或在短时间内估值高于同类公司，不要急于卖出。不过，要仔细观察。同时，使用多种估值方法：市盈率（P/E）、市净率（P/B）和市销率（P/S）。（有关如何计算 P/E、P/B 和 P/S 的说明参见本书相关章节。）

这种对我认为的卓越公司的"宽容"，再加上明智的审查，让我不止一次地避免出售思科以及其他卓越公司的股票。有些公司的股票在牛市中一路上涨，让你感到开心，但你万万不可因此而认为这些就是"卓越公司"，因为"让人开心"并不是判定公司的原则。

即使对于那些卓越或潜在卓越的公司稍微放松一点要求，坚守纪律也会让你避免麻烦，提醒你对持有公司的知识不足，并帮助你在不受强烈情绪的影响下进行投资。这就是七步走法则的意义所在：综合各种常识性因素，通过已经掌握的知识主导投资行为。

再陈述一次，七步走法则是指：知识、耐心、纪律、情绪、投资期、市场时机和基准指标。

1987 年平衡恐惧与贪婪

1987 年，市场投机性增加，已经不能区分哪些股票因增长理应获得高估值（如迪士尼和麦当劳等公司），哪些不值得高估值（如迪吉多和美国国家半导体公司），因为所有股票都在增长。我一直在应用买卖纪律，以纠正许多行业股票的过度估值，以免被错误的股票套牢。

当市场中的恐惧和贪婪达到一定程度的平衡时，投资效果最佳，但在 1987 年，我没有看到这种健康的平衡。在整体经济和企业收益只有适度扩张的情况下，市场的表现却相当强劲，投资收益飙升（当时的很多债券的收益率超过 10%，这可能是美国政府、企业部门和消费者都承担了史诗级的巨大债务所致）。最后，美元汇率下跌，表明外国人正通过将资金撤出美国来应对这些情况。

此时，把握市场时机根本行不通，所以要做的是专注于寻找那些增长前景稳健、估值不高、管理层优秀，即使在经济放缓的情况下公司也仍具备执行力的股票。换句话说，要以实用的方法（七步走法则）执行买入纪律。这正是我在 1987 年所做的。得益于 BASM 和七步走法则，我对自己所持有的股票充满信心，不管其他股票如何上涨都与我无关，同时我卖掉那些上涨后估值过高或基本面前景可疑的股票。卖出纪律几乎是买入纪律的反面。

因管理或战略变化而卖出并不意味着这种变化注定要失败。在大多数情况下，继续持股意味着拿基金持有人或客户的资金冒险，因此我宁愿看看事情进展如何，然后再买回来。1971 年，惠普新任 CEO 上任时，按此原则操作是正确的。从惠普 CEO 的历史更迭来看，早期的举措事实上非常出色。但在 1999 年，当公司引进卡莉·菲奥莉娜（Carly Fiorina）时，发生了更加棘手的变化。尽管媒体对她雄心勃勃的演讲和计划大加赞赏，但从一开始，我和其他一些与惠普有过合作的人都感觉到她正在削弱惠普的商业模式，特别是当她收购康柏时。

正如他们所说，例外再次验证了规则。1993 年，IBM 为拯救公司聘请郭士纳（Gerstner）担任 CEO。我出于特殊原因买入了一些 IBM 股票，这本有违常规，就像持有估值过高的思科股票一样。对于思科，我这样做是因为它是一家卓越公司，如果它一切进展顺利，从统计学角度来看，它的价值可能不会被高估。

就 IBM 而言，我在 IBM 聘请郭士纳前就已经认识他，而且我非常欣赏他。最重要的是，我认为他已经找到了 IBM 的问题所在（这是这场战役的"重头戏"），而且他是最合适的人选。知识、常识和信念，正是这些给了我调整买卖纪律的依据。很多业内人士对他的上任感到不理解。他们抱怨说："他就是一个卖饼干的人。"这是因为郭士纳之前一直在管理（曾拥有奥利奥品牌的）雷诺兹-纳贝斯克（RJR Nabisco），尽管他管理有方。然而这些人忘了郭士纳是管理咨询公司麦肯锡的杰出"校友"，他在麦肯锡工作时曾深入研究过各类公司和不同行业。更重要的是，他已经证明了自己拥有应对各种挑战的管理能力。

真正拥有出色执行力的管理者，可以将能力从一个行业应用到另一个行业。具备应对挑战和问题的特定能力，比创造特定产品更为重要。郭士纳具备真正的执行力（这一点可以从他在雷诺兹-纳贝斯克的工作经历看出来）和解决 IBM 问题的必要技能。自他加入 IBM 之后，公司的发展越来越证实了我的这一看法。

当然，以下两点对投资者也很重要。首先，不同行业的商业模式必有相似之处，但这些相似之处必须适合公司当前的使命。你投研做得越深入，你越会识别相似的商业模式。其次，一旦投资者了解如何在任何单一行业中识别 BASM，他们就可以将这种理解转化到所有其他行业中。

对于专业人士和非专业人士来说，卖出股票同样艰难。许多优秀的成长型投资者天生对未来持乐观态度。乐观的人不喜欢受情绪化的影响而卖出。正是出于这个原因，才有了这些卖出纪律。迪吉多是一个很好的使用卖出纪律的投资案例，说明了我如何在那个时期运用卖出纪律避免了大额损失。

在 1987 年 10 月的股灾发生前近两个月，我卖掉了大部分迪吉多股票。在此之前，随着迪吉多一个季度又一个季度的收益增长，其股价一路飙升。由于迪吉多的新产品和网络技术取得了突破性进展，我曾预想过这只股票会有很好的表现，但它的表现比我想象的还要好。在它突破了我认为的合理估值目标后，我又坚持持有了一段时间。在短短的 24 个月里，其股价翻了 4 倍，我以接近 170 美元的价格卖出，然后其价格又攀升至 200 美元，直到股价暴跌。事实上，它在 170 美元时的价值已经超过全部价值。股票估值的"绝对"公式可能因条件的变化而出现错误结果。

因此，我会使用不止一种估值工具——通常是比率。我会用价格与预期收益做对比（市盈率），并将市盈率与预期增长率进行比较（PEG 比率）。有时，我也会用市值（即公司所有股票的价值，根据年度报告或最近发布的股票数量乘以当前股价）与当前收入进行比较。关键之处在于，我把这些数据与同类公司的相关数据进行比较，并与目标公司（如迪吉多）的近期数据进行比较。

放弃在顶部卖出股票是正确的。如果没有任何纪律，要做到这一点并不容易。即使你有纪律，这也不是世界上容易的事情。这种卖出在情绪上难以忍受，因为你会看到你卖出的股票继续走高，尽管你完全明白卖出的理由是充分的。你无法准确地选择顶部和底部，股票的交易价格也会因市场变化而低于或高于公允价值。这正是纪律的可贵之处。在这种情况下，它甚至可以拯救你。

有趣的是，在 20 世纪 90 年代末的互联网和通用技术股繁荣时期，如果我们都懂得如何正确评估新企业股票的价值，而且我们采用了这种买卖纪律，那么 2000 年 3 月就不会有泡沫破裂了。一些投资者对基本面或纪律毫无兴趣，而许多感兴趣的投资者却在估值决策时不得要领。这是因为，正如你将在第八章中看到的，互联网流量和其他增长指标都是虚假的，而这些公司的谎言直到后来才被发现。

我卖出迪吉多的股票主要是基于我的判断，即该公司的股票太贵了。有时，对于一家出色的公司，正如我所说，在估值方面我会留有余地，毕竟估值不可能精确。估值既是一门艺术，也是一门科学，通常我们应该采用不同的方法来尽可能地提升估值的准确性。我并不后悔卖掉迪吉多的股票，因为其最好的部分正在消失。我仍不断努力了解公司的最新情况，我发现迪吉多的良好声誉是建立在成功过往的基础上的，而这一声誉的延续现在正受到新问题的威胁。

估值只是开始，仍需挖掘更多

可以说，估值是警示我卖出纪律的信号灯。然后我开始思考应该给公司的价值留多少机动空间，并且随着我对当前情况的把握，需要进一步确定另外两条卖出纪律何时进入我的视野。

迪吉多所处的计算机领域——中型计算机行业，正面临着激烈的竞争压力，这种压力影响了整个行业的收益和增长。然而，我最担心的是，尽管迪吉多仍然处于领先地位，但我开始担心它的管理和战略。

20世纪80年代初，迪吉多的市盈率在15左右，之后上升至20。在1987年夏末，随着股票价格飙升，市盈率涨至30，并实现2年4倍收益。但这太高了。由于迪吉多的收益呈现周期性，并非每年稳定增长，因此其过高的股价表示市场中很多人出于强劲的股价势头，以过高的代价买进股票。

由于迪吉多的规模变大，几乎涉足所有行业的客户，最初的稳定增长模式正在让位于周期性增长模式。也就是说，它更大程度上与整个经济体在科技方面的资本投入总体速度有关。

在迪吉多及许多类似的成长型科技股上，贪婪大于纪律。我不知道整个市场会发生什么，我只是担心股价会越来越高，因为我总是在市场上寻找便宜货，并观察大量的股票价格。

尽管迪吉多在20世纪80年代初期推动个人电脑产品线的举措失败了，但在1986年和1987年，它因成功创建了一条新的VAX微型计算机线而大获成功，该产品线可以实现与迪吉多的其他型号计算机以及其他计算机公司的计算机联网。由于这一成功，1987年其盈利仍在急剧上升。然而，如上所述，我已经对公司的管理、战略和商业模式产生怀疑，并把迪吉多在个人电脑领域的失败完全归咎于管理层。因此，我开始对管理层的执行力进行更细致的研究。

在近 20 年中，具备创业精神的管理层以及相对宽松的组织结构使迪吉多取得极大成功，但在 1984 年前后，管理层感到自己受到多方面的牵制。个人电脑和新的 VAX 系列只是问题的一部分。公司面临产品品类的竞争、不同区域开展业务以及营销地域的争夺等，这些因素叠加导致公司内部混乱不堪。因此，对于我们这些喜欢深入挖掘本质的人来说，风险变得越来越大。1986 年底，正当 VAX 产品线盈利丰厚之时，优秀的管理、营销和技术人员却纷纷离开迪吉多。这些都是公开信息，它提醒我公司未来可能无法实现高增长的风险。

类似迪吉多这样的情况你将会遇到很多，也会遇到看似违反逻辑的股票市场，尽管通常不会像 1987 年那样戏剧化和极端化。如果你坚持阅读并了解公司的最新情况——换句话说，保持你的知识基础，你不会有事。而专业人士也并不会比你了解更多内部消息。

除非公司采取新的措施来解决这些问题，否则迪吉多不可能永远摆脱困境，因此我一直密切关注着公司的最新进展。结果是，到了 1987 年夏天，在迪吉多股价高涨的同时其内部问题并未减少，而促使我卖出股票的原因有两条：估值和未来增长的前景都让我越来越担心。

通过观察迪吉多的市盈率和市销率，我发现与同类公司及自身历史数据相比，它的估值已经变得极其昂贵。

我经常使用这些比较方法，对于那些在 BASM 方面表现出色的公司，或者在我们对其下一个产品周期的预期方面表现出色的公司，在估值上我都会留有余地，以免被束缚于机械的算术。我认识到巨大的变化和改进确实会带来更高的估值。不过，如果你回顾我之前关于估值的说法，当公司估值与其他公司的估值（以及公司自身的历史估值）的差异加速拉大或高出 25％左右时，我倾向于认为股价上涨多是由情绪推动，很可能会出问题。

迪吉多的股价波动如图 4-1 所示。

BASM 和七步走法则确实可以告诉你应该关注什么，并为投资者提供重点、纪律和框架。但是，这一事实并不意味着你只要机械地执行就可以。你的确需要参照值，特别是在股票估值方面，相对数据要比绝对数据有效得多。

在执行了卖出纪律后，我发现很难找到可以买入的新股票。我的共同基金，和大多数基金一样，在招募说明书中阐述的规定包含基金里的资金始终应该全部投资于普通股，以及其持有的现金头寸不能超过基金总资产的 15％。我尽力遵守规定，但和所有基金经理一样，在有很多股票值得购买时，我可能会"超额"购买；而有时情况恰恰相反，很难找到值得购买的股票。这一时期正是后一种情况。我很难找到足够多的符合 BASM 标准的股票来补充投资组合。

有趣的是，多年后（1994 年），当我做客美国公共广播公司（PBS）的著名电视节目——路易斯·鲁凯泽（Louis Rukeyser）所主持的《华尔街一周》时，他指出，在 1987 年股市崩盘之前，我持有的现金比例高达 25％。这一策略非常成功，因为股票暴跌后，我有充足资金买入。然后鲁凯泽又指出，到 1994 年末，市场前景不佳、不断下跌，但我的基金里股票仓位是满的，业绩仍好于大多数激进型基金。鲁凯泽想知道我为何这样做，以及为什么这样做会奏效。对此，我明确表示，起作用的不是市场时机，而是估值纪律。

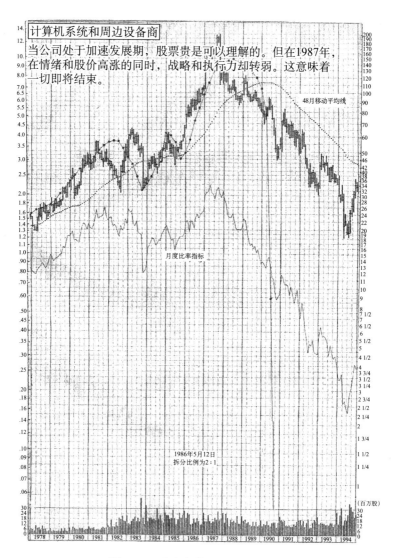

图4-1　迪吉多的股价波动示意图

　　1987年，我管理的基金确实比正常情况下暂时拥有更多现金，但这并不是因为我试图把握市场时机，也不是从美元贬值或利率升高中推断的结论。事实上，我这么做只是因为我没有发现足够多估值合理、管理良好且具有强劲增长前景的股票。但是，1994年的情况正好相反。

股市下跌让很多具备增长能力的公司更具吸引力。然而，此时投资者的恐惧更多，而恐惧常与便宜股相伴（正如贪婪与股价飙升相伴一样）。但是，正如我在回答鲁凯泽的问题时所说，我买入的股票都经过精挑细选，而不仅仅是便宜股。那次节目不久之后，市场就开始走强，我的基金持有人获利丰厚。

迪吉多崩盘

1987年股灾后，我原想重新买入迪吉多股票。毕竟长期以来，我一直持有这家公司的股票，且很少卖出。10月19日股灾发生时，迪吉多股价一度飙升至每股200美元，又在同一天最低跌至110美元，之后很快又涨至120美元左右。我充满恐惧和担心，因为事情发生得太快而恐惧，同时因为它极具诱惑力而担心自己做出错误举动。

通常人们会在公司推出新产品并取得成功时购入科技股，对迪吉多也不例外。我本想买入它，但我的买卖纪律指出了离职和管理层执行力方面的问题。情绪和大幅下跌的价格都诱惑我买入，但我的纪律和新认知却阻止我买入。

最终，我没有买入，也不能买。原因很简单但很重要，因为这只股票满足我所定的卖出纪律，且违背买入纪律。尽管我在情绪上可能倾向于买入，但也不能买入。虽然它满足估值纪律，但却不满足第二条和第三条纪律。这正是原因所在。

不久，管理层的问题果然在收益中显现出来。虽然季度收益继续上升，但增速放缓，这通常意味着股票估值降低，因为它预示着未来的增长会放缓。随后不久，迪吉多季度业绩有所增长，但仍未达分析师预期。此时，股价已经达到顶峰，但由于行业问题和管理层在内部问题上的挣扎，公司开始遇到收益方面的麻烦。迪吉多股票让那些大跌后才买入的人损失惨重，他们买入后股价继续下跌，一直跌至每股 30 美元左右。

在这只股票上，正是纪律、对情绪的克制和储备的知识这些构成七步走法则的因素拯救了我。事实上，它们在我整个投资组合的投资决策中都起到决定性作用。

当然，也是 BASM 促使我不要买回，因为 BASM 让我关注到公司的管理能力开始变糟糕。BASM 促使我很早发现这一点，而其他投资者却在股票持续下跌的两年内，误以为股票足够便宜而不断加仓。

BASM 让我相信，尽管迪吉多仍推出了一系列热门产品，但公司却一直未解决真正需要解决的问题。这个投资案例说明了 BASM 和七步走法则适用于任何市场的任何一家公司，它们可以指导你做出买入、持有或卖出的决定，以及通过一只股票让你变得富有。

每个硬币都有两面，因此也存在很多股票因为这样或那样的原因大幅下跌，但它的 BASM 仍表现良好，比如戴尔。这时，就是极好的买入机会。

只要市场存在，就存在波动、恐惧和贪婪，而 BASM 和七步走法则正是应对这些因素的工具。

别无选择，必须持有股票

和其他管理基金的专业人士一样，我也必须遵守我们基金的规定，必须持有股票的投资组合。我持有一些自己非常喜欢的股票，包括餐厅和一些表现非常出色的零售商，比如迪拉德百货公司（Dillard's department stores），还有迪士尼、耐克、微软和戴尔等公司的股票。后三家公司上市时间不长，规模尚小，发展迅速，在某些方面还未经考验。像往常一样，我持有很多被我归类为新兴成长股的股票。

1987年，面对巨额的账面亏损和所有的不确定性，尽管我倍感压力，但并未六神无主，没有去参加祈祷会，也没有束手无策、消极被动。按规定我必须持有股票，而我已制定了买卖纪律，以帮助我在昂贵的股票市场中度过数月的不安期。

> 人的情绪起落是与他对事实的感知成反比的，你对事实了解得越少，就越容易动感情。
>
> ——伯特兰·罗素（Bertrand Russell）

在"黑色星期一"之后，我观察到，许多投资者完全是情绪化的，不愿讨论或利用研究，因此他们的知识没有发挥作用。这意味着其他投资者将会有很多机会，但前提是能找出下一步该买哪些股票。罗素关于"知之甚少，感性有余"的格言深刻地体现了这一点。仅通过几天内我在媒体上看到的内容，以及听取他人的意见，我意识到，人们正在等待某件事情的发生，但又不知道是什么。

我对许多公司都很了解。就价格而言，其中很多公司以当前的价格来说都是很好的投资对象，它们的估值极具吸引力。有明确的迹象表明，此时我应该提升目前持有的许多股票的仓位，而不可随大流卖出。在股市崩盘后的几天里，很多股票的价格仍然在继续下跌，所以保持情绪稳定地持续买入仍相当困难。

在找到估值合适的股票后，接下来弄明白哪些公司可以满足其他两条买入纪律将是一切的关键。

> 一天，爱丽丝来到一条路的岔口，看到树上有一只柴郡猫。她问道："我应该走哪条路？"猫回答说："你想去哪里？"爱丽丝回答说："我不知道。"然后，猫说道："那就无所谓了。"
>
> ——刘易斯·卡罗尔（Lewis Carroll）

我们的任务是与所有其他高增长基金竞争，并超越它们。为了实现这一目标，我们必须成为长期投资者，并避免市场投机。我们成功的关键在于按照我们的原则选股。尽管我非常紧张并希望自己了解更多，但我确实知道我们想要去哪里。我们总是希望自己了解更多。

讲故事

一份好的商业计划书需要说明一家公司打算如何赚钱、发展和保护自己免受竞争之害。买入纪律要求将股票与其公司联系起来。这些故事，即商业计划书都是公开的，只要你想了解，可以通过互联网、公司年报、官网的声明等渠道获取相关信息。对于投资者而言，这是重要的课程。投资者可以通过阅读公司相关的报道，了解自己所拥有或考虑拥有的公司，在保持思考的同时随时准备采取行动。因此，无论股灾还是正常情况，当市场出现上下波动时，你都不必开始慌乱。你已经了解了公司所讲的故事，只需看着价格起伏就好。知识，作为七步走法则中的第一个，也是最重要的一个，应该始终发挥应有的作用。

我了解我投资组合中的所有公司所讲的故事，也就是说，我知道我拥有什么。通过向持有的股票增资，我实现了以较低的价格增加持股数量。有句著名的投资俗语——"低买高卖"，但情绪常常使人们做恰恰相反的事情。面对股价暴跌，人们内心充斥着FUD（fear，uncertainty，doubt）情绪——恐惧、不确定和怀疑。这些只是情绪化的直观感受，即条件反射地认为市场一定比我们知道得更多。而贪婪却恰恰相反，它会随着股价的上涨而增加。如果缺乏结构化的思考来帮助投资者集中注意力，以及不运用知识的话，基础原则往往被情绪所替代。然而，BASM 和七步走法则将引导你正确地遵循那句"低买高卖"的俗语，我就是这么执行的。

股灾发生后，我把更多的钱投入持有的股票中，因为我对这些股票已经相当了解（这也是投资者总应该做到的一点），同时也再次分析研究了这些股票，我发现在这一时期很难快速研究和购买新股票。基于相似的理由，我很快增持了迪士尼和耐克的股票。经历暴跌之后，很多股票看似前景良好，且在价格和收益方面的数据都很有吸引力。然而，在整体经济环境不好的情况下，公司具有执行力的管理层就比以往任何时候都更加重要。这两家公司拥有我想要的管理层。

在迪士尼的案例中，我知道主题公园、电影和娱乐领域都是很好的生意。几年前，迪士尼遭遇收购危机，但最终管理层重组，

新的管理层接管了迪士尼。自 1984 年迈克尔·艾斯纳（Michael
Eisner）担任董事长，弗兰克·威尔斯（Frank Wells）担任总裁
以来，他们开始实施一项旨在提高股东价值的计划。1984 年，公
司成立了试金石影片（Touchstone Pictures），它针对挑剔的青少
年和成人市场制作电影的策略取得了显著的成功，其中第一部电
影《美人鱼》（*Splash*）表现尤为出色。随后，它又制作了新的电
视剧《黄金女郎》（*Golden Girls*），同样取得了巨大成功。另外，
迪士尼的周日晚间电影也是如此。紧接着，迪士尼图书馆（Disney
Library）所拥有的电影通过电视联播，公司因此获利丰厚。最后，
一些经典动画电影被制作成录像带发行，其中一些很快就登上了
排行榜的榜首。

所有这些举措意味着未来更好的增长，但最重要的是管理层
的态度——决心更加积极和创造性地为股东的利益而努力，而且
管理层明显有能力很好地执行计划，可以避免显然的失败，甚至
可以避免小错误。尽管主题公园表现良好，但迪士尼的高级管理
人员并没有满足于现状，而是开始与电影制片人乔治·卢卡斯
（George Lucas）和弗朗西斯·福特·科波拉（Francis Ford Cop-
pola）合作，共同创作优秀的新电影。

迪士尼的收益在未来非常强劲，两年内的季度表现都良好。
每个投资者都能理解迪士尼是如何创造这些收益的。我并没有比
个人投资者拥有更多优势，只是比他们多掌握了一套投资纪律。

迪士尼股票在 1987 年的股灾中从大约 20 美元跌至 11 美元，
又在两年内上涨至 32 美元——几乎是低点的 3 倍，这让我们尝到
了了解公司商业模式并应用买卖纪律的甜头。

耐克也很出色。它抓住了健身热潮和人们对更有趣的运动鞋

的渴望，这让它从众多小公司中脱颖而出，成为行业领头羊。1980 年，当公司上市时，我近距离见过菲尔·奈特，通过将他的公司与其他小型运动鞋公司进行业绩对比，我相信他的管理能力和专业知识。我的结论是，耐克是业内管理最好的公司。从早期到今天，我一直在研究菲尔，也是他的粉丝。

当股价从 12 美元跌到 7 美元时，我明白对于耐克重要的是什么。耐克说服了最优秀、最知名的运动员在比赛中穿耐克鞋。（1984 年，琼·本诺伊特穿着耐克创下了女子马拉松世界纪录。）这给客户留下了良好的印象，它的市场营销和分销也同样出色。管理团队成员齐心协力，实现了比同行业更快的增长，即市场份额的增加。1985 年，飞人乔丹系列篮球鞋问世——为了纪念新秀天才迈克尔·乔丹（Michael Jordan），这一系列取得了巨大的商业成功。1986 年，公司收入超过 10 亿美元，并推出以乔丹和网球明星约翰·麦肯罗（John McEnroe）命名的服装。

高额的市场营销和广告支出，以及来自竞争对手的价格竞争，导致耐克1984 年后半年和1985 年初的收益下降。匡威在这一时期之前一直是篮球鞋和运动鞋领域的王者，而耐克比匡威更具侵略性，所以耐克超过了它。尽管这一时期锐步被认为是运动鞋领域的领头羊，然而耐克的大手笔投入、产品的推出和促销活动使1986 年成为公司的分水岭。锐步完全措手不及，耐克一举超越了它。锐步随后陷入了需要应对和重振旗鼓的境地，开始积极计划广告和产品。

当然，关键在于应对。耐克有远见、愿景和计划（加上出色的管理团队），使公司能够迅速行动，不失时机。当新事物出现时，执行起来通常非常困难。因此，我将耐克收益下滑视为超级碗运动员在空中飞跃接球时受伤了。伤势是轻微的、暂时的，也是通向胜利的重要的一部分。

尽管耐克的高支出带来了短期的盈利疲软，但我和同事们都知道，1987年将是盈利强劲扭转的一年，也可能是盈利长期高速增长的开始。菲尔·奈特所取得的成就，他的信誉和计划，以及他在各个方面的执行能力，使这只股票格外具有吸引力，无论近期市场走势如何。

深入了解一家公司的商业模式——一个任何人都可能知道的商业故事，并将这种对公司的认知与三条买入纪律相结合，是赢得巨额财富的关键。耐克最终做到了，收益完全符合菲尔·奈特的预期，也符合我们的预期。事实上，在接下来的5年里，耐克的收益一路飙升。耐克首次公开募股后，我在一个小仓位上赚了很多钱，在两年多一点的时间里，我真的赚了3倍。尽管一开始通过会议和公开信息，我就喜欢菲尔·奈特，但是由于鞋业的不确定性和数不胜数的竞争对手，我仍想继续观察耐克的运营和商业模式。激进的扩张造成了收益和股价的波动，我也因此承受了一些损失（因为股价的下跌）。但关键在于：（1）耐克可以很好地应对不断变化的环境；（2）耐克正在夺取市场份额——这是通往统治地位的道路，这一点至关重要；（3）我每天跑5英里，喜欢耐克鞋，而且更为重要的是，我发现零售商和跑步杂志都喜欢耐克。因此，当股价下跌时，我试图买进更多。虽然小型股票波动很大，但对公司的认知和BASM帮助了我，让我为1987年做好了准备。耐克的股价在1年左右的时间里翻了一番，在5年里，投资者的资金翻了10倍。

一路上，我们卖掉过各种股票。麦当劳股票实现了价格目标，几年后被卖掉，但我们并没有完全退出。许多其他股票也被卖掉，包括一堆科技股，其中的大多数公司并不是真正卓越的公司。大多数科技股的投资过程并不像迪吉多那样有趣或戏剧性。我们继续持有微软。微软想要取代莲花公司——那时的一家头部软件开发商和销售商。莲花公司作为行业领导者，其电子表格程序的市场占有率高达 70%。然而，持有莲花公司股票是我的一次投资错误。

当然，我也会犯错

我之前提到过，我犯过很多小错误。但是，通过运用买入和卖出纪律，我尽量在发现问题时就卖出，从而将错误控制在最小范围内。重要的是，我继续关注所有已抛售的股票，因为它们有机会"变合格"，也有潜力"变卓越"，这样我就可以把它们买回来。我准备了一个螺旋笔记本，随时记下这些卖出股票的信息。

对于像莲花公司和 Sunglass Hut 公司（太阳镜品牌公司）这样的公司的股票，由于管理层带来了出色的股票表现并让我赚了很多钱，我对其产生了极高的信任，以至于在管理层出现问题时我没有及时察觉。这给我带来了损失。

尽管莲花公司电子表格程序的销量是其竞争对手微软电子表格程序 Multiplan 的 3 倍，但微软管理层正在大力向市场推出一款全新的电子表格程序 Excel。Excel 拥有莲花公司产品所没有的强大功能。它绝对更胜一筹。

莲花公司的问题或许是由多种因素共同造成的，首先是技术领域的消费不佳，其次是尽管微软的 Windows 系统已悄然崛起，但莲花公司仍努力利用其非 Windows 的程序来维持其霸主地位。为保持市场份额，它开始在广告和推广方面投入更多资金。莲花公司加大了开发力度，试图与 Excel 匹敌，但遗憾的是，公司和股东们的收益却在下滑。尽管从股灾时的低价反弹了 50％以上，但在股价再次下跌时，我仍持有莲花公司的股票，因此损失了一些钱，尽管数额不是很大。

我犯过各种小错误，而莲花公司这个案例是最大的错误。虽然我都明白，但仍犯了这个错误，这让我感到痛心。把错误控制在萌芽期，迅速承认并抛售是保持良好业绩的关键。我在这里提到的例子，比如莲花公司案例，都是我犯的错误，但它们提供了最好的学习经验。可以肯定的是，每年我都会犯一些错误。

我可以将我的一些错误归咎于有时过于忙碌，以及其他与投资无关的因素。但对于莲花公司案例来说，错误在于我过于长时间地保持忠诚。我真的很喜欢它的商业模式和管理，并且一直获得巨大的利润，所以我对公司的固执和反应迟缓视而不见。这有点愚蠢，但我从中学到了很多。正确对待错误的关键在于从中学到一些东西，然后继续前进。

在这个游戏中，完美永远是难以实现的。

至暗时刻：两个半导体公司的故事

我们经常会在两只不同的股票之间做出选择，必须尽快决定买哪只，或者两只都买。其中最有趣的选择是涉及同一行业的股票。1987 年 10 月，我们面前有着很多令人紧张但又诱人的选择。其中一个选择是，到底是买英特尔还是国家半导体公司的股票，因为这两只股票都暴跌了。我们明白科技消费环境整体不佳，在这种环境下，我们真的有充分的理由同时持有这两家公司的股票吗？或是只持有其中一家的股票？

英特尔和国家半导体公司

10月19日股市暴跌后，有些投资者并未进行仔细分析，没有对当时的股价和公司前景进行评估，而是立即出手。换句话说，他们没有像我们那样使用买入和卖出纪律。结果是他们失败了。运用类推方法在投资方面是一种常见的错误，这种方法实际上经常被使用，被误认为是分析评估，而这会使投资者付出高昂的代价。第五章将对此进行详细介绍。

而那些可以冷静地分析、计算的投资者抓住了机会。结果是他们赢了。

英特尔和国家半导体公司代表了股市的赢家和输家，它们同属半导体行业，但在1987年10月19日之后的几个月甚至几年里，两家公司的前景、股价走势却完全相反。

那年，英特尔正从半导体衰退中走出来，盈利大幅增长。英特尔股价在10月19日最低点时跌至18美元左右。我在当天晚些时候买入英特尔股票，当时英特尔股价已经跌至最低点，先锋温莎基金（Vanguard Windsor Fund）的明星经理约翰·内夫以同样的低价买入，而这样的价格就像偷来的一样。要知道，在接下来的几个月里，随着道琼斯工业平均指数上涨约30%，英特尔股价增长了100%。（随后，它又经历了一次下跌，但随后恢复并上涨至每股51美元。）而当时的全球技术行业整体表现并不是特别好，在股灾后的几周和几个月里，许多科技股继续下跌。

不过，很多人都在盲目买入。危机会引起不同的反应。有些投资者生活在恐惧之中，无所作为，甚至在底部抛售股票。由于没有人真正了解发生了什么事，投资者能承受多大程度的波动，实际上取决于投资者的风险偏好。市场出现过股灾，包括1929年和20世纪30年代初的那些，而市场暴跌并不意味着麻烦的结束。然而，面对如此逆境，有些投资者却更加积极。这通常是因为他们对买入的股票有充分的了解，且投资期较长。

但在1987年的股市崩盘后，不加选择买卖的现象非常普遍；一些投资者根本不关注引起股市波动的背后信息。一个很好的例子是，就在我和约翰买入英特尔股票的同时，一些投资者买入了国家半导体公司的股票。当英特尔的投资者笑逐颜开、收获颇丰时，不了解却投资国家半导体公司的人损失惨重。在我看来，那是因为贪婪战胜了知识。

国家半导体公司的惨败

国家半导体公司成立于1959年，比英特尔早9年，这在高科技领域实际上是相当长的时间。其最早的集成电路主要面向太空计划、科学应用和消费市场。20世纪70年代，国家半导体公司积极开拓计算器、手表和收银机等市场。

在接下来的10年里，国家半导体公司实验室涌现出越来越多的优秀技术，包括语音合成芯片和大型计算机的芯片。公司开始在个人电脑市场上分得一杯羹，但它真正在这一市场上变得更具竞争力的时间较晚，直到20世纪80年代才建造了三家工厂。

在个人电脑领域，国家半导体公司虽然落后于英特尔的芯片开发，但它持续为很多终端用户（制造业客户和消费者）开发和销售大量产品。公司于 1987 年收购了仙童半导体公司（Fairchild Semiconductor）并推出了一条新的图形芯片产品线。在我看来，同时做这些业务意味着国家半导体公司无法像英特尔一样专注，而这正是英特尔可以从个人电脑制造商那里获得最多产品设计合同的原因，这一市场很重要。另外，收购仙童半导体公司时，正值技术订单和其他基本面普遍不好的时候。

我将这些归咎于公司的商业模式缺乏重点，且产品线过多，以至于研究工程师任务分散。个人电脑这个最重要的市场正蓬勃发展，而国家半导体公司在这一领域的地位远不如英特尔，这是真正的问题。

国家半导体公司的股价从 20 多美元下跌到 15 美元，而公司收益前景极不稳定，这反映了问题所在。在接下来的几年里，股价跌幅超过涨幅，1987 年 10 月时已跌至 9.88 美元，最终在 1990 年跌至底部 3 美元左右。

显然，买家的贪婪超过了他们的知识。这种情况与迪士尼、耐克的情况正好相反。这个故事很容易理解，只是结局不美好。那些只根据价格做决策的人，他们做错了。

英特尔的优胜

1980 年，邓白氏评级将英特尔（INTC）评为美国五家最佳管理公司之一。1986 年，安迪·格鲁夫（Andy Grove）被任命为英特尔的总裁兼 CEO（1997 年至 2005 年退休前担任董事长）。安迪当时已被誉为技术界的顶级人物，因此英特尔的管理层也被认为越来越强。

在技术方面，英特尔处于领先地位。1974 年，公司推出了一款出色的新个人电脑芯片——英特尔 8080，当时广受好评。英特尔一路高歌猛进，到 1980 年被广泛誉为微处理器市场的霸主。1982 年，英特尔又推出了另一款伟大的产品——286 芯片。1984 年，《财富》杂志将安迪·格鲁夫评为"美国十大最强悍老板"之一。

英特尔新产品层出不穷，而且每一种新产品实际上都增强了英特尔在竞争对手中的领先优势。到 1987 年，公司的 386 芯片表现出色，而 486 芯片已在研发中。

1987 年，整个行业的盈利能力正处于低迷期，而英特尔当年的收益却很亮眼，且有望在未来一段时间内实现强劲增长。即使在股市崩盘后，英特尔的股价表现依然良好。在科技股业绩参差不齐的时期，与大多数科技股相比，英特尔如同一颗耀眼的"明星"。

约翰·内夫曾指示股票交易员们，只要市场上有人抛售英特尔股票，无论多少都帮他买入。约翰对英特尔非常了解，但最初他并未买入，因为觉得太贵了。一旦股价下跌，综合考虑新的价格、执行纪律和收益增长，他能买尽买。我的买入量没有那么大，也没有那么引人注目，但我对自己的买入决定感到满意。

通过英特尔案例，我们看到价格是合适的，且同时满足其他两条买入纪律。在买卖纪律的框架内，决策更容易，且往往更有利可图。

> 我们已经遇到敌人了，那就是我们自己。
>
> ——波戈（Pogo）

美国第二次独立战争期间，美国在关键的伊利湖之战中击败了英国，美国海军指挥官奥利弗·哈泽德·佩里（Oliver Hazard

Perry）说："我们已经遇到敌人了，那就是我们自己。"沃尔特·凯利（Walt Kelly）是一位著名的漫画家，创作了非常受欢迎的漫画系列《波戈》，波戈这个角色也曾说过："我们已经遇到敌人了，那就是我们自己。"20世纪90年代末，我为投资者撰写了一本宣传册，旨在为他们提供一套投资框架。我套用这句话旨在表达，当投资不使用正确工具时，自己就会成为自己最大的敌人。

知识和纪律其实很简单，但却能让你在致富的道路上走得更远。将这两者结合起来，就是一个强大的致富公式。

再加上耐心等其他要素就更简单了。传奇投资者沃伦·巴菲特在1999年接受《商业周刊》（Business Week）采访时说过："投资成功与智商无关，只要你具备普通人的智商，你需要做的就是控制致使投资者陷入困境的冲动。"大多数认真对待投资的人所拥有的智力远远超过投资所需的智力。在整个职业生涯中，我一直认为，投资不是智商的竞赛。

你需要控制情绪，才能拥有正确的投资风格。沃伦·巴菲特之所以能在市场上积累巨额财富（当时巴菲特是继比尔·盖茨之后的世界第二富有之人），不仅是因为他的智慧、知识和技能，还因为他形成了适合自己的个人投资风格和纪律。

"规则的规则"要求规则必须简单易行，可重复使用，且不要求投资者做复杂、不切实际的事。当将七步走法则和BASM付诸实践时，它们可以成为你的第二天性，如同跑步时自动协调的四肢。这是它们真正有效的重要原因。

投资者常常与自己作斗争。他们的知识、智力常常与情绪相悖。这就是为什么七步走法则能让你成为真正的投资者，并最大限度地增加你致富的机会。

理解估值

三思而后行。

——中国谚语

在本书中，我始终强调对公司及其股票采取整体方法，着眼于整家公司，而不是对各个部分进行微观分析。通过使用这个框架，尤其是商业模式，你不必成为一名证券分析师，也可以将公司的收益增长与背景联系起来，做出判断。

许多投资者知道，估计估值、收益和经济走势都是专业投资者的事。或许一些投资者某方面比其他人更擅长，但没有人可以做到持续一年或更长时间始终准确，除非获得了那些可预测性强、可为投资者提供很多指导的大型公司的帮助，在这种情况下，投资者可以轻松做到这一点。

估值既是一门科学，也是一门艺术。无论是关于如何估值，还是关于一家公司任何时间内的价值，专业人士之间一直都争论不休。最终裁判是市场，它会给每只股票一个定价。当然，为了赚钱，我们争论的重点不是市场决定股票在某一时刻值多少钱，而是它们现在和未来的真正价值。关于这一点，我相信我们可以提供具体的帮助。

依靠推测经济走势的投资往往可能让投资者损失更多。关于这一点，你只需翻查一下政府官员、经济学家曾经的文章或研究报告，并将其与后来的真实情况进行对比。这样做的人都不会将经济走势作为投资指南。有时，对经济的预期虽然正确，但由于市场很早就预料到了，反而走向与预期相反的方向。也有时预期是完全错误的，通常只会令人困惑，20 世纪 80 年代中期我看到的一组典型报告就说明了这一点。一半分析师认为，消费者的支出长期以来一直很强劲，因此他们得出消费支出即将下滑的结论；另一半则引用储蓄、收入等数据佐证，认为情况恰恰相反，因此他们得出消费支出即将增加的结论。类似观点相互对立的情况总是随处可见。

杜鲁门（Truman）在担任总统期间，曾对一些经济学家喋喋不休地提出多种可能的结果而感到苦恼。这些经济学家会说："一方面……另一方面，它也可能是别的情况。"杜鲁门随后调侃道："这个世界需要的是'一方面'的经济学家！"

经济学家保罗·萨缪尔森（Paul Samuelson）是我整个职业生涯中最敬佩的人，我使用的第一本大学经济学教科书就是他写的。萨缪尔森曾经说过，华尔街指数预测了过去五次经济衰退中的九次。虽然他的话有点开玩笑的味道，但大多数优秀的选股人都理解这句话的真正意蕴。你不可能足够准确或足够提前预测经济，以确保你押对股票获利。

我认为有三个原因导致经济预测经常出错。

首先，经济非常复杂，而全球化极大地加剧了这种复杂性（在这个领域中，没有经济学家有太多经验）。经济学是一门社会科学，其中的变化是人类行为的结果，对行为的影响很难有足够的把握。

其次，好的或者至少看起来好的预测会得到人们的信任，从而改变人们在支出、投资和其他经济变量方面的行为。这种影响反过来会改变结果，从而不得不对预测进行调整。

最后，经济学家根据数据建立模型，并利用数据发现历史因果关系。尽管计算机在 20 世纪四五十年代就已存在，但直到 PC（个人电脑）时代开始之前，计算机并没有得到广泛应用，因此我们获得的行业数据和企业数据的历史其实非常短。这一点削弱了经济学家做出准确判断的能力。例如，2000 年泡沫（当时存在股市泡沫和建立在企业资本支出基础上的经济泡沫）破裂后的衰退，并不是消费经济的衰退，而只是企业经济的衰退。

消费经济占美国经济的三分之二，典型的经济衰退往往是消费经济的衰退。尽管人们一直预测会有消费经济的衰退，但自 1991 年第一次海湾战争至 2005 年期间，美国并没有真正经历过消费经济的衰退。这是一个创纪录的时间长度，这意味着自从 20 世纪 70 年代 PC 时代开始以来，美国只经历过三次有数据记录的经济衰退。而自 20 世纪 90 年代全球化占据主导地位以来，美国实际上没有经历过任何经济衰退。

尽管我刚提到短期经济的不可预测性，但由于人是非常情绪化的生物，因此当他们看到经济正在变好或变坏时，他们往往会变得贪婪或恐惧，并凭借情绪而不是知识进行投资。结果是，他们将资金投到了不确定的事情上，这很可能演变成错误的投资。如果你想获得真正的财富，就不能轻易让经济预测影响你对一家管理出色、商业模式优秀的公司的看法。

当感到恐慌时，许多投资者会错失大好机会或卖出卓越公司的股票。因此，在经济低迷时期，包括 1991 年第一次海湾战争、1987 年股灾以及 20 世纪 90 年代末的亚洲金融危机期间，我都在买入极具潜力的公司股票。我通过哪些人买入这些股票呢？那些对自己所持股票缺乏了解和信心的人。

如果你专注于少数股票且真正拥有相关知识，并遵循买卖纪律以战胜情绪，你就可以超越专业人士。坚持这一点，你将拥有更多的财富。

关于经济只需记住一件事。想象一下，你正开车回家，听着收音机里的股票报道，此时播音员正说着：

> 今天在华尔街，利率降低的消息使股市上涨，但随后关于利率降低导致通货膨胀的预期又使股市下跌，直到人们意识到降低利率可能刺激低迷的经济，股市才再次上涨，但股市最终又因担心经济过热导致再次提高利率而下跌。

听到这些消息，你还会卖出一家能让你的资金翻三番的公司的股票，或卖出一家在长期内将成为一个超级赢家的公司的股票吗？请把关于经济的整体预测搁置一边，但要了解经济中哪些因素会影响特定行业和股票。多读多看，持续关注影响股票的几个关键因素。

收益如何

即使在共识收益以及我所提到的复杂分析模型中都存在问题，也要应用它们，至少应用销售和收益预测，以及关于公司业绩好坏原因的讨论。如果你自己对公司的目标和面临的挑战没有足够的了解，那么这些对你的意义并不大，但本书中的案例和你自己的经验将使其变得简单明了。

当一只股票出人意料地上涨或下跌时，股票就会出现大的波动。我认为，这是区分卓越公司、优秀公司和糟糕公司的关键时刻。那些管理有方、可以把握自身命运以及商业模式良好的公司的财报不会令你失望。

正如我所说，我确实尊重某些分析师。这就像选择一位非常擅长复杂手术的优秀外科医生一样，你肯定不想选一位普通的外科医生，那么为何你会允许一位普通的分析师影响你呢？既然没有那么多优秀的分析师可以让你将资金交由他们全权管理，那么你就必须跟踪了解他们的表现，了解他们各自的长处。

我曾与一位杰出的分析师讨论过欺诈问题。我曾就职于惠灵顿管理公司——美国最大的投资管理公司之一。托尼·科普（Tony Cope）是这家公司的一位出色的分析师，也是我见过的最好的分析师之一。他被提升为研究总监，但过了一段时间后，他要求回到自己之前的工作岗位，因为他不想处理关于人和文件的工作，不想远离自己所热爱的工作——分析研究公司并厘清其中的问题。

退休后，他是唯一被邀请加入财务会计准则委员会（FASB）的分析师，该委员会负责制定财务报告所适用的会计准则。对我来说，托尼是真正的权威人士。我对他说，无论是专业人士还是个人投资者，都无法解决会计领域最棘手的欺诈和共谋问题，因为它们过于复杂。即使有人揭发了欺诈行为，对股票来说也往往为时已晚。因此，我的选择是让投资者避开那些不能很好地解释其收益和财务状况的公司。托尼非常热情地表示同意。他告诉我，他一直在强调这个主题，并试图让更多人了解和接受，以便公司能做得更多，投资者也能迫使那些不配合的公司做得更多。

即使你对一家看起来很棒的公司充满热情，也请记住，如果没有人能用简单明了的语言解释清楚这些数据，你就无法确定它具体好在哪里。如果是这种情况，请远离它。这是对你的保护。

会计和真实收益如何

阅读现金流量表，看看它们是否与收益相符。收益由运营和会计计算确定，但现金是真实的，只来自运营。如果一家公司有递延收益、大额投资或冲销，不要费神，也不要感到害怕，只需要看看现金流量表。这是一个很好的工具，但也不要忽视收益。例如，某些行业的很多公司，包括科技公司，在年底或季末会创造出大量销售额。虽然销售额归入收益，但现金通常不会立即进账。

关于这方面的详细内容，很多书籍都有讲到，它们重复讲着相同的内容。而我的观点是全局方法能给予你更好的指导，可以用数据来检验竞争者之间的商业模式和战略。相对健康的状况是件好事。

没有必要给你提供很多案例来说明这一点，因为你也很难记住它们。其实你只需要进入一些你感兴趣的公司的网站，查看它们的财务报表，花 5 分钟时间计算一下简单的比率，然后与另一家公司进行比较，你就可以学到更多东西。

我也喜欢观察收入的增长情况，并将其与同类公司进行比较，以验证公司是否按照自己所说的那样发展。但如果你不了解公司及其计划，这些数据对你而言就毫无意义。

有时，我也会观察股东权益总额的增长情况，或者每股账面价值的变化，两者衡量同一个因素，只是后者以每股作为衡量单位。关注公司的资金使用情况，而不仅仅是资本收益率。记住，你的目标不是做大量的数据分析，而是对比该公司与同类公司及其自身在某些场景下的历史表现，进而看清楚卓越公司的商业模式是否符合你的预期——创造最大的利润。

把目标公司与同类公司对比效果极佳，比阅读 100 页的规则、公式更有效。通过分析这些数据，你将比从分析师的报告、公司年度报告和季度报告对公司运营情况的讨论中获得更多信息。

估值方法

我在商学院读书时，读到过一些非常有趣的文章，关于如何评估股票价值以及一些研究人员所认为的最佳估值方式。自那之后，又有更多相关主题的文章发表，其中一些非常出色。然而，这并不是大多数投资者，包括专业投资组合经理，愿意花时间学习估值的方式。

我们知道，在短期内，市盈率（股票每股价格与每股收益的比值）所表示的估值变化可能比收益变化引起更大的价格波动。正如沃伦·巴菲特等伟大的投资大师所提醒我们的那样，股市指数、平均值、普通股价格可能会在一年或更长时间内脱离现实或基本面（收益）。情绪会推动很多短期价格波动，而那些了解公司的投资者——不仅了解价格也了解公司的真正价值，长期来看能通过短期波动获利。

当你发现一只股票朝着与预测相反的方向发展时，一些专业人士可能会买入更多或等待时机，而这种方法会给你带来过多的情绪压力。本书的一个重要目的就是让你摆脱情绪的影响，而不是放大。在这种方法让你发疯或让你觉得太过神秘、复杂之前，请允许我概述一下许多专业人士是如何处理它的。

这里提供一份简单有效的估值工具清单，特别是对于使用多工具的投资者很有帮助。我把这份清单称作三角测量。

如果仅仅使用算术或简单的公式就能告诉你何时买入和卖出，那么股票投资会变得非常简单，不是吗？请记住，常识性的判断很重要，包括关于使用何种工具以及何时使用，其中包含何时买入和卖出股票。下文将列举一些有用的工具。

比如说，你不确定某只股票的价值。但首先说明一点，本书主要关注成长股和高增长率的股票。常见的估值方法，如比较过去 12 个月的收益与价格，并不能正确衡量成长型公司相对于其他公司的估值。

以 A 公司为例，其每股价格为 20 美元。在过去 12 个月内，其每股收益为 1 美元。股价是收益的 20 倍。在这种情况下，如果预计在未来一年或更长时间内，每股收益增长 20％，即每股收益增至 1.20 美元，则市盈率（即 20 美元除以 1.20 美元）为 16.67。

每股价格 25 美元的 B 公司在过去 12 个月中每股收益也是 1 美元。B 公司股价是收益的 25 倍，高于 A 公司的 20 倍。但如果预计该公司未来每股收益增长 40％，即每股收益将增至 1.4 美元，那么每股 25 美元的价格除以每股 1.4 美元的收益，得出未来市盈率仅为 17.86。B 公司的增长速度是 A 公司的 2 倍，而"价格"（这里指市盈率）只略微高一些。

有一种方法可以说明哪家公司更便宜。可以使用市盈率与增长率的比值，或称 PEG 比率。PEG 比率可以将一家公司与其他类似的成长型公司或该公司自身历史进行比较，然后你就可以判断一家公司的股价是越来越便宜还是越来越贵。A 公司的市盈率与增长率之比的计算为 16.67 除以 20（增长率不考虑百分号），得出

PEG 比率为 0.833 5。这个值说明价格比较便宜。你可以在任何特定的股票市场中，通过这种比率判断什么便宜、什么昂贵。只需要几分钟的简单计算就能得到想要的答案。

用同样的方法计算，B 公司的 PEG 比率为 0.446 5。尽管 B 公司股价和市盈率较高，但它比 A 公司要便宜得多。采用过去 12 个月的收益来比较高增长率的股票，可能会产生很大的误导，此时 PEG 比率是一个很好的工具。另外，把公司不同时期的市盈率做比较，并与其他公司进行比较，也能说明很多问题。

此外，你可以用计算器计算一下，如果公司一直以相同的速度增长，那么需要多少年才能使收益达到当前的股票价格。对于 A 公司，1 美元的收益以每年 20% 的增长率增长，需要 17 年才能达到 20 美元。而对于 B 公司，只需要 10 年就能达到当前的股票价格（25 美元）。

通过这个练习，你可以看出两家公司的差异。但有一点需要注意，一家公司通常不会保持 17 年如此高的增长率，甚至 10 年也达不到。这个过程总是存在变化和风险，所以要谨慎、明智地使用所有数据，而这只是一个起点。采用 BASM 是监测、评估增长率相似公司之间相对风险的一种好方法。

三角测量，或使用多种工具，始终是利用数据来增强分析管理、商业模式、假设和战略的核心原则的最佳方法。但不要过于迷恋数据，它们不能替你完成工作。成长股投资者不将此作为致富指南。关键在于做到将大部分资金从不好或估值过高的股票转到好的和估值过低的股票，这是一个相对游戏。这也是为何我反复强调，将类似的成长股相互比较，并与它们在不同时期的历史进行比较，对理解什么是便宜和什么是昂贵会有很大帮助。

将笔记记录在同一个地方，类似笔记本的形式，做到这一点并不难。即使你讨厌数字，也能像很多人那样，通过正确选股赚大钱。你可以做到这一点。

我再补充两种估值方法，帮助投资者进行三角测量。其中一种是市净率（股票每股价格/每股账面价值）。每股账面价值通过公司资产减去负债再除以流通股数量来计算。这些数据都可以通过公司的资产负债表查到。这种基于资产的估值方法并不像收益方法那样经常使用，但与其他公司做比较时，这是一个非常好的基准指标，而且简单快捷。

我喜欢用市销率这种估值方法来衡量一家公司的市值（总股数乘以当前价格）与其当年收入或华尔街分析师的预估之间的关系。也可以通过每股收入和每股价格来进行计算。

大部分资金并不是从市场流入或流出，而是从一种证券流向另一种证券。这种流动是基于投资者对公司估值和前景的整体判断，因此使用相对估值非常有帮助。这些简单的工具可以帮助你理解你所看到的报告。再次强调，我们要关注的不是金蛋或收益，而是金鹅——产生这些收益的商业要素。优秀的公司应该向投资者展示自己的具体情况，而查看分析师报告和审查收益有助于投资者了解所投资的公司是否按照其所说的行事。

甲骨文公司并非神谕者

最后，我重申一下，关注公司对其收益的讨论，以及关于这些收益的经纪报告，并进行比较，是非常有用的。例如，大型软件公司甲骨文公司（Oracle）于 2005 年 3 月 22 日发布了第三季度财报，随即媒体上出现了关于该股看涨和看跌的观点。美国消费者新闻与商业频道（CNBC）甚至在讨论后，针对这个问题让观众进行投票。

看涨者表示，收益比预期高 1 美分，当前估值偏低，因为股价没有上涨（股价在过去几年里大致保持在同一水平，尽管有些起伏）。

看跌者表示，公司的部分收益并非来自业务，而是来自货币因素。此外，更多的增长来自美国以外的地区，而美国国内业绩几乎没有增长。他们认为，甲骨文公司的核心业务——应用软件业务，正处于低迷期。

我查看了报告，很容易就能发现公司的收入项目的增长幅度不大。但是，我没有看到关于运营情况的清晰说明，如果有这部分内容就更好了。事实上，这份面向投资者的报告有一定的误导性。在报告中，公司展示了强劲的季度业绩，并提到了数据库产品的出色业绩，也提到甲骨文公司最近收购了仁科公司（People-Soft），这为其在未来销售更多应用软件产品提供了良好的机会。然而，甲骨文公司并没有提及应用软件部门的本季度业绩令人失望。

不过，你可以通过券商分析师的报告找到你想要的细节。我查看了两位优秀分析师的报告，他们把事情分析得很清楚。因此，虽然这只股票可能便宜，有上涨空间，并可能为你赚取一些钱，但当前它并不符合 BASM 的要求。本书将详细讨论符合 BASM 的公司，它们可以让你赚取巨额利润。

第五章

选股——综合考虑所有因素

格鲁克（Grook）慢慢地绕过他藏身的巨大树干，看着他一直跟踪的那只巨大的剑齿虎。这头猛兽现在离得很近，只有几个身位的距离。老虎所在的地方，恰好处于低洼，这使得格鲁克占尽优势。他可以迅速来到这头猛兽身后，趁其不备扑倒它，用石斧猛击老虎头部，当场将其击毙。这将为他的部落，也为他自己，带来丰厚的食物。

格鲁克明白这样做会奏效，因为老虎的周边视觉范围很小，更看不见背后的事物。关键是，以往这招曾多次奏效。在 34 000 年前西伯利亚石器时代，这就是格鲁克所在地区的尼安德特人打猎的方式。

格鲁克动作迅速，一跃而下。但当他准备发动最后一击时，他立即意识到出了严重的问题。老虎已经转过身，张开巨大的下颌，露出致命的八英寸剑齿。这是格鲁克在被饥饿的野兽吞噬前看到的最后一幕。

格鲁克和许多人一样，都是根据过去的经验推断。在生活中，推断对于许多事情都是必要的，也很常见，无论是打猎还是炒股，但都必须结合对当前情况的一定分析。如果格鲁克明白，从他背后吹来的风使得老虎能够闻到他的气味，他本可以改变自己的行动，把足够多的肉带回家，而不是成为老虎的美餐。

大约3万年后，公元前2500年左右，在尼罗河肥沃的三角洲，法老卡夫拉（Pharaoh Khafre）家族的王子阿姆拉（Amrah）对一位祭司赞不绝口。祭司可谓那时的科学家，赞美他们是理所当然的事。阿姆拉看着奴隶们把丰收的谷物装进巨大的仓库。当时很多邻国都发生了饥荒或处于困难时期，但因为播种和收获总是如期进行，所以古埃及很繁荣。古埃及和其他古代社会一样，拥有一批有先驱性的天文学家，他们意识到天空不仅仅是光点的集合这么简单。

实际上，祭司负责这么几件事。首先，他们认识到这些看似无序的美丽光点即星辰组成了类似动物或其他复杂图形的图案。其次，祭司认识到这些早期的"星座"是有周期的，会反复出现在夜空的某些地方。最后，他们利用这个周期来预测干旱、降雨以及古埃及的生命摇篮——尼罗河的汛期，从而指导农民何时播种、何时收获。

他们能够识别这些光点形成的模型，而其他人做不到，这使得祭司具有极高的价值。在科学和商业领域，很多人可以把模型与其他事物联系起来，这也正是优秀的分析师和股票投资者所做的事情。

缺乏知识意味着像格鲁克一样终结（他因缺乏必要的知识而死）。相反，知识及其实际应用意味着古埃及的繁荣。投资者也是如此。

正如第二章所述，人类倾向于推断，将事件视为趋势，或将盈利增长假设为从窗边飞过的鸟儿向同一个方向匀速无限期地飞行。不只是投资者这样推断，但对投资者来说，这样付出的代价往往与格鲁克所付出的一样高昂。

市场上有各种类型的投资者，如同光谱，其中最左端的是"尼安德特人"式投资者，他们仅从产品周期、收益、增长趋势等方面进行推断，赢了一定次数后就会损失惨重、全军覆没或完全退出市场。最右端是那些能够洞察公司运营、收益和商业模式之间关系的人。这些心思缜密、知识渊博的投资者就像古埃及的祭司一样善于推理，他们能看出一件事在逻辑上会导致另一件事。与古人一样，他们通过自己的经验和重复行为培养和磨炼这种推断能力。

投资者经常进行推断，因为他们往往缺乏明确的想法，不知道如何识别哪些因素会使一家公司卓越和繁荣。因此，他们采取简单的方法，只关注最近的收益或股价趋势。

这就是为什么简单的七步走法则和 BASM，加上经验的积累，会让你成为一个真正的股票投资者——一个知道何时买及何时卖以获得最大利润的人。

首先要知道的是，你所读到的大量分析和建议都是基于对趋势的推断，尽管这种推断看起来和听起来比格鲁克的做法更加复杂。但是，这不是一条赚大钱的道路。为什么？因为股票很快就会对已经存在的趋势做出反应，所以预期趋势继续维持的概率已经很低了。当然，如果一家公司能够以 20% 的复合增长率增长，你的股票价格也随之增长，那么 10 年后，你持有的每一美元股票将达到 6 美元。这样确实很不错。但是，用 10 年使资金变为原来的 6 倍不是本书讨论的重点，我们的注意力主要集中于赚大钱和变得富有。

如果你能够提前把握一些趋势，而市场尚未对此做出反应，与此同时，你能从商业模式和管理中看出这家公司可能成为真正的赢家，那么你就能赚到大钱。

每个潜力巨大的公司在走向成功的道路上都会经历许多波折。投资者往往倾向于推断短期趋势，如同我早期投资耐克的经历，总是频繁地买卖。因此，戴尔公开发行股票不久，公司面临短期问题时，卖方通过近期推断结果决定卖出股票（他们的抛售压倒了买方，导致股价下跌），而这只股票最终成为有史以来最大赢家之一，是真正的财富股。20 世纪 80 年代中期，耐克投入大量资金进行营销，特别是迈克尔·乔丹篮球鞋系列推出时，也发生了同样的情况。

投资者往往表现得好像是市场在告诉他们该怎么做，他们会根据公司最近的收益趋势或股票趋势（或两者兼而有之）进行推断，并根据这种推断来调整他们的资金。在这些投资者看来，推断比研究战略和商业模式的本质要更加容易，即便后者通常可以帮助很多人致富。许多炙手可热的公司也出现了同样的情况：投资者只顾追逐趋势，而没有像祭司那样将天空中的光点连接起来综合考虑各种因素，或是没有理解对应情况下的 BASM 四要素。

造成这种行为的核心原因之一是，投资者不确定该寻找什么，不知道如何识别正确的商业模式以及如何辨别一家优秀的公司，而这正是本书的主旨所在。注意，仅根据短期收益的好坏不能判断一家公司是否优秀。多年来，我发现信息过载让投资者越来越无所适从。因此，对于大多数投资者来说，通过一些简单的指标和分析要素来真正了解一家公司极其困难，甚至是不可能的。然而，七步走法则和BASM可以帮助投资者摆脱对推断和股票投资建议的依赖。

追热门股

追热门股没有任何问题。沃尔玛曾经是一只炙手可热的小股票，仅仅因为它的热度而吸引了大量投资者涌入。同样的情况也发生在家得宝、eBay、亚马逊和其他许多公司身上。问题在于，当事件发生、股价波动时，你不知道该持有、卖出还是买入更多。我会买入很多看起来不错的小公司的股票，然后密切跟踪它们。在过程中，淘汰那些没有达到商业模式承诺的公司。但是对于那些做到了的公司，我会购买更多股票，尤其是在股价下跌时。

投资者购买大量热门公司的股票，然后抱怨不知道下一步该做什么，特别是当股票价格下跌时，他们会感到恐慌无措。信息时代意味着信息超载。信息量并不是关键，关键是要有一个简单的判断流程，而不是死板的衡量标准。对于大多数投资者来说，很难精确地找到并使用几个简单的指标和一些分析工具，从而真正了解一家公司。但如果能实现这一点，他们将摆脱对股票的盲目乐观或对股票投资建议的依赖。

再次以耐克为例。投资者应该从公司的核心管理目标和商业模式出发，并认识到两者都致力于获得更多市场份额和市场主导地位。若不这样做，投资者可能会对收益的波动感到困惑。只有这样，公司的收入、盈利模式和资金使用的整个图景才能一目了然。然而，那些推测每个季度、每次波动的投资者往往看不到这张图，从而错失了大好机会。有些专业人士热衷于构建复杂的模型，花费大量时间撰写报告或向委员会做演示。而分析师做得最好的一件事，也是你应该学会做的一件事，就是了解公司是如何赚钱的。这是大多数投资者需要了解的商业模式的核心部分。最成功的投资者总是对所投资的公司了如指掌，并赢得大量财富，他们是我学习的榜样。

我最近重读了一份华尔街投资策略师的报告，其中谈到专业分析师和基金经理如何像大多数个人投资者一样，超负荷获取信息。信息超载使得选股变得更加困难。个人投资者和专业投资者的真正工作是从这些信息中挑选出相关的信息，最多不超过 15%，并学习如何使用它。大多数投资者，包括专业人士，都没有很好地做到这一点。

有趣的一点是，刚提到的报告完成于 1982 年，那时尚未出现传真机、电脑或电子邮件，更不用提上网了。报告的撰写者发现了投资的一个由来已久的弊病，而这种情况不但没有改善，反而变得更糟了。如果没有指南针和焦点，在信息充足的时代，信息过载，像杂草一样生长，并日益阻碍投资决策。多年来，随着投资者使用越来越多的工具和信息，投资似乎并没有变得更好，普通投资者也没有发现这条信息之河对他们的致富有多大作用。请务必花一点时间思考一下这个问题。

分析师分析互联网公司时，采用很多衡量标准，但这有些过犹不及。这意味着你不需要了解有关网页的每一个统计数据和网站"点击率"（访问量）。你需要明白 eBay 出色的商业模式的关键所在，以及如何追踪它的运营情况（几乎在公司的每个季度报告中都会提到这一点）。第八章将对此进行讨论。同样，你也需要明白雅虎的广告模式是如何推动增长和创造利润的。令人失望的是，许多谷歌的投资者只问谷歌的股票为何这么贵，除此之外什么也不关注。我认为，如果你不了解谷歌的BASM，就无法理解它的股票为何这么贵。而且，你不能一味地推断。

接下来让我们再看看一家不那么卓越的公司，但我们通过避免信息过载，在信息不完整的情况下，专注于重要的具体指标而从中赚到很多钱。这是我早期接受的重要训练，也使我成为一个选股人。

航空股的狂飙与巨额利润

在我刚成为分析师时，航空股利润丰厚，令人兴奋，这也是科技和其他不稳定行业的绝佳训练场。我负责的航空股为我们赚了很多钱，而且市场的共识是它们正处于行业发展周期的中期，将继续创造巨大的超额利润。因为运输量和增长率都相当强劲，利润也在不断扩大。

1972年春天，某天我拜访了美国航空公司（AMR）的管理层。当时这家公司的总部还在纽约，几年之后总部迁往达拉斯（Dallas）。当时，我作为惠灵顿管理公司的分析师，负责航空板块研究，我们公司的共同基金和养老基金持有多家航空公司的大量股份。此时，这些股票正受益于股市和航空运输业的牛市，涉及的资金非常庞大。

群众说买，我们再买

我在波士顿的办公室会见了一些华尔街的分析师，发现他们大多对接下来及未来一年的收益预测极其乐观。证券经纪公司意见一致，认为航空公司将继续引领市场，投资者的仓位应最大化，并继续买入。我认识的华尔街顶级航空板块分析师促进了这一共识的形成。

在纽约调研时，我向美国航空公司的管理层提出了一些非常中肯的问题。我观察到美国航空公司的股票价格非常高，高达 49 美元，原因在于人们的预期很高。当年收益预期只有 25 美分左右，但市场却认为我们正处于一个将持续数年的巨大运输量增长周期的早期阶段，在几年后将达到极高的收益高峰。

分析师认为当前的情况毫无意义，下一年收益预期将达到 2～2.75 美元，而再下一年的收益更大。这是一种对航空业运输量及其趋势的推断（并非总是贬义）。事实是没有人能真正知道会发生什么，因此大多数人只是推断，而股价之所以高企，正因为人们都抱着同样的看涨想法。

我们需要注意，虽然当前收益疲软，但股价可能会随着未来的发展而上涨。这种情况在生物技术、科技公司推出大型新产品等情况下经常发生。但是，当你依赖的是整体经济而不是完全由公司自身控制的因素时，情况就完全不同了。没有人能够很好地预测经济形势，从而根据对经济形势的预判投入大量资金。因此，当你考虑对经济预测、公司推断或两者投入多少信心时，要明白公司对自身命运的掌控才是关键。在投资过程中，这两方面的信息层出不穷。

看涨者预测航空公司的利润跃升幅度如此之大，以至于许多专业人士认为，看涨共识仍存在低估，共识应该更加乐观。我的工作就是找出事实是否如此。那时我尚处于职业生涯的早期，由于害怕失败而未能提出不错的假设性问题。我想自己研究，而不是依赖经纪人的工作、估计或趋势推断。在那次的调研中，他们非常详细、透彻地回答了我的所有问题，调研结束后我离开美国航空公司总部，飞往达拉斯调研布兰尼夫国际航空公司（Braniff International Airways）总部。布兰尼夫国际航空公司于 1982 年解散，这是一家由传奇人物哈丁·劳伦斯（Harding Lawrence）领导的伟大航空公司。我非常期待第一次的会面。他极具远见，购买了超音速飞机，如 1969 年首飞的协和式飞机（Concorde），利用它们开创了美国和南美之间的快速服务。他的豪华办公桌后有一幅巨型的超音速飞机正在飞行的画作。

在去达拉斯的路上，我研究了美国航空公司的数据和管理层的答复。我又回顾了管理层和我对关键变量的重要假设。主要因素包括洲际航空市场、座位数和飞机数量——运营的主要成本。我的计算结果让我感到恐慌，因为我的结果与一些非常优秀的分析师产生了分歧，其中包括一些对我有过很大帮助的人。

抵达达拉斯后，我打电话到办公室，告诉研究部主任，也就是我的老板比尔·希克斯（Bill Hicks）我的调研结果。比尔听完我的讲述后问道："那么我们应如何处理这些股票，尤其是美国航空公司的股票？"虽然我忌惮其他分析师的结论，但我还是说了这样的话："我们或许不应该持有这么多股票。"这是一种胆怯的表达，但坦白讲，我不是很确定，我问自己凭什么我是对的而别人是错的。比尔告诉我，当我回到波士顿时，我们会深入讨论所有的问题。

在波士顿，我、比尔和另一位投资组合经理（比尔还兼任一个共同基金的经理和研究总监）一起对我的工作进行了细致研究。他们对我所做的工作没有任何意见。然而，他们也关注了华尔街的言论，而华尔街关于次年收益的预期是我的 3 倍以上。我并没有强烈建议惠灵顿管理公司卖掉股票，我只是说，为谨慎起见应该减少投资。结果什么都没有发生，直到我和妻子在阵亡将士纪念日*前动身前往西班牙和葡萄牙度假时，我们仍然持有所有的股票。

没有十足把握仍可取胜

在西班牙度假期间翻看报纸时，我惊恐地发现航空业的关键指标——阵亡将士纪念日的运输量——比预期的要低得多，股票出现全线暴跌。当我回来时，比尔面带笑容地对我说："我们完全联系不上你，但因为你的调研，我们卖掉了所有的航空股并从中获利。你给我们指明了方向。"我们都受到了不确定性的影响，而我意识到，在不确定的情况下，人们很少会有"拍桌子"的信念，任何一点压力都会引起一些变动。在不确定的情况下，股票、市场和人们的反应，无论过去还是现在，都是一样的。我想这就是"盲人国里，独眼称王"这句话的由来。

然而，个体投资者有时也能看清趋势方向，这不仅仅是一种

---

* 每年五月最后一个星期一。——译者注

直觉。随着时间的推移，投资者参与的股票决策越来越多，一些人的直觉会越来越好。正如我之前所说，个体投资者不需要向一个拥有几百万股股票的机构证明他的直觉是正确的，而这类机构通常不会迅速卖出股票，第二天又买回来。作为个体投资者，你更容易将知识和直觉结合起来。这是个体投资者相对于专业投资者的众多优势之一。

这里的关键点在于，大多数人在没有做足功课的情况下相信了牛市的推断，从而犯下了"格鲁克式"的投资错误。虽然我还没有掌握很多投资知识，但我十分谨慎，避免任何形式的推断。

总之，那天听到我的领导比尔告诉我这个好消息后，我如释重负。在那个年代，尽管我认为在不久的将来这些信息将会被隐藏，但实际上我们可以查出购买大量航空股的那些机构。当时正处于鼎盛时期的德莱弗斯公司（Dreyfus）持有大量美国航空股，单美国航空公司股票就有近 100 万股，此外还持有其他几家航空公司的大量股票。德莱弗斯公司是一家好公司，但毫无疑问这是一次充满风险的投资。

在我离开美国时，美国航空公司的股价是 49 美元。随后小幅上涨至 49.62 美元的历史高点。然而，人们期待已久的大流量客运周期从未实现，股价自那时起一直下跌，最终跌至每股略高于 6 美元的谷底。

美国航空公司当年和未来两年的收益大大低于预期，有些季度甚至出现亏损。在那个低谷期，每股收益仅为 0.05 美元。由于未达人们的预期，股票很早开始从高价下跌。这与最初推动估值大幅上升的预期正好相反，而估值在收益下降之前就已经崩溃了。股票市场的反应速度总是相当快。

我公司的高层人士对我说，鉴于不确定性达到了令人难以置信的程度，而我调研的结果与华尔街的建议完全相悖，即使当时我只是给出部分卖出的建议，也应该表示赞赏，因为我已经展示出一名优秀选股人的特质。

那天我学到了很多宝贵的经验，包括预期对估值的影响远远大于收益。我认识到专业人士也很容易犯错，他们也会盲目地顺从共识或推断。对我来说，最大的收获莫过于：最好的投资策略是依靠直觉、调研和知识，投资者应该谨慎选择能推断和不能推断的内容。这一点对你同样重要。

我的最大教训

虽然我的工作是研究收益模型，但实际上这并不是真正的定量工作。只要我能正确判断哪些假设是正确的、哪些是不正确的，这就足够了。正是我对航空公司战略和假设的评估、判断以及常识性思考，引导我得出了正确的结论。

假设和常识是关键。我观察了航空公司增加的所有运力，这让我认识到，只有整体经济和运输量（载客率）完美无缺，一切才可能顺利。如果我仅基于这些假设进行思考，就会知道无论收益如何，都存在一个真实的风险，那就是实际收益可能会远低于乐观预期。当一种战略（有时是经济学家所说的外部性）导致收益崩溃时，因为预期就是预期，不是真实发生的情况，所以泡沫随之破灭。

那天，我摆脱了格鲁克式投资，正如所有认真做研究的投资者一样。当然，我也学到了一些宝贵的教训。

种子公司分析

在我职业生涯的早期，我竭尽全力学习，我发现了几家生产优质农业种子的公司。其中一家那时刚上市。我查阅了一些资料。一些经营农业设备的经纪人告诉我，这些公司规模小，风险大，产品和市场都很难理解。

农民总受许多无法预测的因素影响，它们共同决定了农作物的产量和价格。农民的命运会随着气候变化、竞争条件、政府的补贴政策以及他们自身设备的老化程度和效率等因素而起伏不定。

这些种子公司的产品主要销往玉米种植区，其关键技术是杂交育种。杂交种子比普通种子贵得多，因为专门研制的杂交种子能抵抗某些病害，可以在多种气候条件下茁壮成长，每亩产量也高得多。这意味着在丰收年或歉收年都可以获得更好的利润。杂交种子还为某些歉收类型的农作物提供了一定的保障。

但一些分析师认为，市场不会蓬勃发展，因为农民往往非常保守，对新事物的接受速度很慢，尤其是如果新事物的成本很高，而杂交种子就是如此。实际上，问题不在于价格，因为种子只占生产成本的一小部分，而在于人们担心新种子在这些农民的土地上可能无法很好地发挥作用，后者将是毁灭性的。

有些分析师研究了农业拖拉机等设备周期。结果显示，只有在连续几年农业发展非常强劲的情况下，农民才能购买设备。他们必须避免承担过多债务，以便有足够的资金和可用信贷来购买更昂贵的生产资料。基于此，分析师得出结论，农民不会从种子公司购买价格高得多的杂交种子，或可能只在最好的年份考虑购买。在他们看来，这些公司的收益模式和命运就像农民的命运一样不稳定，难以预测。

无论如何，我很好奇，我发现这些种子公司的股票估值相对便宜。对这些公司及其业绩预期较低，意味着这些股票的风险低于平均水平，但如果进展顺利，回报会更高。我认为，我至少应该获取一些相关信息，于是给这些公司打电话，与其管理层交谈。当时还没有网站，通过邮件寄来的资料需要几天甚至更长时间才能到达。那时不如现在信息发达，这些公司尚无法满足股东对即时信息的需求。

短暂而美好

在与位于伊利诺伊州迪卡尔布的迪卡尔布农业研究公司（DeKalb AgResearch，以下简称迪卡尔布公司）的高层管理人员通话后，我感到非常兴奋。他们非常友好，为我提供了很多信息。他们的介绍让我渴望了解更多，因此我接受了他们的邀请，打算亲自去看看他们在做什么。

这是一次冒险。我喜欢尝试新事物。当沿着土路行驶时，我发现这个世界对我这个"城里人"来说是多么新奇和陌生，路边的玉米比我租来的车的车顶还高。

我见到并喜欢上了该公司的高层管理人员，感觉他们真的知道自己在做什么。他们不仅推动了杂交科学的发展，还了解农民的需求和问题。我参观了他们的玉米试验田和实验室，并与他们的科学家进行交谈。经理们向农民解释了购买杂交种子的经济效益，而关键是杂交种子的成本还不到农作物生产总成本的 1%。

这让我想到斯伦贝谢公司，两家公司有着类似的商业模式。斯伦贝谢公司是利用地震技术（利用地下声波）寻找石油的领先者。尽管斯伦贝谢公司为这些服务收取的费用很高，但这项支出只占发现和开采石油总成本的很小一部分。由于斯伦贝谢公司非常擅长寻找石油，它与石油公司的合作业务增长速度非常快。

同样，迪卡尔布公司的种子成本较高，但不会对农民的生产总成本产生实质性影响。我发现，农民购买种子的决定因素不是种子成本，而是信任。

迪卡尔布公司的经理们告诉我，农民总是很担心，一些未知的新种子虽然有望保护庄稼、提高产量，但由于新种子是未知的，也可能导致彻底失败，或者在某些方面存在缺陷。大多数农民都不能容忍没有收获的年份，因此他们极不愿意使用没有任何记录的种子。

迪卡尔布公司的高层管理人员向我介绍了他们的研究、市场营销和农民教育计划，所有计划旨在帮助农民克服尝试新产品的抵触情绪。优秀的种子产品在实验室和田间地头被开发出来，它们如同计算机公司的那些出色的研究与技术一样，可能造就强大的产品，但其商业模式却很薄弱，所以这类成功只能维持几年。

迪卡尔布公司的高层管理人员意识到，商业模式必须围绕销售构建，而销售必须建立在对农民的理解之上。这需要花时间和资金来制定战略，与客户——农民建立信任。他们做到了。我进城与人交谈后发现了这一点，特别是与那些销售农业用品和设备的人交谈后，以及在几家农舍停下来与农民交谈后。我亲自证实了迪卡尔布公司的业务和商业模式是行之有效的。通过这只股票我们赚了 400% 以上，在其他种子股票上也赚了不少，一切进展得

很顺利。1982 年，该公司与制药巨头辉瑞（Pfizer）合并，成立了
迪卡尔布-辉瑞基因公司（DeKalb-Pfizer Genetics）。

后发优势

有一天，我靠在太阳计算机公司 CEO 办公室的小桌边，在交
谈中我意识到，他的公司可以成为该行业的领军者，甚至成为一
家卓越公司。如今，媒体报道 CEO 的一举一动，今天通过阅读看
到的一切相当于那时我站在那张小桌边看到的一切。这位 CEO 就
是斯科特·麦克尼利（Scott McNealy），一位充满活力的 CEO，
而他从不缺媒体报道。

有一件事既有趣又有利可图，想要成为真正选股高手的投资
者应该经常去做，那就是阅读他们所能找到的有关公司高层管理
人员的一切资料。我指的不只是商业著作，而是能告诉你谁是或
谁可能成为伟大领袖的一般资料。个人的风格、对失败和成功的
处理方式以及思维方式都对一个人的成功起着决定性作用。斯科
特·麦克尼利是一位伟大的领导者，他曾领导太阳计算机公司从
小公司发展成为一家成功的大公司。

如今，关于管理者的报道很多，过去不得不通过参加会议才
能搜集到的信息，现在读者只要勤奋、好奇就能找到。这些信息
就在那里等着你。本书中写了很多为获得信息，我与优秀经理人
通话和会面的内容，但当你投资时，请记住一点，这些信息唾手
可得。

另外需要记住的一点是，大多数伟大的成功故事都涉及后来
居上的公司。它们看到了市场的需求，并找到了开发市场和更好

地服务客户的办法。那些后发崛起的公司包括家得宝、沃尔玛、微软和太阳计算机公司等。

一定要记住，投资者通常会推断某个行业领军企业的领导地位会持续一段时间，而在第一把交椅的交接过程中，还有机会及早了解新崛起公司的 BASM，这是一个赚大钱的机会。比如包括微软和莲花、康柏和戴尔，以及阿波罗电脑和太阳计算机公司在内的许多公司，都属于这种情况。

当我买入太阳计算机公司的公开发行股票时，它和阿波罗电脑所服务的市场正处于爆炸式增长阶段，这是一个炙手可热的新领域。我不认为我实际上是在推断阿波罗电脑的成功，但我确实认为它将继续保持良好的业绩，因为阿波罗电脑管理得很好，而且占据了市场的大部分份额。同时，它还拥有卓越的技术。我持有阿波罗电脑的股票，它为我赚了很多钱；我还买了太阳计算机公司的股票，一方面是因为我认为两家公司都可以在这个巨大的新市场上大展拳脚，另一方面是因为我看到了太阳计算机公司在BASM 方面有巨大的潜力。

太阳计算机公司在 1986 年 3 月 4 日的招股说明书中阐明了自己的意图。公司的计划是我一直依赖的基准，帮助我跟踪它的结果、成功和一致性。太阳计算机公司采用"开放式架构、开放式系统方法"，而阿波罗电脑采用建立专有系统的相反战略，只兼容自己的组件和计算机。阿波罗电脑类似于苹果电脑和王安电脑，它们的系统独一无二，不兼容其他系统。阿波罗电脑曾是无可争议的市场领导者，它坚信没有人能挑战它。它也是这样告诉我们这些投资者的。

根据太阳计算机公司的原始招股说明书，关于战略和商业模式的阐述具体为：

> 基于标准的开放式系统架构的太阳计算机公司具有以下
> 优势：我们的产品彼此之间具备兼容性，同时拥有与其他供
> 应商硬件接口的能力，以及对未来硬件迭代的适应性，还允
> 许应用程序的可移植性，并提供众多可供使用的第三方软件
> 包。我们认为，面对快速的技术变革，这些因素将对终端用
> 户和原始设备制造商越来越重要。我们已向 750 多家客户交
> 付了 12 000 多个工作站和中央处理器。

如果你从未与管理层的任何人交谈过，但看过其他公司的案
例，并对好坏进行记录，那么当你读到这段陈述时，你会明白，
这样大胆、与众不同、符合常识的战略，客户一定会喜欢，而且
确实如此。太阳计算机公司意识到，工程师们多么希望拥有一个
能与桌面上所有其他设备良好协作的系统。客户的需求推动了太
阳计算机公司技术的发展和方向，这是每家科技公司都应关注的
关键特征。

对我来说，该公司已经具备优秀的 BASM 要素。管理层实力
雄厚，我认为麦克尼利是一位伟大的领导者，他发展了伟大的文
化和计划。他制定了出色的战略和商业模式。此外，太阳计算机
公司还积极开展市场营销。有些人认为，这是西海岸科技公司与
东海岸科技公司企业文化差异的开端。在东海岸科技公司看来，
只要是"好东西"，客户就会买。太阳计算机公司希望赢得客户的
"心智份额"（态度的改变），从而赢得市场份额。我从莫仕学到关
于开发工作和客户关系的经验，这让我更容易在早期就看清正在
发生的事情及其意义。

我与麦克尼利的会面进展顺利。他指出太阳计算机公司的收入增长迅猛，从 1983 财年的 866 万美元跃升至 1984 财年的 3 886 万美元，再到 1985 财年（6 月 30 日）的超过 1.15 亿美元。他认为，这一增长不仅归功于具有竞争力的技术，也归功于客户迫切需要和喜爱的技术。

虽然我很乐于成为太阳计算机公司的股东，但我仍提前做了大量调研，并结合之前与麦克尼利的讨论，提出一些棘手的问题。参观太阳计算机公司，我最想了解什么？我想弄明白在太阳计算机公司与阿波罗电脑的双雄大战中哪一方将获胜，斯科特·麦克尼利能否像许多企业家或公司的早期高管那样，将管理权移交给他人。我曾目睹阿波罗电脑的创始人老比尔·波杜斯卡（Bill Po-duska Sr.）迟迟不卸任，最后由一位外来者接替他。这让公司失去了一些市场份额。

会议即将结束时，我想与麦克尼利重点谈谈他对自己目前职位的看法，因为我目睹过很多与他同职位的人在本该转投令人兴奋的新公司时却一直没有离开。

我靠在他办公室的小桌边对他说："你已经财富自由了，也上过知名杂志封面，并将这家公司打造成明星公司。随着太阳计算机公司的发展壮大，你为什么还想继续做这个呢？兴奋感将来自何处？现在你大部分时间都在做什么？"

"这就是我的孩子"

麦克尼利直视着我，笑容灿烂，仿佛我刚刚告诉他他中奖了。他距离我大约一臂之遥，他仍像我们刚见面时那样轻松和自信。

他说："我喜欢在这里工作，我必须待在这里。"他向我讲述了每天所做的各种事情，这给我留下了深刻的印象。

他说道："午餐后，我有两个人要见。他们分别是技术主管和营销主管。他们都认为自己的部门是公司最重要的部门，应该分配更多预算，应该把对方的预算的一部分拨给自己。"

然后，麦克尼利坚定地说："我需要两个部门的人齐心协力。如果在会议上不能调解他们之间的矛盾，他们将自相残杀。快速发展的小公司就是这样失败的！但我不会允许这种事情发生。这就是我的孩子！我爱这家公司，我们会把它做好的。"

麦克尼利的坦率、热情和责任感令我惊讶。他与其他许多小公司的 CEO，当然也包括阿波罗电脑的 CEO 对比，简直是天壤之别。

我笑着问道："那么，这就是你真正喜欢做的事了?"

"当然!"他大声说道，"我们正在战斗，也将会赢。在这个行业里，赢家通吃。"

我从未忘记他的话。那一刻真的让我学到了很多。我把钱投给了太阳计算机公司，这让我避免了今后在阿波罗电脑上的潜在损失。

太阳计算机公司赢了

胜利是分等级的，太阳计算机公司赢得了金牌。据《福布斯》杂志报道，在 1984—1989 年的五年间，太阳计算机公司成为美国发展最快的公司。投资过竞争激烈行业的投资者都明白，这是一项了不起的成就。

那些投资太阳计算机公司的人也是大赢家。就太阳计算机公司的普通股而言，20 世纪 80 年代末的第一波上涨使最初投入的资金上涨了 9 倍。这之后，公司股价的上涨较为温和，偶有不错的上涨，这一趋势一直持续到 20 世纪 90 年代初期。面对这样短暂的间歇期，七步走法则中的"耐心"和"知识"更显珍贵。像我这样的投资者，当我们识别出一家卓越公司时，就能在下一波投资浪潮中赢得收益。

2000 年上半年，在科技泡沫破灭导致股价下跌之前，投资者本可以大赚一笔。在那一时期，也就是 1993—2000 年间，股票又增值了约 14 倍。

虽然很少有人能够经受住所有的市场起伏，但那些对斯科特·麦克尼利充满信心，并对太阳计算机公司非常了解的投资者，随着太阳计算机公司 14 年的快速发展而赢得了巨额收益。但遗憾的是，当太阳计算机公司股票因股价上涨而在我的基金中所占仓位升高时，我选择了卖出部分太阳计算机公司的股票。还是那句话，在投资这个领域，只要个人投资者拥有和专业投资者一样的信心，就可以持有更多股票，赚到更多钱。

尽管这是一段漫长的时间，但 14 年中每年的收益率远远高于100%，太阳计算机公司的总市值达到最初 IPO 时的 260 倍。就公司业绩和股票收益而言，太阳计算机公司堪称那时的"思科"，是有史以来最好的股票之一。太阳计算机公司的股价波动如图 5-1 所示。

太阳计算机公司与阿波罗电脑

胜出的原因并非最先进的技术，而是正确的技术。当一家公司

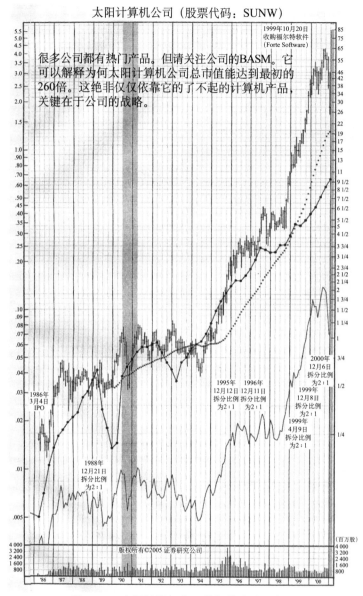

图 5-1　太阳计算机公司的股价波动示意图

拥有正确的优秀技术时，其产品往往能为公司及其投资者带来丰厚的利润。太阳计算机公司商业模式的核心理念是开放式系统架构，以此抓住客户，而阿波罗电脑则专注于不断提升计算速度。当阿波罗电脑的市场开始流失并且新 CEO 上任时，情势进一步恶化，此时太阳计算机公司拥有优秀的开发文化，而阿波罗电脑在这方面无法与之竞争。

华尔街的很多人认为，阿波罗电脑的新任 CEO 行动迟缓，性格古板，正如他所接管的公司的文化一样。阿波罗电脑与西海岸较好的公司相比缺乏竞争力，西海岸的公司在发展过程中注重规则的制定，且行动快速。

豪华轿车与大猩猩服装

阿波罗电脑的创始人老比尔·波杜斯卡起初希望招聘一位典型的大公司经理人，但他没有意识到，正是这种心态和缺乏灵活性的科技文化阻碍了阿波罗电脑的发展。据我所知，新任 CEO 上班时有豪华轿车接送，要求员工必须穿西装打领带，而大多数西海岸的科技公司并没有着装要求。太阳计算机公司每月举办一次啤酒聚会，万圣节时员工甚至穿着大猩猩服装上班，诸如此类。紧接着，太阳计算机公司研发出了一种新型计算机芯片架构，从而在技术上远远超越了阿波罗电脑。

BASM 创造了客户喜爱的可重复性

后来者居上的故事是最具故事性的故事之一。这一故事与《伊索寓言》中的《龟兔赛跑》毫不相干，后者强调慢而稳才能赢。

在商业市场中，对 BASM 的正确把握胜过首创或速度。麦当劳的商业模式不是首创，史泰博（Staples）和沃尔玛的商业模式也不是首创，但它们可以提供极致的服务，同时将价格压到极低，从西尔斯和凯马特（Kmart）那里赢得了客户。在技术领域，戴尔远远落后于 IBM 和康柏，但它采用了一种完全不同的方法从而成功打入市场，结果证明效果要好得多。

微软比莲花晚成立，当时莲花电子表格程序的市场份额高达70％。然而，比尔·盖茨有魄力、毅力、专注力和 BASM。他的产品周期具有可重复性，这一点对科技公司来说至关重要。盖茨根据客户需求做出正确选择，开发 Windows 系统，而莲花则坚持使用其 DOS 系统，直到被微软打击后才转向 Windows 系统。盖茨向客户证明了微软具备可重复的产品周期，也因此赢得了客户的信赖。太阳计算机公司与思科一样，也具有这种可重复性特征。在推出新产品方面，可重复性比速度更重要。

驼峰越大，金矿越大

通常案例和故事大多并非独一无二。它们提供了普遍性的经验教训，这些经验教训构建了我们的知识体系，引导我们认识其他事物，帮助我们更容易地识别下一个重大机会——而这些机遇总是稍纵即逝。诀窍在于学会识别它们，并知道如何应对。当你能做到这一点时，你就是一个选股高手，正在走向致富之路。

在阿波罗电脑股票价格达到十几美元的高点时，我卖出获利，并增持了太阳计算机公司的股票。阿波罗电脑做了那些和出现变化的公司一样的事情，公司给出的收益预期远高于华尔街的预期，这让人们大吃一惊。一家符合 BASM 要求的卓越公司往往能给投资者带来更好的收益，从而推动股价飙升。阿波罗电脑预计每股收益为 1.35 美元（当时是 20 世纪 80 年代中期），结果每股收益仅为 10 美分！

这就是商业模式失败的后果。阿波罗电脑甚至开始解体，最后被惠普收购。

一个核心的投资经验是大多数收益预期都不会"达标"。业绩好的公司可能超出预期，但业绩不好的公司可能达不到预期。卓越公司具有卓越公司独有的特征，业绩的超预期让你赚得盆满钵满。而面对差劲的公司，你在分析季度报告时都感到糟心，并导致投资亏损。

一家公司的收益超过预期或不及预期时，哪怕只是一个季度，如果市场认为这是一种趋势，那么股价的波动就会远远超过预期的变化，股票的估值将根据具体情况，或增长或下调。假设一家公司某季度表现不佳，收益下降了 30%。这个降幅很大。但如果你明白短期下滑的原因，它仍可能是一家卓越公司，因为它符合 BASM。所以，当股价出现 30% 下跌时，你应该选择买入，当股价回升到原来的水平时，你将赢得 43% 的收益。然而，如果一家公司并非好公司，它可能会下跌更多。假设一家公司以 20 倍收益出售，预期收益为 1 美元，因此股价为 20 美元。当季度收益出现 30% 下跌时，由于市场认定这家公司没有前景，因此市盈率可能会从 20 下降至 14。季度收益下降 30%，市盈率又下降 30%，这意味着每股价格变为 70 美分* 的 14 倍，即 9.80 美元，跌幅高达

---

* 季度收益降低后的每股收益。——译者注

51％。阿波罗电脑股价的迅速、持续下降出乎很多人的意料。与之相反，当人们的观点改变时，卓越公司的股价会水涨船高，让你赚得盆满钵满。太阳计算机公司的故事就是如此。

另一个需要了解的投资经验是，BASM 通常能够预示公司的业绩是好于预期还是坏于预期。正是因为这一点，我们才通过莫仕、思科和太阳计算机公司等诸多公司赚得盆满钵满（以及确信何时应该卖出）。由于阿波罗电脑的商业模式以及我们已经讨论过的因素，早在它崩盘前，我已预感到它可能出现问题。投资者有充足的时间买入或卖出，所以在意外来临之前，你已经做好准备。多年后，我在 KK 甜甜圈出现危机并崩盘前也提前退出了。类似的操作反复重演。

你应该时刻牢记这些重要的投资经验。虽然我无法预见真正的未来，但通过使用 BASM 和七步走法则，我数次几近推测出未来。这些经历让我认识到，了解更多能够为投资提供方向、信念和信心。那些我尊敬的投资者也认同这一点。如果将知识比作驼峰，驼峰越大，金矿越大。这一切并非完成于公司上市那一天，而是通过持续的观察、学习一点点积累起来的。

通过这些案例我们明白，大多数人依据惯性思维，认为某行业的现有领导者仍能保持领先地位，但实际上不乏后来居上的案例，符合 BASM 的公司总能胜过那些只拥有热门产品的公司。这样的事例将反复出现。

最后一条投资经验是，大多数公司并不具备像马拉松运动员那样的获得可重复性成功的能力。太阳计算机公司在那 14 年间创造了巨额财富，但它没有像戴尔和沃尔玛一样不断发展壮大。20世纪 90 年代末，太阳计算机公司开始没落。世界变了，它在竞争环境和自己的商业模式中苦苦挣扎。世界和竞争一直在变，没有一种成功可以被视为一劳永逸。即使你对自己的收益感到满意，也需要保持阅读，进一步了解竞争、管理层以及商业模式和战略的变化。

"反剃刀原则"

奥卡姆剃刀：在解释任何事物时，不应无必要地增加所需的实体数量。

这一科学推理原则由中世纪哲学家奥卡姆的威廉（William of Occam）提出，它是所有科学建模和理论构建的基础，但如今似乎并未被大多数投资者和分析师所接受。他们擅长"反剃刀原则"，信息总是越用越多，而不是专注于几个关键因素。他们的分析听起来很棒，但他们大多数人却不会选股。

研究表明，添加过多变量会削弱决策能力。要了解一家公司，四五个关键变量就足够了。俗话说得好，简单就是王道，看似愚蠢的做法反而是成为优秀选股人的捷径。

识别和使用少数关键因素是选择股票的秘诀，但需要知道是哪些因素。不断增加越来越多的变量并没有改变"不知道"是哪些变量的情况。这是我根据 BASM 结合自己的经验得出的重要结论。这一点能有效地帮助你集中精力，摆脱信息过载的困扰。

"尼安德特人"式投资者往往无法识别关键因素。他们的阅读量过于广泛，这一点毋庸置疑，但之后他们却只会顺其自然地推断结果，直到有什么变化为止。如果他们不了解公司的竞争战略和商业模式，那么他们就会错过真正发生的事情，迷失在收益报告的迷宫中。他们没有可用的原则来解析这些报告，没有基准指标来判定公司是否实现了之前承诺的目标。如果你缺乏商业模式的判断基准指标，无论公司的变化是好是坏，你可能都察觉不到，结果错过了获取最大收益的机会。

例如，康柏曾是一只收益丰厚的神话般的股票，直到它竞争不过戴尔的直销模式。康柏的管理层花了很长时间才明白这一点。不过，收益开始下滑后，没过多久就变得非常糟糕。分析师们习惯于对季度报告进行认真分析，但却看不清行业的竞争格局，他们明白得太晚，要知道一家公司的胜利往往是以牺牲另一家公司为代价的。

天文学家型分析师将少数关键因素综合起来，就能预测出最好的公司将凭借其商业模式、假设、战略和管理（也就是 BASM）实现或超过预期收益。

我很快就认识到，与只关注收益季度报告相比，这种综合方法是更好的途径，因为这意味着你将与成功为伍。因此，即使沛齐（Paychex）、唐恩都乐（Dunkin' Donuts）、国际冰雪皇后（International Dairy Queen）和其他许多小公司的短期收益出现了一些波动，华尔街的建议也发生了变化，但它们的成功公式没有改变，它们的 BASM 也没有改变。基于这些原因，坚持长期持有它们的股票意味着巨大的收益。

例如，国际冰雪皇后 10 多年来在扩张和利润方面完全按照自己的目标行事，成绩斐然。华尔街很少论述如何正确看待投资期（耐心）、商业模式、管理和战略等，也很少有投资者知道如何做到这一点。在 10 多年的时间里，这只股票让投资者的资金变为原来的 100 倍。

沃尔玛的情况要糟糕得多，因为许多分析师和投资者迟迟没有认识到沃尔玛的潜力。多年来，各种类型的分析师多次劝说人们获利了结，然后建议人们转投西尔斯。任何接受这些建议的人都付出了惨痛的代价。如果公司的 BASM 保持不变，就应该继续持有这只股票，除非它的估值过高，以至于连合理的例外都解释不通。

那些伟大的分析师

约翰·内夫负责管理先锋温莎基金并取得了世界级的业绩记录。我记得有一次，约翰·内夫给福特汽车公司的所有董事写信，解释为什么他们应该提高普通股的股息。这些董事在财务洞察方面当然比不过约翰。约翰曾是一位投资组合经理，现在仍然是一名出色的分析师（半退休后仍然如此）。我曾是他手下的分析师，为他提供股票建议，在这期间他教了我很多东西。

一路走来，我始终是一名分析师。约翰与许多优秀的投资组合经理一样，是分析师的典范。他要求我们所有人参加特许金融分析师（CFA）考试。CFA 考试分为三个级别，考试时间相隔数年。（在当时，你甚至不能连续几年参加考试，因为大量的实践经验是考试的重要组成部分。）我做到了，获得了 CFA 证书。为此，我要感谢约翰，感谢他对我早期的教育和指导。

约翰是价值投资者，即买入便宜的或定价偏低的股票。这些股票通常只是表面上看起来存在问题，而大众却认为这些问题不会得到解决。价值投资者寻找他们认为能改善业绩的便宜货。对于大多数投资者来说，最好的办法就是购买最好的价值型基金，因为要成为一名优秀的价值投资者，需要做大量的工作和财务分析。但是，如果有人质疑出色的证券分析能带来丰厚的收益，那么约翰就是最有力的说明。

还记得那个问题吗

在我回顾共事过的顶级分析师时，我想起了一件事，它可以说明分析师为向公众提供重要信息需要克服哪些困难。如果你在分析师报告或公司年报中找不到简明扼要的答案，这种情况经常发生，这或者意味着公司原本就没有任何答案，或者意味着公司本就不打算披露答案。对我来说，这无疑是一个卖出信号。也就是说，关于关键问题，如果分析师通过几页报告给不出具体答案，那么再写 60 页报告也无济于事。通过下面的案例，你将看到公司自己寻找答案时可能发生的情况。

自 1994 年以来，达娜·特尔西（Dana Telsey）一直是华尔街贝尔斯登（Bear Stearns）零售行业的明星分析师。业内不缺大量撰写报告的分析师，其中一些像达娜一样工作努力，并对所研究的行业有深刻的洞察力，他们真正理解公司的成功之道。

20 世纪 90 年代中期，鞋类公司玖熙（Nine West）不仅自己生产鞋子，还拥有零售店，它一直通过收购来扩大规模。其中一次大规模收购是对美国鞋业公司（US Shoe）的收购。当时我就在思考，接下来玖熙将如何应对美国鞋业公司所存在的缺陷。

达娜组织了一场闭门会议，参会者有玖熙的董事长兼总裁，以及与她合作的一些杰出投资者，我很高兴她也邀请了我。在这次会议上，对于一些实质性的问题，我努力想要得到直接明确的答案，比如低于平均业务水平的店面有多少家，可能面临关闭的店面有多少家，以及玖熙如何进行错误分析，如何判断店面之间的优劣，等等。然而，我只得到了回避性、绕圈子的回答，这些回答对我来说毫无实质性的帮助。换句话说，那位管理人员只是在讲述他想要讲述的故事，而不是回答那些能够帮助我理清头绪的问题。

在他再次巧妙地避开了我的问题（关于分拆或关闭店面的问题）后，我气愤地对他说："对不起，先生。您还记得我的问题吗？"他的脸涨得通红，在一阵尴尬的沉默之后，他承认道："不记得了。"

这让会议彻底"泡汤"了。我根本不在乎这家公司，但我不想破坏达娜与公司管理层的关系。在通往电梯的大厅里，我和达娜落在其他人后面。我为自己的行为道歉。"不，弗雷德，"她说，"你做得对，实际上是帮了我。他们整天这样对待我最好的客户，这让我很难堪。我请他们来是为了听实情。"

玖熙一直在掩盖问题。不久这家公司股价急剧下滑，最终以被收购收场。

如果管理者在采访、华尔街报告、公司新闻稿或年度和季度报告中无法给出清楚的解释，这通常意味着麻烦。如果选股人无法获得所需的知识，就需要做好卖出的准备。要么找到答案，要么卖出。

掌控命运

掌控命运是组合拳中的第一拳，而 BASM 则是第二拳。相比那些受制于需求和商品价格波动影响的公司，如铜业公司菲尔普斯·道奇（Phelps Dodge），可口可乐和耐克更能掌控自己的命运。你需要的是对命运有强大控制力的公司，这样的商业模式可以更好地运作，管理者能发挥最大效力，而不是受天气或商品价格等无法控制的因素影响。

盖璞（Gap）、安·泰勒（Ann Taylor）、太平洋太阳服饰公司（Pacific Sunwear，简称 PSUN）以及许多其他公司，为特定市场创造了合适的风格和服装。此时华尔街的许多分析师关注着每家公司。每家公司各自有其不同的方式。盖璞的业绩不错，但在适应老龄化顾客群方面遇到了一些困难。盖璞最终做到与众不同取决于以下两点：第一，扩大服务范围，连锁店将不仅仅服务于年轻人，从而拓宽市场；第二，公司拥有米奇·德雷克斯勒（Mickey Drexler）这样真正有才华的 CEO。米奇对设计和人们的需求很有感觉，他是 Gap 风格的创造者，这一点有助于盖璞掌控自己的命运。

和华尔街的一些分析师一样，我明白米奇和模型主导着未来结果。那些没有将盖璞复杂化的投资者，最后都取得了巨额收益。然而，很多分析师建立了非常复杂的店面扩张、收益和销售模型，而且期望每个月的销售额都符合模型的预期。正因为他们采用这种复杂的公司追踪方式，所以他们在反复交易中错失了巨大收益，如在快速波动中错失使其资金扩张 4 倍或 18 倍的机会。对店面情况进行分析的确有所帮助，但陷入过多的细枝末节却适得其反。

1992 年，当汤米·希尔费格（Tommy Hilfiger）领导公司上市时，他专注于创造与众不同的风格，并取得成功。服装和时尚业的成功在很大程度上依赖于取悦善变和苛刻的客户，而汤米在这方面很有一套。在早期的一次晚宴上，我问他如何将成功保持下去。他回答说，他了解客户，对市场反应迅速，所以能够把这一切保持下去。我继续问他，如果我持有他公司的股票是否会变成一种"信仰行为"。他回答说，盖璞创造了一种让一切都为其所用的形象，而他也如此。他补充说："弗雷德，当你走在街上时，老远就能看到盖璞品牌的衣服，汤米品牌也是如此。如果你走在大街上，发现人们不再穿戴汤米品牌的衣服，那就卖掉汤米的股票。"

他所言不虚。在接下来的几年中，我虽然没有捕捉到股票上涨带来的 10 倍收益，但也赚了很多钱。随着时间的推移，时尚公司的规模越来越大，分析也必须随之发展，更多地考虑开店和库存情况，但当这些公司规模较小时，成功的关键在于设计和其商业模式。最后，我发现汤米·希尔费格公司的股票越来越贵，但其风格却日渐平庸，因此我决定卖掉它。

太平洋太阳服饰公司于 20 世纪 90 年代初上市，但花了几年时间才真正把事情做对。我确实观察到公司的变化。关键是其客户群中的年轻人，他们的购买速度明显加快了。我细致地观察一切。如果不能实地考察商店，我就采访那些去过店里的人。我想了解 PSUN 的商品销售情况，顾客有多喜欢 PSUN 品牌的商品，以及他们的消费额。

我在 PSUN 公开发售股票时买入了一点，由于情况有些不稳定，我损失了一点钱，但我看到了好转的迹象。当我追加仓位时，时机有点晚，所以错过了大行情的早期部分。尽管如此，在仅仅 5 年的时间里，我仍然捕捉到了股价上涨 35 倍的大部分波段。太平洋太阳服饰公司的管理层和商业模式对设计和客户需求反应灵敏，管理层具有很好的执行力。

当然，事情并不总是那么简单。对于某些公司而言，要了解其收益情况确实很困难。科布里克法则（Kobrick's Rule）认为，复杂通常意味着收益更少、风险更大。

> 知识，确实是使一个人超越另一个人的因素，它在道德之后，真正而本质地提升一个人的地位。
>
> ——约瑟夫·艾迪生（Joseph Addison）

两只股票和常识

上高中时，物理老师给我们讲了一件让我至今难忘的事。虽然讲的是物理，但也彰显了生活的哲理。他说，即使对某事一无所知，但是只要你有常识，并不断尝试接近答案，你就可以估算出世界上任何你想要的东西。记得在信封背面（或在其他任何地方）写下你的想法和评估的结果。

写了很多这样的信封之后，关于这一点我做得不错——在对事物感到困惑时，记下来。我用这种方法轻松赚到了钱。这不是赌博，也不是投机；这是一种常识性的方法，即投资预计未来可以取得良好收益的股票。你可以通过下面的两个案例理解这一点。

普强（Upjohn）曾是一家领先的制药公司，在很长一段时间里其股票都是一只优秀的股票。之后它被并入了更大的公司，成为法玛西亚普强公司（Pharmacia and Upjohn）。20 世纪 80 年代中期，作为一家独立公司，普强开发出一种治疗秃发的米诺地尔药物，以培健（Rogaine）命名销售。这种药物最初被用于治疗高血压，之后才被发现它有治疗秃发的额外用途。

关于这种药物存在着巨大的争议。因为它可能带来潜在的巨大市场机遇，从而推动股价长期上涨；但它也能让人大失所望，

因为培健的功效尚未得到证实。关键之处在于，之前很多公司也
尝试过此类药物，但都失败了。它们曾销售治疗秃发的药物，但
这些公司的股票最终因为药物功效不佳而损失惨重，这给人们留
下了深刻的负面印象。因此，看多和看空人数都不少。

我在一张小纸片上进行计算，估测患者总人数，并保守估计
愿意尝试培健商品的人数。我假设商品仅对三分之一的人有效。
然后，我又估算了每剂药的成本和利润率。我推测出，在这种药
可能奏效的情况下，患者和市场仍需要几个月的时间才能得出明
确的结果。

尽管我是一个经验丰富的投资者，投资记录良好，金融知识
丰富，但我分析时也只是用到了常识和高中生已经掌握的数学
水平。

我将结论写进报告，并提交给投资委员会。由于我的推测模
型依据常识得出明确结论，每个人都认为我们几乎没有什么损失，
只会获得收益。我们可以通过这只股票赚到钱，因为在大众看来
它尚未表现出任何成功的迹象。谁都不知道事情会如何发展，但
通过保守估算，我相信人们会愿意尝试这种药物。

我们的所有共同基金和养老基金都买了这只股票。很多人的
确尝试了这种药物，公司股价快速大幅上涨。几个月后，我们仍
没有得出关于这种药物功效的确切结果，但股价已经翻了一番多，
对此我们很高兴。由于持有这只股票的风险逐渐变高，因此我们
决定获利了结。

睿侠（Radio Shack）是那个年代的另一只类似的股票。它是
个人电脑时代的先驱，早期制造了一款非常受欢迎的电脑型号。
然而，睿侠从来没有制定出一个有凝聚力的商业战略，其技术也

没有得到发展。于是，睿侠又回到零售这一核心业务上，将电脑研发部门出售。有一段时间该公司认为它拥有以合理价格销售电子产品的良好声誉，可以建立一支"外向型"销售队伍。它的销售人员开始向小企业推销 IBM 克隆机，也就是睿侠生产和支持的个人电脑。

这一次我又拿出信封。虽然有些人嘲笑我的方法，但我相信，即使假设每个销售人员的单位销售量很小，睿侠仍能创造出巨额销量，因为它有如此多的商店和如此庞大的销售队伍。我按部就班地进行推算，发现市场缺少了一些信息。为此，我直接飞到得克萨斯州实地调研这家公司，考察它是否具备执行计划所需的要素。事实上，我发现睿侠确实具备。如果我是一个个人投资者，就不会再飞到沃思堡（Fort Worth）了，因为我已经完全被说服了。然而，由于我的共同基金表现出色，惠灵顿管理公司的同事经常要求我与他们分享，我也很乐意如此做。这一次，他们希望我与睿侠管理层坐下来一起谈谈。

总之，我们买入了很多，而且收益高达双倍多。但随着时间的推移，我的信心逐渐减弱，因为个人电脑的竞争愈加激烈，以至于不再有销售佣金的空间。此外，那时戴尔也已经开始直销电脑业务。

普强和睿侠都是非常优秀的公司，但它们的市场都没能成为巨大的市场，因此没有人赚取到巨额财富。在大多数情况下，真正卓越的公司都是在开放式市场中成长起来的。不过，双倍或150％的收益总是不错的。在赚大钱的道路上，可能会有很多这样的机会。真正的重点是，你几乎可以立即开始做，阅读年度报告，运用算术和常识。

这样，在寻找真正卓越的公司的过程中，你也能通过股票选择赚到不少。

在这两个案例中，我认为管理层对其市场（秃发人群、电脑买家）所做的假设都是关键所在，它们的商业模式可以支撑这样激进的假设，它们也都为即将到来的蓝海市场做足了销售准备。也就是说，只要一家公司的积极假设是正确的，而且后续跟进和执行得当（我也同意市场潜力巨大），那么不管结果如何，这只股票都可以为你带来丰厚的收益。

要在金蛋（收益）出现前，识别出金鹅。要想赚大钱，就必须这样做。

预测未来

纵观历史，人类一直试图预测未来。但是，当预测结果准确无误时，运气似乎占主要成分。事实可能是这样，也可能不是这样。

20世纪90年代初，我在拉瓜迪亚机场（LaGuardia Airport）打了一辆出租车，准备去曼哈顿。出租车刚从路边驶出，我就看到了乔·迪马乔（Joe DiMaggio）。当时，他独自一人，刚上了我后面的出租车。若早30秒离开，我可能就错过他了。我一直是波士顿红袜队（Boston Red Sox）的球迷，我也欣赏史上所有伟大的棒球运动员，无论他是纽约扬基队（New York Yankees）还是其他球队的球员。其中，被称为"扬基飞船"（Yankee Clipper）的乔·迪马乔无疑是我的英雄。我当时深感遗憾，因为可能再也没机会见到他了。

一年后，我在纽约港的一艘船上参加一个小型派对——由著名金融研究公司桑福德·伯恩斯坦（Sanford Bernstein）主办，主要针对投资者和企业经理。突然，乔·迪马乔出现了，他也是那天的宾客之一。我径直走过去，告诉他我是多么地崇拜他。然后告诉他，我也是多姆·迪马乔（Dom DiMaggio）的忠实粉丝。多姆是红袜队的明星球员，也是他的兄弟。乔笑着说："告诉我你对扬基队和红袜队的竞争有什么看法。"我们聊了 90 多分钟，一位公司高管给我们拍了一张合影，但我并不知情，这简直太棒了。乔给我写了留言并签了名，后来那位高管又把他拍的照片寄给了我。我把这两个都装裱起来了，挂在了我的办公室里，此后我的纽约客人们都目瞪口呆，羡慕不已。

关于预测我们自己生活的事情，我记得有两件事。其中一件事是我的一位大学教授曾说过："早上醒来，在从床上下来的那一刻，我们可以推测出地板就在那里。这是比较'可靠'的假设之一，但那之后的假设就会越来越'不可靠'。"

另外一件事就是在机场我错过了和乔·迪马乔打招呼的机会。我始终记得我当时的懊恼情绪，以及对这是我唯一可以见到他的机会的确信。然而，仅仅 12 个月后，我竟和他度过了相当长的一段时间，还听他讲了精彩的棒球故事。

通过这两次经历，我对预测未来有了更多了解。没有什么"系统"可以为我们预测未来，当然也没有什么"系统"可以预测股市。我们所做的假设有助于确定哪些是最有可能的，哪些是我们可以控制的，从而塑造我们的人生命运。公司也是如此。

对命运的掌控加上 BASM，是我所见过的预测公司未来（进而预测股票未来走向）的最佳方式。

各行各业都有赚钱经

简单就是最好。这一原则总是有效。最好的商业模式简洁、易懂、易于操作。科布里克法则表明，简单对管理层和分析师及股票选择者来说更好，而且几乎总是更有利于获得更大收益。

分析的因素越多，股票的风险就越大，获得巨额收益的可能性就越小。这意味着，少即是多。较少的因素降低了风险，但增加了获得巨额收益的机会。所以，虽然航空股可以让你赚大钱，但是分析它们需要考虑很多因素。它们的商业模式属于复杂一端。而另一端，也就是简单一端，一家卓越公司会年复一年地稳定创造利润。

低调、稳定、巨富

由于不像技术公司（甚至家得宝或麦当劳）那样"性感"，许多人都忽略了这家公司——制服公司信达思（Cintas）。它曾为百事可乐等公司提供制服，并以高效、专业和成本效益连续 35 年实现收益稳步增长。

信达思做对了以下这些事。它制定了清晰易懂的商业模式，注重细节，并通过培训、留住员工和控制成本有效地管理庞大的员工队伍。在公司内部做好所有这些事情的同时，它始终专注于保持质量，这一点很关键，也是商业计划的核心，其目的是扩大客户群和业务量。这听起来似乎很容易做到，但培训、留住员工和关注细节并非易事。

通过简单的指标，我看出信达思的毛利率和资本收益率一直很高，而且增长非常稳健，可以持续很长一段时间，而这也是决定一只股票能否赚大钱的关键因素。时间和耐心对于取得卓越的成果和真正的财富有很大的影响。能够持续取得优异成绩的公司所做的事情具有可重复性，这种重复不局限于一两年，也不止一个产品周期，而是可以一直持续下去。当你看到一家公司具有这样的特点或潜力时，那么它的股票就是你想要的股票。

棒球卡等体育卡著名制造商托普斯（Topps）是一家非常优秀的公司，我们在它身上赚了很多钱。最好的杂交种子公司迪卡尔布农业研究公司和先锋良种公司（Pioneer Hybrid）等其他公司也是如此，通过投资它们，我们同样获益很多。尽管我们喜欢赚 3倍、4 倍甚至 5 倍或 6 倍的钱，但在投资这些公司时一定要记住，一些公司不再具有新产品的开发能力并耗尽创新理念，或者缺乏可重复性，而一些公司则具备自我更新能力，数十年如一日地重复做正确的事。后者才是真正的财富股票。

可重复性是微软区别于其他公司的一个重要竞争特征。麦当劳和信达思也是如此。对于这三家公司所处的行业，可重复性远比想象中要困难得多，这也是大多数竞争对手无法实现可重复性的原因。可重复性是伟大的商业模式和卓越公司的核心特征，也意味着它们的投资者能赚大钱。

信达思于 1983 年上市。公司为大型企业和一些中型企业制作工作制服。通过专业化经营和以执行力为核心的出色商业模式，公司为客户节省了大量资金，免去了诸多麻烦。与客户自己做制服相比，信达思可以提供质量更好、成本更低的制服，并且在操作上具有可重复性，同时信达思可以满足所有客户的需求。因此，它赢得了客户的信任和忠诚，客户群和市场份额也随之迅速扩大，成为行业第一。

信达思的 BASM 的魅力在于管理层积极向新客户推销产品，但同时又确保能够提供所承诺的质量和一致性。要做到这一点绝非易事。信达思是一家任何专注于投资的投资者都能理解的公司，但看似简单的事情对管理层来说却很难执行。正如我们所说，这样的公司靠的正是执行力。并不是每个人都能认识到需要有万无一失的详细系统来确保交货、更换、清洁等。由于信达思看起来简单透明，因此有些投资者认为任何公司都可以做到它的成就，这将导致竞争过于激烈，使得信达思无法成为一家卓越的成长型公司或是行业领导者。然而，那些不看好信达思的投资者被"愚弄"了。信达思上市 15 年后，其股价超过了上市时的 40 倍。

如今，信达思仍不断发展壮大。该公司拥有约 70 万客户，并且有充分理由相信，有朝一日它将为美国和加拿大的约 1 400 万家公司提供服务。不久前，该公司被评选为美国最佳管理公司之一。2005 年，信达思连续 5 年被《财富》杂志评选为美国最受赞誉的公司之一。现在，它很荣幸地成为美国全国赛车联合会（NASCAR）的制服供应商。

知识，阅读，理解。一旦你看清所探寻的公司实体的价值和商业模式，选股就会变得越来越容易。这是成为选股高手之路，也是富有之路。

第六章

管理——最佳管理意味着最佳股票

归根结底，管理就是用思想取代体力和肌肉，用知识取代风俗和迷信，用合作取代武力。这意味着用责任取代等级，用绩效权威取代等级权威。

——管理学大师彼得·德鲁克（Peter Drucker）

好、坏与丑

本章是本书的重要章节之一，对某些人来说，这一章将是最重要的内容。

有些人只根据管理层来挑选股票。拥有丰富经验的 BASM 投资者可能只是偶尔发现一位伟大甚至潜力巨大的管理者，并很早识别出其公司可能是一家卓越公司。一定有人发现过尚处创业之初的伯尼·马库斯、比尔·盖茨或迈克尔·戴尔（Michael Dell）这样的伟大领袖和远见卓识者，而当他们再遇见一位可能成为下一个马库斯和盖茨的人时，他们能否识别出来？有些人做到了，他们采用 BASM 并充分利用了自己的投资经验，了解过去成功者的案例。这些都是变富有的机会，当你发现这样的机会时，你一定想要抓住它们。

当然，仅仅基于管理来购买一家公司的股票并不是最终目的。你必须继续仔细观察，当赚钱时也要继续监督 BASM 的每个要素是否仍满足条件。但请记住，没有优秀的管理，就不存在优秀的商业模式。伟大的管理创造了伟大的商业模式，也创造了伟大的假设、执行力和其他方面。一切始于管理。

随着时间的推移，一些商业模式需要根据竞争条件进行调整。商业模式不可能孤立存在，它必须由优秀的管理层来管理。杰夫·贝佐斯大力改革亚马逊的商业模式，史蒂夫·乔布斯（Steve Jobs）也曾于 2004 年和 2005 年对苹果公司的商业模式进行重大改进（苹果公司早期并未具备一个成形的商业模式，而只是拥有有史以来最好的台式电脑产品）。还有于 IBM 危难之际加入并拯救 IBM 的郭士纳，尽管他肯定了 IBM 过去的商业模式，但他仍对 IBM 进行了重大变革。类似的案例不胜枚举。

你越使用 BASM，就会越熟练。我总是问投资者："如果你没能识别出卓越公司是如何在早期正确运用 BASM 而得到如今的成就的，那么你又如何识别下一个比尔·盖茨呢？"这是案例如此可贵的原因之一，也是它为何能够教你从早期的无数家公司中识别出"大赢家"的原因所在。

"如何应对证券分析师"

1969 年的一天，在大学图书馆里，一本杂志的封面引起了我的兴趣。这本杂志的主要对象是公司财务人员，封面上一位年轻人——据说是一名证券分析师，正穿过一扇门，走进一家公司财务主管的办公室。

当时，现代证券分析职业刚开始为人所知并受到尊重。虽然分析师的数量迅速增加，但它仍是小众职业。

有一点显而易见，那就是许多公司的财务主管从未见过分析师。那篇文章中谈及，他们既要准备好回答关于运营的问题，又不能泄露任何对竞争对手有利的信息。文中列举说明了分析师想要了解的问题和信息类型，以便他们对股票做出预测。

对于受过分析师训练的人来说，证券分析行业的快速发展，如同航空业在短时间内从莱特兄弟时代飞速发展到喷气机时代。我和我的很多朋友都希望仍能找到这本旧杂志，因为它是现代史的辉煌一页。

之前确实没有证券分析，也没有证券分析师这个职业。优秀的投资者是那些了解公司、了解公司管理层或对市场敏感的人，他们懂得如何挑选股票，或者根据市场势头和其他类似因素进行交易。

万变不离其宗

选择成功的管理等于选择成功的股票

尽管如今投资信息过载，但其要领和基本原理仍与那本杂志发行时完全相同。

正如我之前所说，一般而言，专业投资者在挑选优秀管理层方面并没有比个人投资者更有优势。事实上，很多时候专业投资者不能将他们的"直觉"判断写入报告，甚至不能将其作为推荐股票的部分依据。因为即使分析师能够看到优秀管理层的潜力，也很难在很早的时候就将其记录在案。

对于优秀管理层判断得越早，所拥有的信息就越少，不确定性也就越大，但这也意味着你赚的钱越多——有时甚至是巨额的。这是投资的一个重要定理之一。那些需要无限信息的人往往买入太晚了，等股票涨了之后才买入。而那些拥有指南针、关注正确信息、从信息和专业技能（专注于 BASM）中获得信心的投资者，则会提前买入股票。如果你有耐心并且坚持下去，自然可以赚大钱。

因此，可以买入少量具有潜在优秀管理层的公司的股票，然后，追踪公司的运营情况，卖掉一些股票以增持那些最好的公司的股票，即便这些股票价格可能更高。这对我有效，对你也有效。

没有一成不变的公式。如果有的话，每个人都能完美地做到这一点。但我已经总结出了一套有迹可循的方法，投资者只需集中精力做某些事情，并佐以常识和观察力即可。

优秀管理层的共同特征

首先，优秀管理层能快速制定公司愿景及为实现愿景设计连贯而合理的战略。这种战略不是空中楼阁，必须建立在公司所掌握的人力、财力和技术资源的基础之上。

雷·克罗克将麦当劳打造成了世界上最大的连锁餐厅，他的作为便符合这一原则。迈克尔·戴尔和比尔·盖茨对自己公司的所作所为也符合这一原则。从历史上看，星巴克的霍华德·舒尔茨（Howard Schultz）和史泰博的汤姆·斯坦伯格（Tom Stemberg）也做到了，但大多数航空公司的管理层并未做到。

其次，优秀管理层有执行细节的能力，这一点你要仔细观察。

如果幸运的话，你会遇到真正将愿景完美付诸实施的管理层，就像弗雷德·史密斯在联邦快递所做的那样。

优秀管理层能够向股东做出可兑现的承诺和设想。管理者们有保持领先的动力，并懂得如何领导。他们真心渴望获胜，对竞争游戏充满激情，但与此同时，他们也是现实主义者，能够很好地执行自己的目标，并且不会脱离实际，或者打乱自己的计划。每当发现这些特质时，我都会很兴奋。

我最爱的标准

一致性，可重复性，远见卓识，卓越的执行力，锲而不舍的精神，及时承认错误并积极纠正错误，以及具有常识，符合这些标准的管理者往往能创造并管理好他们的假设、商业模式和战略，即除管理之外 BASM 的其他三个要素。

优秀产品周期的可重复性、市场份额的提升、商业模式核心要素的执行，以及收益和其他关键结果的可重复性实属不易，但微软和史泰博等公司通过新产品或新店做到了这一点，而大多数公司却做不到。

麦当劳是可重复性模式的典范企业。麦当劳构建了复杂且昂贵的系统，以便能够准确地复制口味和所有客户要素，如等待时间等。微软必须重复预测客户需求，并推出满足这些需求的产品。由于调试软件是一个大问题，公司有时会失败，但并不经常。但它做了该做的事情——比竞争对手更好、更频繁地重复做到——并最终获胜。

像麦当劳和史泰博这样的零售商，必须能够重复使用非常复杂的方法来挑选店址，重复艰苦而昂贵的过程来完成大量新店的开设，并如期实现盈利，而这只有那些优秀的重复者才能做到，因为大多数人没有足够的能力来设计出可复制的系统。消费者认为公司理应做到产品的可重复，虽然满足条件的案例很多，但作为投资者，你需要对此进行仔细审查，而且你很快会发现，这种审查对你来说将成为第二天性。

正如我们所知道的，BASM 是商业模式、假设、战略和管理的缩写。在接下来的章节中，我将继续强调这一点，因为它是做投资的首要原则，是判断公司及其股票的好方法，能让你在做到卓越投资的同时简化投资原则。所谓假设，是对公司或产品的市场规模，以及未来 1～3 年的预期竞争和需求的一系列预测。好的管理层能对未来做出更恰当的假设，并依据这些假设策划公司战略以实现其目标。

BASM 的重要之处在于，所有这些要素都应该以一种常识性的方式保持一致。不是观察到这些要素就立即行动，而是要观察公司是如何使用它们的。这样你会很容易得出结论。

你评估一家公司时可以使用的指标包括：毛利率（销售收入减去销售成本再除以销售收入）；收益增长率，以及该增长率是在减速还是加速，是否至少符合趋势；税后净利润率；资本收益率（税后利润除以平均资本）；等等。这些指标可以告诉你很多关于公司所处竞争地位和公司管理情况的信息，且都反映在公司报告上。虽然你可以从中了解到一些关于管理的信息，但公司报告不会直接向你展示公司愿景和解决问题的方法。主动倾听、观察和获取相关信息才是关键。

所有行业都有一些衡量绩效的指标。例如，零售商主要通过每月或每季度可比较的门店销售额来衡量其健康状况。

我有一套简单且符合 BASM 的互联网行业衡量标准。我将其总结为"五个 M"，这套标准也可以应用在除互联网行业以外的行业。

（1）规模化（mass）：具有足够的规模、影响力和客户数量，以保持竞争力。存在的时间足够长，足以证明它能以合理的成本、良好的速度获客。

（2）模式（model）：一个强大且清晰地展示了增长和盈利路径的商业模式。

（3）动量（momentum）：高增长率，且保持稳定或加速。

（4）市场份额（market share）：从同类公司中抢占市场份额，即比竞争对手增长得更快，但不能做不可持续的事情。

（5）管理（management）：好的管理，甚至是卓越的管理。这一点以及其他有关公司健康和优秀商业模式的因素在本书中随处可见。

市场份额是最重要的衡量标准。卓越公司通常比竞争对手发展得更快，从而占据更多市场份额。多数首席执行官也将其作为管理企业的关键目标。

你只会有时用到其中的一些指标。你可以通过本书案例和自身经验学习如何使用它们，并且了解查看与管理相关的报告时需要关注哪些内容。

部分案例

在投资领域，投注管理层是最好的和最有利可图的核心概念。越早越好，越早赚得越多，同时如果你学会这些技巧，就能做到风险可控——不是零风险，而是风险可控。比如，尽管我并不推崇回溯分析，但仍可以假设你在沃尔玛发展最快的早年阅读了关于山姆·沃尔顿的所有内容，并充分认识他这个人及其商业模式和执行力。如果你信奉 BASM，你可以判断出他将脱颖而出，那么你很可能会买入并持有沃尔玛的股票，持有期高达 30 年的投资者将获得高达 20 000 倍的丰厚收益。

当你买入并持有一家刚上市的年轻公司的股票时，你不会有通用规则或水晶球来告诉你大赢家何时显露。但我认为有两种方法可以做到这一点。

第一，一种常见的现象是买入拥有热门产品和看似很多热门话题或赞誉的公司的股票，毕竟这些有利于公司股价早期的上涨。出于这些原因买入股票的大多数人，在股票获得不错收益后就立即卖出。热门公司的股票对投资者限额分发，没有投资者能获得大量股票，因此他们通常会以少量股票快速获得应课税收益。比如，谷歌在上市约一年后，股价翻了两番。但是，正是由于媒体的广泛关注和讨论，即使对谷歌知之甚少的人，也能感觉到这是一只好股票。在所有这些案例中，当股票的需求远远高于供给时，需要以拍卖形式进行股票买卖。在大部分情况下，经纪人根据客户的业务量来分配股票量，没人得到更多股份。因此，要想赚大钱，投资者必须理解公司，即掌握相关知识，这样他们才能在公司上市后买入更多股票，拥有更多股份，而不是收益达到 50% 或翻倍后就匆匆卖出离场。思科、微软以及其他所有上市当天就显示出成功迹象的公司也是如此。几乎在每个案例中，我都会观察公司的运营情况。对那些我喜爱的公司，我则会时不时加仓。然而，大多数投资者并不会持续追踪他们匆忙上车的股票。

因此，如果公司业绩很好，他们会在某个阶段注意到这一点，然后以高得多的价格再次买入。

第二，通过 BASM 决定是否买入刚上市的公司股票。这一点并不奇怪。当关于一家公司的记录信息很少时，请记得我们已经讨论过的好商业模式的三个重要因素。一份好的或优秀的商业计划书会用简单明了的语言具体阐述公司将如何实现盈利、增长以及抵御竞争。除了判断这些之外，你还可以向经纪人、分析师或这家公司咨询，或从招股说明书（一份详细的公开发行文件，其中包含大量精彩信息，但很多人都没有利用这些信息）中了解你关注的关键指标，以了解公司的经营状况。

例如，当史泰博、家得宝和星巴克上市时，你想了解新店的盈利能力如何，以及这些店达到已有店面的达标业绩所需的时间。最佳管理擅长于自我追踪，并让你知道如何追踪。下面以史泰博为例进行说明。多年来，我一直在阅读首次公开募股的招股说明书，并被数不清的商业模式吸引，但最终我能聚焦于那些帮助我们赚大钱的商业模式。这些公司最初就清楚地描述了它们将如何实现高利润、高增长，如何保持独特性以抵御竞争，并继续按计划执行。因此，在这一过程中我观察到 BASM 的其他要素也逐渐成形。微软和戴尔对客户做了关键假设。伯尼·马库斯通晓如何为新的市场机会培训不同类型的销售人员。我引用了他的第一封股东信（第三章），以及戴尔和太阳计算机公司的招股说明书（第八章），因为这些是你快速学习这些知识的最佳范例。

本章列举的案例有长有短，旨在从不同角度切入，因为对于具备优秀管理层的公司，当投资它们的股票时，投资者所需应对的情况各有差异。管理风格的差异并不像行业之间的差异那样大。

这一点对我们而言是好事。毕竟存在至少 60 种或 70 种行业，它们提供不同的商品，拥有不同的商业模式，多到难以消化。但是，我通过对最大赢家的总结发现，管理模式只有几种，并适用于所有行业，主要有生物技术、有线电视、五金店、半导体、零售行业等等。

史泰博、星巴克、家得宝等股票

投资者首要关心的事就是如何识别下一个比尔·盖茨、迈克尔·戴尔，或是下一个思科、家得宝或史泰博。从上述公司上市那天起，我对每位管理者和每家公司（以及更多其他公司）就下对了赌注。我仔细追踪管理者的一言一行，当我发现他们言行不一致或执行不力时，我不得不卖掉很多小公司的股票。卖出得越早，损失越小。同时，对于好公司，我会建立小金额的原始仓。七步走法则和书中反复强调的法则一直是我的指南。

第一，对于微软、戴尔、家得宝、思科和史泰博，当它们上市时，我了解到几个关键点：（1）高层有远见，并能将远见转化为战略，使公司成为长期赢家，而不仅仅成功一到两年；（2）高层极具竞争实力，但不会唐突冒险，而且向投资者展示了一份旨在主导行业的坚实计划；（3）每家公司都已做对一些事，且商业模式稳固，可以清晰描述公司如何脱颖而出、竞争、发展，以及如何盈利；（4）每家公司所在的行业正处于起飞阶段，且看起来将是一个巨大的行业；（5）每家公司要么已经拥有，要么看起来将会有很多竞争对手想从中分得一杯羹。

商业计划必须合乎逻辑，符合常识，并以非专业投资者容易理解的方式呈现。

第二，我会询问每家公司，或者通过公司文件和报告了解其行业前景如何，这一行业成功的一般秘诀是什么，以及对于未来，公司认为最棘手的具体问题有哪些。

第三，我观察、追踪和寻找以下几点：（1）执行力；（2）关键指标增长率和市场份额；（3）毛利率和底线利润，以确保高增长和市场份额的提高不是以损害收益的低价换来的；（4）确保公司言行一致。

第四，一些小公司股票，包括我在首次公开募股中购买的小公司股票，未能达到预期。我很快就发现，利润率、市场份额或既定目标与运营之间的一致性并不理想。因此，我会主动承担一些损失，然后迅速退出这些股票。这种损失不大，因为我遵循了一条纪律——当我开始质疑一家缺乏经验的公司时，我会选择退出。但是，如果我没有十足把握，仍对公司抱有希望，我会在卖出后继续关注它。有时，即使价格较高，我也会买回一些股票。在戴尔公司上市初期，我就是这样做的，而且很成功。

当公司发展良好时，我会顺势买入更多股票，甚至在思科的股价与上市时相比翻倍后，我仍然继续购买，因为公司已经证明了自己的实力。显然，它仍是一只有巨大潜力的股票。（在接下来的四五年里，思科的股价翻了一番，之后我将投资者的资金变为原来的 18 倍，然后又赚了更多。）

比尔·盖茨之所以令人兴奋，是因为他对编程语言开发和个人电脑操作系统发展的远见最终得到了验证。当然，他也推动了这一进程。他自然看好接下来的发展，并为每个阶段积极制订计划以抓住新机遇。

在以上提到的公司案例中，每一位证明自己是赢家的管理者都能清晰地阐述愿景，而且听起来并不像天方夜谭或营销演说。这也体现在公开讨论、年度报告和招股说明书中，其表现为公司目标确定，且实现目标的路径清晰。

史泰博

马拉松狠人汤姆·斯坦伯格

大多数成长股都需要时间来验证，并为你赚取巨额收益。虽然我短期通过高科技股取得了较高收益，但往往需要耐心才能获得巨大收益。当然，你可以买入那些将来上市时将成为卓越公司的公司的股票。如果它们运营良好，你很快就能赚到三四倍的钱，但要赚更多收益就需要更多时间了。

在20世纪80年代末，我就认识史泰博的创始人兼董事长汤姆·斯坦伯格。他是当代最言行一致的企业家和商业战略家之一。在我与他交往的早期，我就感受到了他的这种一致性，而在史泰博的招股说明书、年度报告和长期运营报告中，这种一致性也同样体现得淋漓尽致。

史泰博的总部位于波士顿郊外，它于1989年4月27日上市。欧迪办公（Office Depot，ODP）的总部位于佛罗里达州的劳德代尔堡，约早一年上市。两家公司都在各自的邻近地区迅速开店，但都希望成为全国最大的办公用品巨头。在接下来的几年里，又有许多竞争对手加入其中。由于这一直是一个竞争非常激烈的战场，因此如今存活下来的公司寥寥无几。

斯坦伯格的超市经验给我留下了深刻印象，他凭借这些经验将公司成功发展壮大为一家大型连锁办公用品超市。对美国来说，这是一个新的商业类别，且看起来很有前景。我持有欧迪办公的股票，因为它的董事长戴维·富恩特斯（David Fuentes）是一位出色的首席执行官，同时我也持有史泰博的股票，因为汤姆·斯坦伯格似乎很有可能取得巨大成功。

他的愿景很清晰，商业计划既详细又简单明了，而且他立志成为第一。我很早就在莫仕学到了这一点，并通过与许多其他公司（包括戴尔）有关的经验进行了强化，即了解客户和利用这些知识是取得巨大成功的关键。斯坦伯格引以为豪的是，超过15万家小型企业和组织有史泰博的会员卡，这为他提供了大量的客户信息。对我来说，这是一件非常重要的事情，因为这展示了汤姆·斯坦伯格的思考方式和他的机会。

他说到做到，而且他和他的团队执行力强。在接下来的几年里，史泰博平均每八天开一家店。

他的第一份年度报告阐述了企业战略的六大要素，包括主导东北市场及在所有已进入的市场都成为市场份额领先者的目标。对我来说，这些字眼仿佛具有魔力。结合执行力，这些要素将使史泰博有机会成为一个巨大的赢家，而事实也正是如此。

史泰博在报告方面做得很不错。一路走来，年度报告和其他报告会说明公司打算做哪些事，并在后续报告中告诉我们公司做得怎么样。这看似简单，但并没有很多公司在表达部分和执行部分都做得这么好——用通俗易懂的语言讲述公司的计划、目标和业绩。你只需要花一点时间阅读报告、了解首席执行官并做记录，就可以判断事情是否在推进中。然后，坐等你的股票成为下一个史泰博、家得宝、思科，或其他让你变得富有的公司的股票。但永远不要漏掉每一份公司报告。

好的公司总是超出预期，你通常不会为它们的数据感到担心。即便偶有下滑，你仍会充满信心，并坚持持有。糟糕的公司则会经常给你带来痛苦，让你不得不一直计算数据。仅凭这一点，你就能知道这些公司的股票不会让你变得富有。

史泰博具备所有的关键要素，这并非源于一本书或一种产品，而是汤姆·斯坦伯格本人。他做了该做的，于是公司和股票取得了巨大成功。他以稳定的方式，即始终如一地兑现承诺，并坚持不懈，最终成为行业第一。当投资者第一次与汤姆会面或阅读他的招股说明书以了解客户信息和商业计划时，就应该知道他们至少要给这只股票一个机会。

教 训

如果你想及早买入（即使后来买入），就要在招股说明书或年度报告中寻找清晰易懂的商业模式，寻找管理层的目标，看其是否有清晰的表述，最后，看该公司是否持续发布信息，让你了解它的落地进展。

史泰博符合所有这些标准，符合所有这些标准的公司有很多，同时也有数不清的公司不符合这些标准。在管理层没有一流业绩记录之前，这是评估他们的最佳方式。在他们有了记录后，你就可以查看他们的业绩报告。

最后，当你查看数据时，要仔细观察市场份额和利润率（利润与销售额之比，可以是税前利润或税后利润，前提是确保你不会混淆税率变化）。对于史泰博，我的做法是先从其财务报告或季度和年度报告中查看公司销售额数据。下一步先不需要挖掘出行业数据，因为这需要花费很多时间。我会查看史泰博的两个主要竞争对手——欧迪办公和办公大师（Office Max），了解它们最近一个季度（或一年）的销售额增长了多少。通过数据对比，可以看出史泰博的增长速度一直很快，这意味着它一直在抢占主要竞争对手的份额。再加上史泰博的利润率并没有下降，这让我很满意，因为这表明史泰博并非通过降价来获取市场份额。

之前，我一直努力通过会议获取信息。但如今，对投资者而言，流动信息相当丰富。只要你寻找某方面的信息，几乎总能得到专业投资者所掌握的信息，这要归功于《公平披露规则》（美国证券交易委员会制定的全面披露规则，规定公司在向任何分析师或其他任何身份的个人提供任何信息时，都必须同时向公众披露）。

互联网使得在季报之间获取最新信息变得简单快捷。只需访问公司网站，查看投资者关系部门发布的所有关于公司及财务的信息。互联网也方便你查到谁撰写了关于公司或首席执行官的文章，通过这种方式，你可以了解公司的最新信息，积累更深层次的知识。你还可以在金融网站（如雅虎财经等）上搜索某家公司，查看美国证券交易委员会的文件，了解谁是"明星"分析师（券商报告），以及公司内部人士（管理层）是否在买卖自己公司的股票，等等。

当你访问一家公司的网站时，可以快速查看网站上的季度报告或公告，并判断它们是否解答了你的疑问，或是引发了更多疑问。任何时候，只要事态可能会影响到你所投资公司的发展，你就要查看公司网站，了解它是否发布了相关声明或公告。但不要止步于此，同时也要查看主要竞争对手的信息，并阅读一些相关的经纪公司的报告。大多数分析师并非世界顶级的选股专家，但这并不能否认他们在行业和竞争环境方面是真正的专家。通过阅读他们的文章，你可以学到很多。如果你没有一个好的经纪人，或者不想要经纪人，那么就花点钱买些分析师报告。

投资者的目标是识别公司增长的关键驱动因素、公司享有的竞争优势，以及公司保持领先地位和优势的策略。优秀管理层会主动向你提供以上信息。史泰博就是这样，本书案例之外的诸多优秀公司也是如此。

通常情况下，当你持有的股票表现很好时，你会觉得自己持有一家好公司的股票，因为公司正处于上升期，正在赚钱，这可能导致你变懒惰，不再时不时查看公司的相关信息。但是，在这个竞争激烈的世界里，世事无常，你需要不断查看和追踪公司的信息。

你会因为所持有的股票赚了很多钱而喜欢它，但如果一些事情发生了，你要知道是时候卖出了。关于这种情况，以下是两种常见的例子。

20世纪80年代末，我通过投资美国外科公司（U. S. Surgical Corp.，USS）赚了很多钱。我一直持有对医疗技术和医疗产品公司的投资，因为这个领域充满活力，有一些非常好的创新和发展机会，以及快速成长的公司。我了解到一家医疗产品公司——美国外科公司正在研发一种用于胆囊手术的名为腹腔镜的新技术。这是微创手术的曙光。这种技术允许医生通过细长的光导纤维管进行手术。他们把光导纤维管插入比传统"开腹"手术小得多的切口。腹腔镜的一端有一个微型摄像头，将体内的图像传输到电视监视器上，这样医生可以清楚地看到他们正在做的事情。腹腔镜手术的设计意图是让手术更经济和安全，而住院时间和恢复时间也因此大大缩短。

我立即投入工作，获取了公司的所有信息。然后，我驱车前往康涅狄格州的诺沃克，与所有关键人物会面。一切都给我留下了深刻的印象，我甚至参观了公司的工厂。它的股票价格开始上涨，所以我迅速买了一些。然后，我打电话询问医生的意见，获得了更多信心，又买了更多股票。很快，我就持有很高的头寸。

在短短两年内，这只股票的价格上涨了约 15 倍。因为这项技术不仅在胆囊手术上取得了成功，而且其开发的设备和培训也改善了其他手术。对于外科医生和患者来说，微创手术都极具吸引力。

但我遇到了麻烦。通常来讲，杰出的医疗产品公司总是拥有良好的研发渠道，可以不断推出有前景的产品，从而成为一家均衡的多产品公司。这是管理层的核心工作。优秀的 CEO 要立足长远，对公司进行全域管理，而不只是监督某个令投资者惊叹的热门产品。一家公司在不同阶段都要有一系列产品组合。

人们对美国外科公司抱有很高的期望。其增长非常快速，股价及其市场估值居高不下，但是基于常识，我认为不能也不应该根据新产品初期的爆炸性增长来做长期预测。如果一家公司的规模很大，而不是一家刚起步的小公司，那么它就不可能长期以 50％的速度增长，除非它能提供更多伟大的想法和产品。如果以 50％的速度增长，公司规模每三年就会增长两倍多。单凭这一常识，人们就会对此表示怀疑，除非贪婪从中作梗。

当然，公司的增长将继续保持良好态势，但股票的定价基于投资者对更高、更快的增长的预期，事实总是如此。常识和好奇心是投资的两大利器。对我来说，可重复性是一个问题。因此，这是有风险的，我必须进一步深入调查。七步走法则的第一步——知识，开始发挥作用，其次是买卖纪律，后者的关键之处在于考察管理层是否具有执行力。美国外科公司在产品开发方面是否具备足够的可重复性？对我来说，很明显公司的股票估值过高，远远高于其自身的历史估值水平和同行业公司的估值。如果我们不得不完全依赖于美国外科公司当前的产品线而没有其他选择，我认为这只股票价格已经过高，以至于存在很大的风险。

公司经历了飞速上升，股价大幅上涨，已经很高了。达到这一阶段，任何人都可以发现公司的实际情况与投资者预期之间的差距。我已找不到足以支持这家公司股价的理由，因为除了公司当前的业绩，我看不到任何能增加销售额的因素。当然，公司的销售业绩依然强劲，我从许多投资者处了解到，这种情况还会持续很长时间。

当有疑问时，先卖出，然后再弄清楚一切，所以我卖出了。我的买卖纪律起了作用。美国外科公司的股票看起来是一只估值过高的股票，它无法保证产品开发上的可重复性。

这条纪律让我避免了陷入过多的推断和情绪化。如果这只股票出现适当调整，并稍有回落，如果我没有发现问题，可能会再次买入。

一段时间后，我发现销售有所放缓。随后，股价开始下滑。美国外科公司为其增长率辩解，并给出一些在我看来不切实际的预测。于是，我与它保持距离，该股票的价格随后继续大跌。接下来，人们发现该公司对医院谎称其将出现产品短缺，鼓励医院提前预订产品。我不理解高管的想法：如果医院无法继续购买，他们将如何弥补销售空缺？这种"填塞渠道"（stuffing the channel）的伎俩导致股价暴跌，而美国外科公司无可挽回地失去了信誉。最终，它被泰科收购。

当公司业绩表现异常出色时，不要沾沾自喜。但有一点是确定的，公司的增长率越高，意味着公司的增长引擎就越好，无论是产品、地域扩张还是新客户。美国外科公司的增长率很高，但我找不到一个能够在当前产品实力之后继续发展的强大引擎。最终"市场先生"也没找到。

对此，管理层应该负全责。高管搞不清楚还能做什么。他们发明了一些伟大的产品，但却没有对公司产品开发进行可重复性管理，而可重复性正是微软、思科等公司的成功基石。例如，强生公司（Johnson & Johnson）、邦美公司（Biomet）和美敦力公司都以持续性的产品开发为基础进行组织和管理；它们都实现了长期的可持续性增长。美敦力作为心脏起搏器及相关产品领域的领导者，自称是全球领先的医疗技术公司，这在一定程度上是有道理的。

美敦力的管理层理解可重复性，并执行和实现了这一目标。几十年来，美敦力的业绩一直很好。在20世纪80年代和90年代，美敦力的股价使股东的资金变为原来的大约100倍。这就是管理的魅力所在。

管理层通过打造产品、编制商业计划和建立可重复性来创造赚大钱的股票。

一则常见的教训

在你的投资生涯中会经常发现美国外科公司这样的短期奇迹和美敦力这样的马拉松选手。关键在于管理而非产品。永远记住这一点。不要忽视技术，因为客户需要优秀的技术。但技术只是成为一家卓越公司的起点，赢得客户的满意度和忠诚度，同时建立可重复性。（你会发现这一点尤其适用于科技股投资，第八章将对此进行讨论。）

你持有一家卓越公司的股票，但增长放缓了怎么办

在过去的几年里，惠普作为科技史上最伟大的公司之一，其业绩却与自身历史和 2005 年被解雇的 CEO 卡莉·菲奥莉娜的承诺相比表现不佳。许多人直到厌倦了糟糕的股价表现后，才发现这位首席执行官的前后不一致，但在股价遭受如此大的损失之前，投资者本可以更早地了解到这一点。

我的卖出纪律要求我，管理层出现任何变动都要卖掉股票。但是，当一只股票价格因为管理不善而下跌，新的管理层上任后又扭转了局面时，这一点就不适用了。因此，当卡莉接任时，我并没有卖出。我原希望它能像克莱斯勒（Chrysler）或美国银行（Bank of America）那样，在新管理层上任后迅速解决前任团队留下的烂摊子。然而，惠普过度依赖打印机，这部分收益占据了公司的几乎所有收益，且越来越严重，而公司关于收入多样化和改善收入的承诺也都落空了。

很快，菲奥莉娜不再谈论创新，而是转向收购，并收购了康

柏这样的巨头。我很早就知道，大多数大型并购都以失败告终，尤其是在科技领域，而这些并购大多发生在管理层没有创新和好的发展思路时期。当菲奥莉娜宣布打算收购康柏时，我立刻认识到她和她的公司在 BASM 的"B"项上失败了，而且菲奥莉娜在"M"项上也失败了。在那一刻，我无法在商业模式和管理上给惠普打高分。

有鉴于此，我得以提前卖掉惠普股票。在菲奥莉娜被解雇的将近三年前，我就告诉同行和朋友们，她在跟投资者玩障眼法。如果你能确定管理层的言行与卓越公司的 BASM 和七步走法则相悖，那么你会选择卖掉股票，从而避免被玩弄。

顺便提一下，对于那些没有运用 BASM 或没有及早发现这些问题的投资者，对康柏的收购是值得引起关注的败笔。惠普的年度财务报告罗列了公司管理层对于收购康柏将达到的具体指标，如提高运营利润率和获得更多市场份额。2002 年，公司的所有文件都包含了这些内容。但惠普不仅没有达到任何一项关键指标，而且还将更多的市场份额输给了戴尔。运用 BASM 和七步走法则，并通过公司的文件，你会惊奇地发现这些事情是多么显而易见。

识别赢家

那么，如何识别赢家？我们都想通过几条规则解决所有问题，这就是为何那么多人穷尽一生都在阅读那些讲述六条、八条或十条规则的书，从人际关系到投资，无所不包。七步走法则不是规则，而是一个获取和应用知识的过程，并将知识与纪律相结合，以克服自己的情绪。通往成功的道路不在于规则，而在于你自身，就像阻碍成功的情绪一样源于你自身。

找到出色的商业模式和出色的管理层——通常意味着找到一只优秀的股票，这一过程不需要正规的培训或天赋异禀，它只要求你在看到事物时能认清它们的本质。要做到这一点，你必须亲自动手，沉浸在有用的信息中。通过学习案例，你很快就能获得经验。每周运用一点所学，在很短的时间内，你就能分辨出普通与伟大，就像我对史泰博和其他公司所做的那样。这就像学习接住飞球、骑自行车或做其他任何事情一样。只要肯实践，几乎所有投资者都能做到。

答案就在那里，尼奥，它在找你。只要你愿意，它会找到你。

——《黑客帝国》中崔妮蒂（Trinity）对尼奥（Neo）说

好股票往往就在你眼前，掌握正确而简单的识别技巧会让你眼界大开。

管理挽救了陷入困境的公司

本章的核心是实现投资利润最大化，而本书的案例和概念都是为了帮助你做到这一点，无论你购买的是成长股还是所谓的价值股。据统计，后者通常非常便宜。这些公司或其行业可能前景黯淡，或因其他原因不景气，或已经"衰落"，需要通过良好的管理来修复。无论公司处于何种境况，它们都存在一个共性，那就是可以通过"便宜"的方式拯救公司，即通过管理层的努力使其好转。

管理决定成败

以克莱斯勒为例

20世纪90年代初，克莱斯勒试图扭亏为盈，为不受欢迎的汽车和资金短缺而苦苦挣扎。十年前，在李·亚科卡（Lee Iacocca）等人的领导下，克莱斯勒已经从破产的边缘走了出来，现在它再次面临危机。如今，汽车行业已成长为一项成熟、艰难的全球性业务，即使是"尚可"的增长也需要异常出色的管理。

我与李·亚科卡一起吃过晚餐，见到过公司的高层管理人员，以及克莱斯勒的首席设计师。当时，这家汽车制造商正准备把仅有的资金押在开发新款吉普车和一系列小型货车上，它期望能够将公众的需求与令人心动的设计和工程结合起来。

我想要搞清楚以下内容：

（1）克莱斯勒的消费者研究是否合乎逻辑，它是否对此做足了功课，以至于可以把全部赌注押在这些汽车上。

（2）从推出新车型的时机，到旨在降低成本和提高定价竞争力的平台工程技术，计划本身是否构思精巧、合乎逻辑，是否通过了常识性测试。

（3）最重要的是，我想了解所有高级管理人员的背景，并了解克莱斯勒为赢得胜利是否在各个环节匹配了正确的人才和技能。关于这一点，我很快发现，并非只有大名鼎鼎的李·亚科卡有过成功的经历，每一位高层管理人员和设计师在汽车行业都有过成功的经历。这是一支值得信赖的管理团队。

因此，我投资了它，并向我们的投资委员会陈述了相关事实。

惠灵顿管理公司的很多共同基金和养老基金都投资了它。从表面上看，数据显示这似乎是一项高风险投资。然而，大胆、令人兴奋的汽车设计看起来很棒，克莱斯勒的计划不是一蹴而就的，而是经过深思熟虑的，并打算连续推出多个产品周期。这一切确实做到了。

管理决定成败。你可以通过很多渠道了解克莱斯勒的管理，甚至不需要向管理团队咨询。至于公司的计划，正如管理层预测的那样实现了。公司的员工非常出色。汽车如期在展厅亮相，深受公众喜爱。它的股价一年内上涨为原来的3倍，随后横盘一段时间，再然后又上涨为该水平的3倍，因此我们的投资资金上涨为原来的9倍。

我一般会在新管理层上任时卖掉这家公司的股票（我的三条卖出纪律之一），而克莱斯勒的案例正好相反。这是因为我看到公司已经超跌了，股价已充分反映了这一点，而现在它拥有一个稳健、经验丰富的"救援"管理层。他们不是一群平庸的人，同时他们制订了可靠的拯救计划。

克莱斯勒是一个很好的例子，它展示了专注于管理、假设、战略和商业模式的投资者具有优势的原因所在。正是这些因素使产品、服务和数据起作用。管理是你需要了解的首要因素。

你或许认为，只关注公司的管理层做买卖决策似乎过于简单。对于科技股和其他一些情况，做出决策可能要难得多。但通常情况下，相关管理者的经验和理念能起到决定性作用。

如果你不确定新管理层是否经验丰富，那么就不要买该公司的股票。就这么简单。

管理者的背景可能会有所帮助，但如果过于依赖它，便会产生误导。我之前提到过，郭士纳加入 IBM 之前负责管理雷诺兹-纳贝斯克公司。他很好地证明了自己了解商业模式并拥有广泛的执行技能。这比一个人拥有某种行业技能要重要得多，尽管我并不完全否认这一因素。约翰·斯卡利（John Sculley）早期负责运营苹果公司，与郭士纳一样，他也来自消费品行业——百事旗下的菲多利（Frito-Lay）部门。然而，与郭士纳不同的是，斯卡利试图将他通过玉米片业务所了解的先入为主的观念应用于计算机业务，结果惨败。郭士纳意识到 IBM 的商业模式存在问题，但他并没有带着先入为主的见解。（苹果公司的商业模式也存在很多问题，但斯卡利很快表现出他毫无应对头绪。）

有两件事让我对郭士纳的成功充满信心。首先，我了解他的风格。他态度开明，有执行力，我也很尊敬他。任何投资者都可以了解到郭士纳的背景和能力。其次，他进入 IBM 时没有任何先入为主的想法，并表示愿意学习。最关键的是，他积极追溯 IBM 的问题根源。与之相反，我们经常看到一些管理水平较低的人从过去的经验出发，过早地做出假设，或者只是"更加努力地"做一些老套的举措，比如削减成本（裁员）和给销售人员施加更多压力等。郭士纳想要进一步了解 IBM 的深层次问题，这成为解决这些问题的关键。当然，这与第一点有关，也是一个伟大管理者的标志。我确定郭士纳正是这样的管理者。我发现他在应对 IBM 的问题上思维开放，人们可以通过阅读和观察发现这一点，可能不会比我快，但也足够了，毕竟这不是一夜可以搞定的事情。

斯卡利不是管理专家，而是一位"营销明星"，他的所作所为与我说过的许多高管的所作所为如出一辙。与郭士纳恰恰相反，斯卡利自认为无所不知，他在什么都不懂之前便开始行动。很快，投资者就看明白了他乏善可陈。斯卡利是郭士纳的反面。关键不在于个人履历，而在于人。始终专注于这一点。这是一个宝贵的教训。

管理不善——以 MCI 为例

你可能经常遇到一家陷入困境的公司的 CEO 名声在外的情况。也许他因为过去的业绩而闻名，也许他是一个知名的企业家，创办了一家或多家公司。在大多数情况下，企业家只是企业家，而不是一位出色的实干管理者。这算是管理不善吗？是的，但它可以被修正，而且当它确实得到修正时，股东们就会赚得盆满钵满。

1986 年左右，早期的 MCI 正是这类情况。当时，MCI 尚未并入世界通信公司（WorldCom）。MCI 当时正经历一段艰难的时期，股价跌到谷底。创始人威廉·麦高文（William McGowan）和其他人，在美国电话电报公司（AT&T）和其他公司正在大力发展光缆这一更好的赛道时，冒险收购了一家卫星公司。

在与麦高文见面后，我立即确信，这位具有远见卓识的先驱者正专注于找到正确的人才和策略以扭转公司的局面。麦高文改变了电信业的面貌，他为大众带来了低成本的长途通信服务，打破了 AT&T 的垄断局面。人们理解并赞同他提出的愿景。此外，麦高文还找到了可靠的运营经理来执行他的计划。

在这种情况下，我总是回想起彼得·德鲁克的那句至理名言："管理是把事情做好，领导力是做正确的事情。"换句话说，如果有人有远见，并能指引船只朝着正确的方向前进，而且他还有足够的常识来建立正确的运营团队，你就不必对管理层的每一步进行猜测。胜算在你这边。买入股票就对了。

麦高文需要帮助、毅力和方向才能度过艰难时期，实现梦想。他知道必须要做的事情，然后开始行动。我当时买入 MCI 股票的价格，按拆分调整后的价格计算，只相当于眼下的几分钱。我买入之后，在大约 26 个月内其股价上涨了近 10 倍。

MCI 的长途通信服务战略是一项好创意，是优秀的管理故事。很多时候，好创意会吸引投资者，但随后他们就会发现，没有出色的管理将之转化为公司的收益和增长。在 MCI 案例中，公司管理和方向上的不足得到了纠正，好想法最终转化成了巨大的收益，从而推动了股价上涨。

在大多数情况下，人们很难直接认识到这一点。他们的思维模式停留在对大量数据和具体业务的分析上，从而忽视了创造这些数据和业务的人的重要性。正是人让数据得以增长。

普通投资者有能力通过仔细观察公司的预测、报表和业绩报告，识别出最佳的管理层，甚至是那些"明星"管理者。这些都是辨别最有价值投资的核心要素。

很显然，没有人愿意接受一个平庸的律师、平庸的外科医生、平庸的汽车修理工或其他任何平庸之辈提供的产品或服务。就健康而言，避开一位平庸（或口碑差）的外科医生的重要性远高于装新橱柜。就财务健康而言，你一定不乐意找一位平庸的理财经理，也不乐意投资那些团队平庸的公司。如今，美国国内和全球竞争如此激烈，管理层的泛泛之辈或许可以通过一些有吸引力的新产品或良好的季度销售数据夸大其词，但随着时间的推移，他们终究将被行业中的强者所蚕食，如思科的约翰·钱伯斯

(John Chambers)、微软的比尔·盖茨、家得宝的伯尼·马库斯等行业中的强者所吞噬，以及更多你可能从未听说过的强者。

每日 15 分钟

最好的管理层能为股东创造最多的财富。因此，作为股东，你需要知道如何识别最好的管理层，而且你需要掌握足够的知识，即使在季度业绩不佳的情况下，也能坚持持有赢家的股票。

每日用 15 分钟查看你所投资的 5 家公司的信息或许比较难做到。但你仍应该每日空出 15 分钟掌握最新消息，并做记录，找出其中的一致和不一致。你会惊讶于模式的变化如此之快。一些公司总在向投资者解释为何它们没能如期发展。一些公司却告诉投资者一切进展顺利，并说明它们将如何继续保持成功。

想想 1987 年的股灾吧。每日 15 分钟，你会察觉到迪吉多等股票的股价飙升速度已脱离了其报告中的相关数据，而且股价越来越高。你既可以看到令人不安的市场趋势，也可以充分利用每日 15 分钟深入挖掘有用信息。整个市场的上涨速度远远超过了公司盈利速度，其中一些股票尤其疯狂。

与此同时，你看到利率不断攀升，公司、个人、联邦政府和州政府债台高筑。正如我之前所说，你不是经济学家，不用预测经济的走向。面对估值的上涨，以及记者那些令人不安的负面财经新闻，你只需要做一件事：明确自己拥有什么。在这种情况下，每日 15 分钟至关重要，这样做可以防止你由于缺乏相关知识而情绪过于激动，从而违反买卖纪律。

做到心中有数

美国国家半导体公司是一家优秀的公司，比英特尔早 9 年成立。在高科技领域，9 年已足够长了。然而，英特尔却成为微处理器行业的领军者——微处理器行业是那个时代的重要行业。这并非因为英特尔的运气更好或科学家更优秀，而是因为英特尔的管理层——鲍勃·诺伊斯（Bob Noyce）、戈登·摩尔（Gordon Moore）和安迪·格鲁夫都是美国最杰出的企业管理者，他们的远见卓识、战略和执行力使他们脱颖而出。

美国国家半导体公司创造了一系列优秀的产品，它的半导体产品被广泛应用于从手表到登月火箭等各行各业。该公司的科学家分散在许多终端产品领域，领导层缺乏专注力和推动力。直到英特尔开始突飞猛进，领导层才将这些能干的科学家的精力与才能集中于个人电脑终端市场。即便如此，公司管理层也没有集中所有研究人才来攻克这项任务。

如果你愿意每天花 15 分钟深入挖掘，你可以做到在形势不好时卖掉美国国家半导体公司的股票而保留英特尔的股票，因为你能看到这两家公司的发展势头和高管决策存在巨大的差异。此外，你也会明白，股市崩盘后如果你想买入半导体行业的股票，你应该选择英特尔而非美国国家半导体公司，因为美国国家半导体公司的决策失误导致股价长期螺旋式下跌。

产品出色，管理薄弱——以苹果为例

接下来，我们回到 20 世纪 80 年代苹果公司的约翰·斯卡利和

20 世纪 90 年代 IBM 公司的郭士纳身上，我们已经看清了他们之间的区别。他们都不是技术出身，而前者惨败，后者成功了。管理就是管理。本章提到的那些原则，一个将其运用得很好，另一个则运用得很糟糕。

戴尔在成立初期也曾遇到过很多问题，但迈克尔·戴尔一次又一次地找到了解决方案，并朝着他的终极目标前进——成为最大最优秀的公司。苹果公司的个人电脑产品在行业内一直被视为世界上最好的产品。即便如此，该公司也未能利用产品的优势发挥其潜力。最初几年，苹果公司股票的表现不如最好的公司。区别在于，戴尔拥有出色的管理和商业计划，而苹果公司则两者皆无，因此其技术优势被白白浪费了。

投资者往往更关注令人兴奋的产品，而不是一家公司的特点，但后者真正为技术、销售等所有环节注入新活力，并最终推动股价大幅上涨。

20 世纪 80 年代初，有些公司开始制造个人电脑。当时人们看好这一领域，但其预估远低于最终形成的巨大需求。当时，德州仪器（Texas Instruments）、天美时（Timex）、康懋达（Commodore）和雅达利（Atari）占据低端市场，而苹果、IBM 和坦迪（Tandy）则生产更高端的机器。在那个时期，人们普遍认为这些机器只能在家被用来玩玩电脑游戏，或是作为办公室的实验性产品。可用的软件和应用程序很少，而且价格昂贵。迈克尔·戴尔当时大约 16 岁，那时他尚未出现在人们的视野中。

起初，苹果公司和其他几家类似的个人电脑公司一样，被认为是一家规模小、投机性强的公司，销售量极少，不具备任何竞争力。后来，这些产品开始变得极具吸引力。

某日，我们惠灵顿管理公司的研究部主任比尔·希克斯买了一台苹果电脑，电脑配有原始版本的电子表格程序，电脑被安置在办公室门外。和许多投资者一样，比尔具有很强的好奇心，总是力争做得更好。他对我们这些分析师说："为什么不试试看电子表格能做什么，你们认为它能有什么用处？"而此时，大多数投资公司并没有走到这一步。总之，我们的很多分析师都试过这台电脑。我的几位同事，特别是其中一位，对此嗤之以鼻，并解释为何他认为这是一个蠢玩意儿。他宣称纸质办公才是王道。

有些人喜欢用电子表格进行计算，并继续尝试不同的方法。他们的使用频率越来越高。有一天，比尔发现排队使用这台机器的分析师越来越多，于是他打算再买一台。我立即买票飞去硅谷，目的是去会见苹果公司的人。我用过这台电脑，也听到了同事的或正面或负面的评价。仅凭这个基础，我已经想要购买该股票——并非我已经预测到苹果公司的未来前景，我相信没人能做到这一点。

我不确定苹果公司的管理层是否优秀。史蒂夫·乔布斯是一个令人印象深刻的天才，他有很多远见和想法，但没有真正的商业计划。他还不是多年后我有幸与之交谈的那个伟大、成熟的天才商人。

我在苹果公司遇到了其他人，但他们都缺乏核心计划，因为乔布斯没有制订任何计划。因此，他们都寄希望于这项伟大的产品和一次伟大的市场机遇。我同意这两点，只是希望这些人不久就能制订出更好的计划，所以我回到波士顿并推荐买入。

你也许会问，既然我强调优秀管理的重要性，那么我怎么能这样做呢？

尽管我还没看出苹果公司的卓越特质，但我认为苹果公司具有四大优势：（1）一位有远见的人创造了一项真正伟大的产品；（2）迅速增长的客户群喜欢使用苹果电脑；（3）个人电脑行业的巨大市场雏形已现；（4）苹果公司的管理层正在开发新产品（即创造可重复性），而不仅仅依赖于一种热门电脑。

我对苹果公司的首次调研感到不错，然而这次不像之前调研麦当劳和莫仕那样，我还不确定它是否可以成为行业领军者。我希望，随着时间的推移，通过观察管理层的运作，我能对苹果公司更有信心。无论你认为管理层表现得多么出色，或者他们是否经受过考验，都需要极大的耐心来确定一家公司是否会变得优秀。你必须看到团队如何应对竞争和其他阻碍。你需要花一些时间来了解首席执行官、产品开发和商业计划是否会促使这家公司成为长期的大赢家。

我并不是在向你表达以后的投资只能买世界上最卓越的公司的股票。但它们值得你花时间寻找，因为这是你能变得非常富有的方式。如果在投资过程中，有一些公司的产品和潜力很好，但你对其管理不放心，那么你只要想想苹果公司的风险就可以了。我知道这些风险，但又不想错过这个机会。

不要墨守成规

苹果公司教会我们不要墨守成规。如果我没有从苹果公司学到这个教训，多年后我可能会提前卖掉思科和太阳计算机公司的股票而错过它们之后的大涨，错失赚大钱的机会。戴尔公司的股票尤其如此，它比这两只股票涨得更多，但只是依照我的规则，我可能不会在迈克尔·戴尔表现不佳的早期阶段就持有戴尔公司的股票。

常识和过往经验告诉我，有时一家公司要做好需要时间磨合。就像我们有时认为一家公司会很出色，但观察它的运作后发现我们错了——它无法实现可重复性和其他它所需具备的能力。对于苹果公司，我需要看的是公司核心管理能否强化其出色的产品、市场份额、市场营销、客户满意度和忠诚度。因为这些因素意味着公司能否有一个良好的开端。

市场需求猛增，产品性能卓越，这些都很重要。华尔街的媒体和分析师都预测个人电脑将成为有史以来引人注目的增长故事之一。事实是人们的预测还是低估了个人电脑的发展。不到 10 年，个人电脑销量从每年几十万台激增至每年 2 000 多万台。无论如何，我是一个乐观主义者，我认为我们必须充分看好这样一个行业中的每一家公司，尤其是拥有如此令人惊叹的产品功能的公司。

这就引出如何对待预测以及持股多少的问题。所有股票的仓位并非都是固定规模。有时可以先买入少量，并持续观察，然后根据你的确信程度和新的发展情况来调整资金。

如果你持有少量股票，你会更认真观察、预测这只股票。这样，当情况越来越好时，你可投入更多资金、增加持仓，从而在长期内赚取更多的钱。

关于公司管理方面的判断依据，99％针对成熟公司，而苹果公司是全新行业中的全新公司。这也是为何我强调对案例和经验的学习要优先于对投资纪律的学习。投资需要纪律，但不能盲目执行。这是个人电脑时代的开端，之后又出现了其他成长股（如耐克），然后是生物技术股。我必须认识到，如果一家公司将在 5

年、10 年或更长时间内保持良好增长，而投资者只以 1～3 年的投资期看股票的估值，就会过早卖掉最具长期潜力的公司股票。

对苹果公司的投资帮我理清了这一思路，其他公司也起到了作用，这也是为何我对苹果公司以及后来的太阳计算机公司和思科的估值留有余地。当戴尔公司出现时，我已对有史以来那些伟大的商业模式的运作了如指掌，也正因此我继续持有戴尔公司的股票，尽管戴尔公司已不满足我的执行纪律。在戴尔公司上市时，它的商业模式甚至比苹果公司的产品对我更具有吸引力。

苹果公司的股价涨了很多，非常不错。然后，在我们卖出并获利之后，我发现苹果公司的运营缺乏一致性。很快，乔布斯和他的朋友兼共同创始人史蒂夫·沃兹尼亚克（Steve Wozniak）都表示不想当公司首席执行官——他们都是纯粹的极客，开始厌烦业务方面的工作。因此，1983 年他们聘请了百事公司的约翰·斯卡利成为公司的新管理者。他是一位营销明星，在担任百事公司的总裁期间，使旗下菲多利（专门生产和销售各种玉米片和零食）品牌取得了巨大销量增长。

随后苹果公司的收益增长非常强劲，其盈利能力和高净收入增长是其股票表现的主要支撑。假如我坐在那里正在研究斯卡利，只一段时间，苹果股票的价格曲线就会涨出我的视线，毕竟苹果公司的收益、产品以及整个行业都在增长。重新买入苹果股票，再认真观察公司的运营情况，并拜访斯卡利，这似乎是最好的行动计划。我拜访了他，以了解他的运营风格和计划，从而有了必要的基准指标，以长期监督他。现在，你可以通过公司报表、报告或公司网站获知这些基准指标。

如果我们只是因为公司的热销产品和收益而买入公司股票，

这样的风险很大。我们买入苹果股票时并没有认定它就是长期赢家，我们决定随着事态的发展继续观察。

思科的管理层更是多次发生变动。创始人（一对夫妇共同创立）全部离开，约翰·钱伯斯接任成为第三任领导者，他带领公司创造了思科长期增长中的最精彩部分。最初，思科同苹果一样，在一片巨大蓝海中推出杰出的产品。我对管理层的变动通常心存疑虑，因为变动意味着公司内部出了问题，而且正如苹果公司的案例所表明的那样，这些变动往往会导致糟糕的结果。不过，我也会仔细观察，因为有时这种变动也是好事。我始终认为，如果约翰·钱伯斯没有早早加入思科，就不会有现在的思科。

有一段时间，斯卡利和乔布斯被称为"活力二人组"，我们都对苹果公司的管理感到满意，也很高兴我们在苹果股票上赚了很多钱。在很多方面，我们是幸运的。与许多投资者的观点相反，尤其是那些还记得20世纪90年代末狂热时期的投资者，大多数高风险、未经考验的公司的首次公开募股并不成功。

玉米片不是电脑芯片

乔布斯（和他的董事会以及市场）最终意识到，苹果公司需要整顿，需要专业的管理人才。尽管公司内外都视约翰·斯卡利为营销天才，但他缺少这个领域的管理经验。对他来讲，新角色的最大不同并不在于技术本身。其关键因素和挑战在于公司文化，它必须支持创新，并理解个人电脑市场当前和未来的发展需求。

我对斯卡利的自负、傲慢和对个人电脑行业的无知感到失望，回到惠灵顿管理公司后我对同事说："约翰·斯卡利是一个令人印象深刻的企业家，但他不知道玉米片和电脑芯片之间的区别。"我对他的态度很失望。他没有学习的心态，而是认为自己已无所不知。这一点最糟糕。我的同事，特别是一些资历较深的同事，认为既然形势这么好，就应该给他一个机会。我同意了。

我们在股票上赚了更多的钱。随着时间的推移，我观察到苹果公司的业绩不稳定，也看到了斯卡利的失误。我从 20 世纪 80 年代初开始持有苹果股票，一直到 1987 年，其间赚了一大笔钱，也经历了苹果股票的三次涨跌，最终我还是遵循买卖纪律，在大多数科技股估值极高时，逐步卖掉苹果股票。

苹果故事的终曲

苹果公司是一家出色的公司，拥有满意而忠实的客户群，但斯卡利从未理解过行业的本质，以至于无法发展出真正的商业模式；就当时的发展态势来看，他也没有意识到，为了两家公司的利益，应该接受比尔·盖茨的合作建议，共同开发 Windows 系统。

当时虽然苹果公司未成就伟业，但我们凭借纪律及变通原则，而不是仅仅依靠一个热门产品赚了很多钱。我也从中学到很多宝贵的经验。

苹果公司是一个伟大的传奇，但对当时的我们来说，暂且到此为止。苹果公司教会我们应该试着给一家公司变优秀的机会，并观察它是否实现了目标。投资苹果公司的案例也应该结合此前和以后的案例一起思考。你应该不断从各种投资经历中汲取经验，并尝试将它们与你的其他投资联系起来，这些联系和比较将帮助你在早期阶段识别哪些是好公司，哪些是差公司，或是丑陋的公司。你的笔记将成为你的宝贵财富。

尽管苹果公司持续不断地创造、开发和推广业内最好的技术和产品，但由于其管理层从未制订出一个优秀的商业计划，因此当时它无法成为一家卓越公司和一只伟大的股票。苹果公司一直存在问题，进而不断更换 CEO，直到史蒂夫·乔布斯重新回归。

IBM——相反案例

一定有专业投资者或经验丰富的投资者联想到 20 世纪 90 年代初的 IBM，另一位消费产品界的明星郭士纳介入并成功变革了这家公司。从表面上看，这与斯卡利和苹果公司的案例正好相反。

郭士纳是一位非常有才华的企业管理者，但没有任何技术背景。他先后在美国运通（American Express）及雷诺兹-纳贝斯克工作，主要管理消费领域。所以，当 1993 年他接受 IBM 董事长一职时，面对管理混乱、陷入困境的 IBM，大家都在想是否选错了人。

有一次，郭士纳在美国道富研究（State Street Research）办公室里对我们自豪地讲，他如何把饼干做小来提高公司的利润率。当我得知他将担任 IBM 总裁的消息时，这件事一下子浮现在我脑海里。IBM 的一项业务是通过硅片制造半导体。我嘲讽他说："我不相信这次你可以通过做小硅片来提高 IBM 的利润率。"他笑了笑，并详细给我讲了 IBM 存在的问题以及他打算如何解决这些问题。

问题出在哪里？郭士纳对技术并不陌生，毕竟他拥有达特茅斯学院（Dartmouth College）的工程学学士学位。他明白，IBM

的核心问题不在于技术，而在于这家公司多年来管理不善。IBM管理层对风险很保守，他们不懂如何对大型计算机进行有竞争力的定价，以与日立（Hitachi）等公司竞争。这导致公司处在日新月异的行业中，其文化不接受变化，也不适应变化。同样重要的一点是，IBM与客户需求脱节，包括对大型计算机的错误定价。IBM需要在开发新一代产品、保持盈利能力以及避免日立公司抢占市场份额之间维持一种平衡。20世纪90年代初，IBM陷入困境，亏损速度不断加快，股价一落千丈，更糟的是外部分析师开始预测这家昔日的明星公司将以破产终结。单从当时的事实来看，这种预测相当合理。

像家得宝和思科这样的公司，它们的成功源于贴近客户及其需求，而IBM却维持一种与市场变化脱节的温室文化，客户感到自己完全被忽视了。郭士纳对此总结说，技术并不是IBM真正的问题所在。相反，它存在一系列问题，如官僚主义和缺乏企业战略，以及缺乏大型计算机产品战略，而所有这些问题都可以通过严格的管理和真正的领导力来解决。

郭士纳给我留下了深刻的印象，因为他做足了功课，并找出了问题的本质，而且他自信地表示，他知道如何解决问题。我选择相信他。最后事实证明，郭士纳做得非常成功。

商业模式和执行

第一步，郭士纳需要向下放权，改变害怕风险的文化，缩小与客户的距离。第二步，他必须执行。但在地基打牢之前，对任何计划的执行就像空中楼阁。

郭士纳立即着手做了一项关键举措，即改变大型计算机的定价。当时 IBM 的大型计算机销售额急剧下降，客户满意度也不高。IBM 已经濒临倒闭，部分管理者不想失去收入来源，因此他们拒绝像日立等竞争对手一样降价。他们认为，客户轻易不会迁移到另一家公司，而 IBM 可以通过开发成本更低的技术降低价格，保住利润率。

郭士纳意识到，为挽救客户群，并使其从疏远和愤怒转向忠诚，他必须冒着降低利润的风险立即降价，然后大力改进技术，以降低 IBM 的成本。降价起到了应有的效果，大型计算机的销售额立即扭亏为盈，并逐年强劲增长。

重要一课

管理者必须证明自己具备迅速洞察和准确识别本质问题的能力，帮助公司找出陷入困境的根源。只有这样，他才可以制订出解决问题的计划。如果他能出色完成第一步，那么第二步——执行计划也不会过于困难。如果他不能准确发现问题，就不能解决问题。郭士纳准确识别出了问题所在，并显示出有力的执行力，立即采取行动挽留了客户、拯救了公司。

这是郭士纳的举措。相反，斯卡利做事的思维模式来自自己在百事公司的成功经验，而不是自己对个人电脑行业及苹果公司所在位置的理解。

我有一条卖出纪律，即当公司出现问题并更换管理层时，卖出股票。一家公司不应该用投资者的钱来验证自己能否把事情做对。这条纪律适用于大多数情况，也适用于 21 世纪的惠普。

然而，在本章中我列举了一些特例，以说明这条普适纪律的一些例外。要根据具体需求和解决方案灵活运用这一纪律，避免墨守成规、一成不变地照规执行。本章提到的克莱斯勒和 IBM 很好地说明了面对管理层出现变动，在什么情况下应该买入股票。

在公司业务管理得当的前提下，面对特定需求，你会采取什么措施？以棒球作类比，即你需要一名新投手，而非新战略。当基于流行要素的公司不清楚下一步该如何满足消费者的口味或需求时，这种情况就会出现。汽车公司、服装公司等其他行业公司一直在寻找下一个流行要素。（不过，这也适用于其他行业，比如软件公司的新研发负责人——科技公司总是试图互相抢夺人才，大型制药公司和其他公司也是如此。）

盖 璞

我在第五章中指出，盖璞是零售、管理和营销方面的经典案例，它说明投资者需要理解公司在不同时期需要哪些能力才能取得成功。

唐纳德·费希尔（Donald Fisher）原是一位房地产开发商，他萌生了卖牛仔裤的念头，因为在 20 世纪 60 年代末，牛仔裤大受欢迎。他先是开了一家店，随后扩张至几家。他经营的李维斯牛仔裤品种齐全、款式流行、价格低廉，这使他的经营大获成功。他的目标客户是 14～25 岁的年轻人。他和妻子在经营管理上积极进取，主动寻求增长，使公司保持优势地位。

其经营取得持续成功的原因主要有三条：

（1）库存的更新速度快，以热销款为主要商品，而非为了改变而新增款式；

（2）品类集中于牛仔裤、几款衬衫和轻便夹克，为满足客户的期望，每款产品尺码和颜色齐全；

（3）始终保持平价。

5 年内，盖璞的销售额猛增至 9 700 万美元，在美国 21 个州开设了 186 家门店。盖璞很明智，它开创和推广自有品牌，以降低对李维斯的依赖度。这一举措非常了不起。盖璞于 1976 年首次向公众发售股票。一经发行，股价立即下跌。一般首次公开募股都是这样，而且这个行业当时正处于低迷期。

但是，对我来说，当盖璞的股价从最初的 18 美元跌至 7.25 美元（相对便宜）时，我对它还不够了解。我对公司的管理层没有实感。随着公司销售额的攀升和新店的开张，盖璞股价开始回升，但我仍不了解它的商品的优势，毕竟客户的需求一直在变化。

20 世纪 70 年代末，60 年代出生的孩子们长大了，他们想要不同的东西，留住消费者并非易事。而且，随着 1980 年的临近，杰西潘尼（J. C. Penney）、西尔斯和其他一些折扣店也开始销售李维斯牛仔裤。我想知道盖璞将如何应对这些问题，并从中脱颖而出，因为这是关键。股价一直上涨，而我并没有买入。

盖璞的应对

从大型折扣店进军牛仔裤市场到盖璞采取行动，两者存在明显差距。盖璞处于快速成长阶段，且在真正的麻烦出现之前就采取了重大举措。费希尔知晓创始人/企业家面对的典型问题——是否了解何时放权并引进新的管理人才。他同样知晓若打价格战，盖璞将无法发展壮大。于是，他引进了梅西百货（Macy's）的高管米勒德·德雷克斯勒（Millard Drexler，昵称 Mickey Drexler，即米奇·德雷克斯勒）。3 年前，他成为安·泰勒的总裁，他领导了安·泰勒产品线和风格的改革，公司的销售额因此迅速翻了两番。

他将类似战略成功应用于盖璞。德雷克斯勒引起了我和其他投资者的注意。听他演讲，我们知道他有清晰的愿景，以及实现愿景的能力。我买入了一些股票。正如上文所述，在我的认知中，管理层变更可能是警示信号，但管理层的加强和客户需求得到满足则不属于这类情况。当他的战略起到作用，盖璞在市场上的吸引力加大时，我们买入了更多股票。这类情况经常发生，如果你对公司的长期发展有更多了解和信心，避免短期心态，那么付出更多也能获得更多。

因此，我在股价为 8 美元、11 美元甚至更高价位时买入，股价不断上涨，最高涨至 40 多美元。

米奇·德雷克斯勒打造出了风靡全美的流行风格——盖璞风。几年后，汤米·希尔费格也打造出了自己独特的、广受欢迎的风格。那时，我买下了我所能买到的所有汤米·希尔费格的股票，我的基金在对其持有不到 4 年的时间里就赚了 7 倍。

通过市场学到的某些经验，要每年加以运用，不断改善。在投资盖璞时，我学到很多，并从那时起，一直将这些经验运用到对其他零售公司的投资中。有时，你通过航空公司学到关于半导体的知识，或从电子技术行业了解到关于医疗器械的知识。这些知识会不断积累，而且你积累的案例越多，所赚到的钱也越多。

教 训

费希尔拥有精明地采取必要举措的机智，米奇·德雷克斯勒了解消费者需求、拥有营销天赋，双方结合，共同打出了一个全垒打。

这类公司较为特殊，但基数不少。这个案例为投资者提供了一些投资启示，即遇到本身收益率高，但波动性大且难以预测的公司时，该如何应对。

如果你不能识别它们就是卓越公司，那么每当它们的股价大幅波动时，你的神经就会受到考验，不知如何是好。不稳定的公司如果不具备优秀的商业模式、良好的客户基础、知名度、市场份额和持续增长的份额这些属性中的一部分或全部，投资就会过于棘手。

时间是你最宝贵的投资资源之一，请不要忘记这一点。在我看来，大多数投资者都应该快速远离那些对他们来说太难理解、通过波动性考验他们神经、需要不断检查的公司。首先，卓越公司不需要不断验证。其次，市场上有很多公司，投资者必须把时间花在自己认为最能理解的公司上。不过，如果你确实了解这家公司，那么不要因为波动而退缩。当你有足够的信心以较低的价格买入股票时，你也会有更多的机会。

对波动保持耐心的秘诀在于，或许你在短期时机选择上是错误的，但你有足够的知识来确信自己对公司的判断是正确的。在困难时期，机构投资者很难大量持有股票，因为我们的委员会和受托人会对买入和卖出决策进行审查，我们通过一些基金来抵消其他基金的短期风险，从而在投资策略上取得平衡。在1987年的股灾中，我确实亏了钱。但幸运的是，股灾很少发生。虽然花了几年时间我才把钱赚回来，但最终我获得了巨大的收益。这是一只亏钱后还能赚回来的股票，能赚回来依靠的是对公司的了解。

投资者只有了解一家公司，才能长期持有这家公司的股票，并获得惊人的收益。有人在米奇·德雷克斯勒上任时买入盖璞的股票，并持有 8 年，获得了 40 倍的收益。普通投资者不会运用BASM 和七步走法则，所以波动性可能使普通投资者放弃持有所有股票。他们会被股票的波动性吓退，失去一次又一次的机会。

现实情况是，一个投资者要做到能定义卓越的管理与战略以及卓越的公司。这些都是公司管理层创造、应对及贴近客户需求的自然产物。一路走来，知识渊博的投资者在各个时期都有很多赚大钱的机会。这就是为什么你必须牢记七个步骤：知识、耐心、纪律、情绪、投资期、市场时机和基准指标。

对于盖璞的每次波动周期，投资者都有参与的时机。即使没有抓住所有波动周期，一个投资者仍可在 1980—1982 年的周期中赚得4 倍收益；接着，在股价回调后，在另一个波动周期即 1982—1983年赚得 17 倍收益。在股票回调时继续持有，意味着 12～13 倍的收益，这是非常可观的。

顺便提一下，在米奇上任的头 14 年，这只股票的价值翻了100 倍。盖璞已从一家面临多种选择的好公司，成长为一家卓越公司。这一成就是由公司的选择决定的，而选择是由管理层决定的。

第七章

熊市、泡沫与市场时机
——如何在不同的环境中进行投资

> 知者不言，言者不知。
>
> ——老子
>
> 我总是避免事前预言，因为事后"预言"要好得多。
>
> ——温斯顿·丘吉尔

市场如天气一样难测

在奥卡万戈三角洲（Okavango Delta）平静的蓝色水域上的芦苇中，栖息着一只美丽的猫头鹰环蝶（Caligo atreus butterfly）。正午时分，炙热的阳光将非洲南部博茨瓦纳（Botswana）的景色烤得金黄，一切显得格外宁静。突然，附近的河马发出低沉的吼叫声。猫头鹰环蝶吓了一跳，它拍了拍翅膀，唰的一下飞了起来，带着蓝、黄、黑绚丽的色彩，在水面上掠过。

那些精致翅膀的扇动是唯一扰动炙热、寂静的空气的动作，所产生的能量波在空气中流动，进入非洲大气层中，越来越高，越来越大。看不见的能量以不断放大的方式越过陆地，最终到达大西洋上空。

几周后，这种大气扰动移动了数千英里后到达了美国，当地正迎来初夏。科尔比（Colby）是堪萨斯州西北部的一个小镇，人口约 5 900 人，天气预报预测当日天气为炎热、晴朗、阳光明媚。龙卷风警报不知从何处传来，人们听到警报声后纷纷跑进室内。然后，他们听到了龙卷风的声音，就像一列驶近的货运列车发出的隆隆声。幸运的是，损失很小。

那天晚上，杰德·史蒂文斯（Jed Stevens）和他的伙伴们坐在杂货店前的长凳上，喃喃自语道：“好吧，我想我们还不如回到石器时代，因为所谓的现代化气象站对我们来说毫无作用。”

20 世纪 60 年代初，一位气象学家推断，海鸥扇动翅膀可引发扰动，从而放大并影响到这片大陆以外的天气。后来，这个理论模型中的海鸥被一只蝴蝶取代，科学家们将蝴蝶效应纳入他们对天气为何过于复杂而无法预测的思考中，同时数学家们将这一切归纳为我们所熟知的混沌理论。现在，金融界人士利用混沌理论来解释为何数量巨大的变量和变量的不可预知性导致金融市场的走势无法预测。关于这一点，优秀的选股人很早就通过经验发现了。

任何试图预测股市走向的尝试都是对市场时机的预测。我将在本章中解释为什么学术界和专业投资者都认为这是不可能做到的；事实上，它会让你损失金钱或机会。

在恐惧、贪婪以及人类欲望的驱动下，我们自认为可以知晓或控制自己的未来，这些促使我们试图预测短期市场走势。这就是为什么如果你想致富，七步走法则是必不可少的。如果你投掷一枚硬币 10 次，结果 10 次都是正面，那只是随机运气，而不是

"系统"。我们知道，随着时间的推移，出现正面和反面的概率都是50％。许多猜测市场走向并猜对的人都认为自己有一套系统，并认为这很有效。然而，如果你猜对了，并连续多次尝试把握市场的时机，那么很可能在某个时候你会猜错，从而使你之前的所有收益化为乌有，并远远落后于市场［见本章后面的长期资本管理公司（LTCM）的案例］。我是怎么知道的？我是通过阅读相关的学术研究报告以及结合观察几十年来市场上发生的事情而知道这一点的。只有坚持七步走法则和BASM，才能做一个选股高手。

七步走法则之一是避免把握市场时机，但正如跑步能协调手脚的所有肌肉一样，其他步骤也能使你轻松抵御各种事件或市场快速波动带来的诱惑。首先且最重要的是要有买卖纪律，然后是适当的投资期。情绪是重要的一步，因为一旦你在市场或股价下跌时感受到恐惧的牵引，或者在市场或股价急剧上扬时感受到贪婪的磁力，你就知道自己没有足够的知识来指导下一步的行动。可以利用知识、纪律和其他七步走法则来抵制情绪驱动的时机选择。

过去20年来，人们开发并完善了用于判断天气变化或股市走向变化的计算机和先进软件程序。但是，计算机软件无法精确考虑影响天气变化或市场变化的所有相关因素。

收益和基本面影响股票价值

几十年来，我观察到两种市场时机选择。一种是通过分析或有条不紊地使用系统来确定整个股票市场何时会改变方向，或在一个方向发生重大变动。从理论上讲，它与情绪无关，而是与某种可持续应用于投资组合或其他资产池的系统有关。系统可以涉及数学模型、技术图表或其他看似复杂的方法，但它们并不比用超级计算机做出的每周天气预报更有效。

另一种市场时机则是在考虑了从研究和媒体中获得的有关股票和市场的所有信息后做出的判断。情绪可能是驱动因素，也可能不是，但无论如何，这种时机都有很大的偶然性。

本书不会引用所有的学术和专业研究，但我确实阅读了学术界的成果和有关我们业务的最佳书籍，我也确实与其他理财经理讨论了这些事情。虽然我与同事在关于股票影响财富积累问题上或任何我所涉及的领域上存在分歧，但是，我仍会在本书中讨论这些最好的选股人认可的有价值的观点，因为我写本书的目的就是帮助人们成为最好的投资者。我的同事以及我尊敬的人中，没有人相信有哪种方法可以对市场时机进行判断。每个人都知道在七步走法则中坚持风险控制的重要性，这些风险控制可以让许多投资者避免在市场下跌时受到的情绪牵引，这种情绪往往会使他们放弃那些本可以让他们致富的股票。

利率变动、企业收益增长率的加速或减速、股票相对于债券的股息率变化以及其他一些重要的基本面因素确实会影响股票的估值方式。这一点在主流学者或专业投资者中已达成共识。

利率上升会降低股票价值，而企业收益的快速增长则会提高股票价值，因为预期收益水平和增长率都会提高。通常情况下，对产品和服务需求的增长会加快企业收益的增长速度。但这只发生在经济增长较快的时候，而经济增长通常会导致利率上升。因此，估值时我们要考虑两种相反的因素。

当然还需要考虑许多其他因素，包括美国货币相对于其他国家货币的走势、资金是否从其他国家流出或流入美国金融市场，以及这种情况会持续多久等等诸多经济因素。这些因素综合起来影响着企业未来的收益走势。而要准确预测利率和收益也并非总是可行的。

我提到过市场心理吗？包括沃伦·巴菲特在内的投资专家都说过，市场可能脱离基本面长达一年甚至更长的时间。因此，把握市场时机是一种赌博行为。了解自己熟悉的股票，并对其进行合理准确的估值，将投资期延长至数年，这样反而更容易做到。

如今，影响市场的新闻和事件发生得越来越频繁，可能会让你频繁地买卖（以令人眼花缭乱和适得其反的速度）一些公司的股票，而这些公司正是你希望进行长期投资和获取财富所需要的。七步走法则可以让你避免陷入这种自毁前程的行为。

市场上有无数小规模但有冲击力的波动，更不用说出现的许多修正和周期性熊市了。似乎每隔几年，市场就会发生一些重大事件，如1983年的科技繁荣与萧条，1987年的股灾，1990年经济放缓导致的大幅下跌，以及当年晚些时候消费者信心下滑导致的实际衰退（尽管那只是1990—1991年的衰退——1991年1月美国攻打伊拉克后不久，市场变得强劲，大幅上扬），1992年纳斯达克指数的调整，1994年对通货膨胀和紧缩政策的担忧，1997年的亚洲金融危机，1998年更多的全球性问题，2000年巨大泡沫的破灭，2001年9月11日的恐怖袭击，以及2003年入侵伊拉克和2004年总统大选公布结果之后的大涨。在这期间，出现了许多短暂而剧烈的波动，这些值得那些对时机选择感兴趣的人好好思考。

仅上述事件就已经包含了多起多发事件。在每一起事件中——例如1987年的股灾，利用知识和纪律，而不是被原始情绪和"时机"所驱使，才是投资成功的关键。

多年来，市场平均价格和个股价格的波动性不降反升，因此出现了更多的大幅波动和更多的反转。造成这种情况的因素有很多，其中一些因素是股票交易数字化、大型机构投资组合规模大幅增大、激进的对冲基金激增，以及在全球化市场中正确解读繁杂信息这一任务的复杂化。

有趣的是，熊市中股票市场平均指数每天上涨3％和5％的情况通常多于牛市。市场走势的基本性质和影响这些走势的心理，再加上复杂的金融变量，使得试图判断市场短期方向的过程成为一个非常棘手的随机游戏，而且可能会付出惨痛的代价。

避免判断市场时机才是最优解

一旦你开始练习使用买卖纪律，并且你发现它们给你提供了一个重点、一个指南针和一个框架，使你的投资生活变得如此简单时，你就会发现它们的许多实际应用。但请记住，它们并非没有例外，因为公式和僵化的规则并不是最佳的投资方式。相反，它们是每个人都需要的，即纪律。

如果没有令人信服的理由（比如你的知识积累让你洞见到影响未来的积极信号），那么买入远远高于其自身历史估值的股票就是不妥的。当市场估值过高时，自然很难找到价格合理的好股票，卖出的股票也可能找不到替代品。因此，七步走法则中的两个步骤——纪律和耐心——就会在这个时候发挥作用，帮助你保持专注。

反之亦然。出于恐惧或凭感觉认为市场会继续下跌而卖出，可能会导致你抛出能让你致富的股票。这是无数投资者实战所得的经验。再一次强调，请依据估值判断！

我要提醒你，很多公司的价值确实被低估了，而且有很好的买点——即使公司不完全符合优秀的 BASM 标准，你也可以赚到一些钱。我并不反对买入它们，而且我的共同基金也经常买入它们。像许多关注风险的基金一样，我们的任务是保持投资分散。即使我无法一次性找到并同时买入 100 家卓越公司的股票，也通常持有 100 多只股票。但是，对于那些你希望能够保持卓越并使你致富的公司来说，良好的 BASM 是必要的。首先，将基本资金投入一些风险较低的共同基金，然后，剩余的资金就可以集中投资于可以帮你致富的 BASM 股票。

在 1973—1974 年大熊市来临之前，大量卖出股票是一个好主意。当时，即便不试图预测市场也能感受到"漂亮 50"被一种狂热情绪推高了。它们不仅被严重高估，而且还影响了整个市场，导致大多数股票被严重高估。使用七步走法则可以让你避免被这些股票套牢。早些时候，你读到了 1987 年的股灾，看到一些人如何陷入困境，卖出本该买进的股票，反之亦然；但很明显，在此期间，买卖纪律加上知识优势发挥了很好的作用。最终，在第一次海湾战争和亚洲金融危机期间，我利用这些纪律克服了人性本能，并取得了巨大收益。当时投资者在市场上择时的行为十分猖獗，他们也为此付出了高昂的代价。

迪士尼或麦当劳等的股票在其业绩最辉煌的时期都曾出现暂时下跌，此时个人投资者纷纷抛售，而我的一些做足了功课的同事却买进更多股票。根据短期市场走势做决定，或者听信那些声称自己能够"读懂"股票图表并据此做出预测的专业人士（被称为技术分析师或市场技术分析师或股票图表分析师等）的话，都会导致你在应该持有股票的时候卖出股票。投资期、耐心、纪律，以及最重要的情绪是你需要坚持的几个步骤。例如，在我入行的第一个完整年度（1971 年），迪士尼的股价在几个月内下跌了大约 23%，当时那些通过卖出来应对的人，错过了该股走出调整、在 9 个月内翻一番并在 15 个月内上涨约 150% 的时机。

迪士尼是我众多重要学习经历中的第一课。这些经历帮助我更好地避免了那些我们常有的根据市场势头进行交易的冲动。1991 年，在第一次海湾战争爆发之初，市场价格急剧下跌，我看到了他人情绪化的抛售行为，也感受到了情绪化的诱惑。但我没有随波逐流，而是坚持自己的纪律，克制自己的情绪。

七步走法则的原则和纪律帮助我抓住了绝佳的机会。我以极具吸引力的价格买入了许多优秀的成长股。这为我的共同基金带来了巨大的股票利润，该基金（在美国同类基金中表现最佳）赢得了 1991 年理柏年度最佳基金奖。我为大都会人寿保险公司（MetLife）管理的年金基金也是如此。

牛市或熊市

不同人均可合理地给出引发熊市的因素，或分析那些导致下跌时间长、跌幅大或两者兼而有之的股市环境，但我所见过的优秀投资者只关注五个因素，我也是这样。造成熊市的这些因素可以单独或以组合方式出现，从而导致价格下跌。

市场习惯于提前预估事件的好坏。这就解释了为什么一家公司的股票会在其收益公布之前大涨，或者为什么市场会在利率上升之前连续三周低迷。原因就在于预期。精明的投资者必须考虑到，对未来事件的反应可能已经反映在当前的价格中。我在第四章讨论估值和收益时更详细地讨论过这一点，但关键点在于：投资者必须开始注意股票价格在新闻发布和事件发生前后的变动模式。这既不难，也不耗时。你可以通过观察来了解这些模式是如何表现出来的，但你不会从一本书或一两个试图给你提供很多规则的章节中学到它们。多做练习，我保证你很快就能掌握。

导致熊市的五个可能因素是：

（1）持续高估。

（2）高利率或利率上升，或导致高利率或利率上升的通货膨胀。

（3）公司收益疲软（通常情况下，当人们意识到经济衰退时，通常已经出现了疲软的收益情况，并且如果高利率导致经济疲软，那么高利率已经存在一段时间了）。

（4）石油冲击。

（5）战争（但并不总是）。

在我看来，前三者尤为重要。在1973—1974年的可怕市场、1983年的科技繁荣与萧条、1987年的股灾等艰难时期，以及长期以来的许多其他情况下，忽视这些因素的人比重视它们的人遭受的损失要大得多。

特别要注意，在上述每个案例中，以及在2000年互联网和科技泡沫破灭时，导致崩盘的原因都是对个股估值的普遍漠视。每次崩盘都与这一因素有关。它们并非像蝗虫或飓风一样突然降临市场。

新闻报道中提到的美元下跌、贸易赤字上升、消费者信心减弱或联邦政府债务负担等因素，可能会让事情看起来更复杂一些，但这些因素可能都会反映在上述五个因素中。

当我在学校学习经济学时，和大多数人一样，我使用的是经济学家保罗·萨缪尔森所著的教科书，他本人于1970年获得诺贝尔经济学奖。多年前，他曾开玩笑说："华尔街指数预测了过去五次经济衰退中的九次。"这句调侃已成为华尔街许多专业人士的最爱。对于那些更关注市场指数整体走势而非单家公司及其收益的人来说，市场的大幅波动总像是在"告诉他们什么"，但实际上并非如此。

萨缪尔森表示，市场本身并不是许多人认为的预测工具。一些投资者认为，每一次下跌都意味着经济即将衰退，或者某种厄运即将来临。这种想法往往是错误的。这当然是一个关键因素，它可能决定某个人一年（或者很多年）的投资成败，正如我在本章中回顾1997年和1998年发生的事件时，你亲眼看到的。说到这里，我必须提到，除了许多剧烈的、也许是毫无意义的短期市场波动之外，长期的、持续的市场波动会影响人们的情绪和消费行为，然后成为一种自我实现的预言，影响经济的变化。所谓的财富效应是指，当你的房价或股票投资组合在你的眼中大幅升值时，你自然会消费更多（反之，你的支出会减少）。

我们不妨举几个股市暴跌和情绪化下跌的例子，看看过程中都发生了什么。自己找些案例，判断市场走势是预测了真实事件还是只是情绪的反映。判断哪些与切实的基本事件有关，并了解投资者的结果如何。（至于急剧或持续的情绪高涨案例，本章后半部分将专门讨论20世纪90年代末的科技泡沫，这是一场情绪化的股市狂欢。）

感情用事、随波逐流的投资者不知道自己要去哪儿，而使用BASM 和七步走法则的投资者明确知道未来的方向。

1997 年亚洲金融危机

人们不禁要问，除了管理决策、竞争环境、利率以及最终的收益和增长率之外，戴尔、雅虎、英特尔和沃尔玛股票（仅举几只被广泛持有的股票为例）的长期价值是否会对其他因素敏感。这个问题的关键在于长期，毕竟短期内什么事情都可能发生。

1997 年 1 月，韩国大型财阀韩宝钢铁（Hanbo Steel）负债 60亿美元而倒闭。2 月 7 日，泰国房地产开发商索姆帕松地产公司（Somprasong Land）成为泰国第一家无法偿还外债的公司。政府和公司的巨额债务为这些地区的巨大发展提供了资金支持，而现在这些负债问题逐渐变得不可忽视。来自马来西亚、韩国和日本的坏消息接二连三地传来。1997 年 5 月 23 日，拯救泰国最大的金融公司金融一号公司（Finance One）的行动失败了。传说中的多米诺骨牌效应开启了，但美国市场对此置若罔闻。

那年从夏季到初秋，债务问题蔓延到了更多的公司和地区，亚洲货币开始大幅贬值。美国股市继续上涨。进入 10 月下旬时，台币开始贬值，中国香港股市也遭受重创，此时美国股民终于做出了突然而又情绪化的反应。1997 年 10 月 27 日星期一，道琼斯工业平均指数创下有史以来最大单次跌幅，下跌 554.26 点，跌幅为 7.18%，跌至 7 161.15 点。纳斯达克指数暴跌 118 点，跌至1 532 点左右，跌幅与道琼斯工业平均指数大致相同。对很多股票的恐慌性抛售持续了好几天。

在 10 月中旬时，戴尔的股价还高于 100 美元，至下旬时已跌至 73 美元左右。尽管基本面没有发生变化，但忧心忡忡的投资者却突然使这家公司的股票价格降低了 27％。

大约 5 个月后，即来年 3 月，戴尔的股价快速从 73 美元左右反弹至 135 美元，在很短的时间内上涨了约 85％。在跌至 73 美元的 11 个月后，戴尔股票进行了两次拆分，股价变为 66.87 美元，相当于拆分前的 266 美元。也就是说，那些明智的投资者在低点买入或持有戴尔股票，在 11 个月内使自己的资金变为原来的 3.6 倍。

也是在这次恐慌中，仅 3 个交易日，雅虎股价从 53 美元跌至 38 美元，但到 3 月，雅虎股价又从 38 美元上涨了 130％，因此那些在低点买入的人在 5 个月内使自己的资金变为原来的 2.3 倍。经过 1997 年 10 月底那几天的恐慌之后，仅在 13 个月内投资者就使自己的资金变为原来的 11 倍。许多股票包括一些蓝筹股都出现了同样的情况，尽管在价格回落之前，蓝筹股总体表现最好，科技股表现最差。

情绪化抛售（把握市场时机）与知识化抛售之间存在巨大差别。七步走法则可以帮助投资者避免典型的从众行为。

那只蝴蝶

泰国货币泰铢的贬值，对亚洲金融危机算是蝴蝶效应中的那只蝴蝶吗？当时亚洲发生的任何破产或其他金融事件都是蝴蝶效应的一部分吗？

或许韩宝钢铁是那只蝴蝶，或许索姆帕松地产公司才是，更或者那只蝴蝶早在亚洲金融危机爆发前几年就出现了，那时亚洲各经济体已显示出过度借贷行为。

重点在于，在全球经济中，有许多事情是不为人知的。即使这些事情为人所知，人们也无法了解其全部影响，其难度不亚于试图了解博茨瓦纳的一头河马何时吼叫，或是一只猫头鹰环蝶何时起飞。

戴尔公司和雅虎公司的案例代表了在大多数市场环境中的无数事例，说明人们如何掉进选择时的陷阱，并抛弃那些能让他们赚大钱的卓越公司。每年，在市场下跌的过程中，我们都要对个股做出选择。

就我而言，我已经从一些新闻事件和市场反应的经验中学会了避免情绪化投资或在不知情的情况下行事。例如，在1990年经济衰退期间，我买入了一些很有潜力的股票。

1997年对我来说不是"典型"的一年。当时，我正在为新基金筹集资金，并向潜在的投资者阐述我们对环境的看法。我给很多公司打了电话，更重要的是，我一直在查看它们发布的公告和收益情况，并将其与这些公司年初甚至最近的预估销售额和业绩的预期进行比较。如果你只关注有关亚洲的新闻，你会觉得情况比预期的健康得多。不要仅凭报纸决定你毕生的积蓄，虽然这么说有些老套，但这是真理。

我说过，亚洲问题带来的不确定性为优秀股票创造了巨大机会。许多公司业绩良好，PEG比率也很吸引人。我们可以通过这一指标快速对公司进行横向和纵向分析。1997年底，我开始买进股票，因为根据我的买卖纪律，那些我热衷的股票展示出了买进信号而非卖出信号。

投资者对经济衰退或消费者支出减少的担忧都没有成为现实。这一次，世界还是没有走到尽头。正如我所观察到的那样，这次市场择时者的表现又非常糟糕，而选股人利用其他人的恐慌性抛售进行的投资最后的表现异常出色。

1998 年初，由于股票表现良好，我的持股仓位已满。那年夏天，尽管股票大幅回调，我仍全力投资那些符合我的投资纪律的股票。当时我并未察觉到，一个重大事件和一个更大的恐慌就在眼前。所有问题即将显露出来，而我并不知道。

1998 年的恐慌：全球金融危机

不到一年，即 1998 年 8 月和 9 月，美国股市遭遇了另一场由全球因素引发的恐慌，它由离华尔街数千英里之外的一件事引起。对大多数投资者来说，这件事的发生地点可能很遥远。这次的导火索在莫斯科，问题出在俄罗斯的债务和货币（卢布）上。

在我们的行业里流传着一个老故事，讲的是嬉皮士、牧师和世界上最聪明的投资者同时乘坐一架双引擎螺旋桨小飞机，到阿拉斯加偏远地区旅行。途中，飞行员宣布，一台发动机出现了机械故障，他不得不将其关闭，但另一台发动机一切正常。不久之后，飞行员又宣布油管出现问题，另一台发动机也无法继续工作，乘客必须在飞机坠毁前使用降落伞落地。

不幸的是，某个环节出了差错，三位乘客只有两把降落伞。他们惊恐地相互对视着，牧师脸色苍白、声音颤抖地说："在西部偏远地区，只有我能照顾我的教区，那里的许多家庭完全依赖我的帮助和指导。"投资者说："我是世界上最聪明的投资者。我不能就这样死去。"最后，嬉皮士说："我想活下去，我不想和这架飞机一起坠机。"

这位世界上最聪明的投资者没有再等下去。他迅速抓住其中一把降落伞，以一个敏捷的动作猛地打开舱门，一边跳下飞机，一边大喊："飞吧！"牧师满脸恐惧地看着嬉皮士，嬉皮士微笑着说："别害怕，牧师。我们还有两把降落伞。世界上最聪明的投资者刚刚背着我的背包跳下去了。"

我们投资界的许多人都喜欢开这个小玩笑，因为我们知道所谓的聪明人是多么容易自不量力。我们进一步认识到，投资成功并不是一场智商竞赛，在关注许多事情的同时，对预测未来的难度保持一定程度的谦虚至少是一种安全心态。

1994 年，几位"世界上最聪明的投资者"聚集在一起，成立了一家名为长期资本管理公司的投资公司，又称 LTCM。关于这家在金融界最初名声在外但最终臭名昭著的公司，已有很多报道，这里我简单介绍一下。

这家公司的创立者认为，那些认为市场行为随机、不可预测的人错得太离谱了。他们希望通过管理不同国家发行的债券并利用市场波动产生的价差（即价格和收益率的差异）获利。他们认为，当市场出现非理性行为时，他们有机会在短期内为自己赢得优势。他们坚信，根据他们建立的模型，市场总会回到"应该在的地方"。

连续三击，出局了

我前面说过，即便你一次、两次甚至多次成功预测了市场时机，但只要错一次，就足以抵销之前的所有收益。LTCM 的案例就证明了这一点，它的系统为人们带来了财富，连续四年获得极高收益，并对市场做出了很好的预测。但它最终赔光了所有钱，崩溃了。

LTCM 有两位诺贝尔奖得主、一位美联储前副主席（他在 LTCM 成立时辞去了美联储的职务）以及其他一些杰出的专业人士。这些人都是金融界的佼佼者，他们建立了一个自诩为不可战胜的系统，但一些事件阻断了他们的追富之路。

1998 年 8 月 17 日，一个令人震惊且难以预料的事件撼动了全球金融市场。俄罗斯货币卢布贬值，并宣布"暂停偿还债务"。这意味着俄罗斯可能会拖欠或无法偿还债务。事实上，135 亿美元的卢布债务瞬间违约。LTCM 的一些人认为，这些影响"一千年也不会发生"。但它们确实发生了。

LTCM 一直认为，当某个特定市场的流动性（由大量自愿的买家和卖家提供的在市场上买卖证券的能力）枯竭，大多数其他市场就会有足够的流动性，此时可执行各种策略。但它错了。

LTCM 的投资组合立即陷入困境。其债务规模（即投资组合杠杆率）如此巨大，以至于美国金融市场岌岌可危。LTCM 的交易和运营方式陷入瘫痪。关于 LTCM 可能撑不下去的传言在华尔街传开，这将进一步导致重大混乱和损失。LTCM 开始向其他公司求助，如乔治·索罗斯（George Soros）的对冲基金，但都没有成功。索罗斯通过自己的市场经验总结出的信念与 LTCM 的模式和信念背道而驰。正是他的信念帮助他积累了数十亿美元的个人财富。

索罗斯坚信，投资者无法预测市场——相反，投资者只能利用市场的变动，因为市场天生就是混乱的。

随着时间的推移，证据支持了"混乱"的观点，这是我很久以前就得出的结论。1998年发生的事件给我们带来了各种重要的教训，而对"混乱"观点的支持是最重要的。

1998年初，收益看起来很强劲，市场也很坚挺。但是，当市场出现正常调整时，有关市场过热以及亚洲问题的头条新闻加剧了人们的恐惧。

当年8月，有关市场整体健康状况和熊市（大幅下跌）可能性的问题频频见诸报端。更多的人开始卖出股票。随后，一位著名的股票图表分析师（技术分析师）在电视上说，我们无疑要进入熊市了。随即，市场在一天之内暴跌了100点，据说公众赎回（出售）共同基金的数量也变得很大。市场本身的行为造成了一种不良心理，从而导致了更大的疲软。这是第二重打击。

我也是人，也会感到紧张，但我的纪律和研究表明一切都没问题。因此，我并没有卖出。

第三重打击接踵而至。"重击"被定义为："一种强大的力量或攻击，特别指致命一击。"这就是8月17日俄罗斯货币贬值和违约时的情况。这不仅仅是一个事件，更是一个导火索。至此，随着市场下跌，年初的大部分强劲涨幅已荡然无存。随着俄罗斯的事件波及全球所有市场，投资者开始急速转向安全资产。此时，我们受到股价快速下跌所带来的金融和情绪影响，而且这一切将何去何从也变得更加扑朔迷离，压力与日俱增。

即使有时我在空调屋里办公，在笔记簿上计算公司的销售额和收益情况，我也会感到全身发热、额头冒汗、掌心潮湿，但我不想向我的情绪屈服。

8月27日，道琼斯工业平均指数下跌357点，当时创下了有史以来第三大跌幅（截至2006年，这一跌幅排在2000—2002年市场情况之后，位列第12位）。

夏末时，《金钱》杂志想写一篇关于我所管理基金的文章，介绍我的基金为何长期表现如此出色，以及我在基金中持有哪些资产。我本可以拒绝采访，或者推脱下次进行，但我觉得，如果公众只关注看跌的新闻报道，而不去关注股票和了解自己持有的股票，可能会对自己造成更多伤害。每当我接受媒体采访时，无论是报刊、电视台还是广播台，我都只说真实的、对公众有帮助的话。我从不把这种场合作为宣传我的基金的机会。通过这一次的采访，我看到一次挽救公众的机会。我也对自己的投资有足够的信心。

我接受了《金钱》杂志的采访。我谈得最多的是消费类股票，其中最大的领域是专卖零售业，我拥有多家不同公司的股票，包括添柏岚（Timberland）、男人衣仓（Men's Wearhouse）、普罗菲特百货连锁店（Proffitt's）和家庭美元店（Family Dollar Stores）等等。

那篇文章有这样一句评语："基金经理弗雷德·科布里克认为，低通胀和低失业率促使消费者打开钱包。"尽管亚洲的情况还是很糟糕，尽管晚间新闻中充斥着忧虑，但我的研究向我显示，消费者的消费环境仍然是健康的。

那年九月

危机在欧洲、拉丁美洲和亚洲市场蔓延。就连美林证券的股价也下跌了 50％。这是因为交易量的缩减和它所承受的巨大损失，尤其是在债券市场崩溃时的损失。LTCM 为寻求救援资金所做的努力对社会产生了影响。有关 LTCM 和市场危险的信息开始在华尔街流传。

1998 年的市场犹如过山车，给投资者带来了严峻的考验。6 月，道琼斯工业平均指数下跌约 600 点，掀起了一波恐惧综合症状，越来越多的投资者感到困惑。从 7 月下旬开始，6 周内纳斯达克指数下跌 25％。此时，9 月的传言又导致不利局面进一步深化。

终　局

在没有任何新事件或原因的情况下，市场开始走好。对熊市而言，这只是一次典型的反弹，但情况仍然很糟糕。市场择时者退出了市场，理由是关于 LTCM 的黑暗而神秘的传言、俄罗斯的麻烦、那些仍在恶化的连锁反应等。

我持有或正在买入的股票开始活跃起来。健赞公司（Genzyme）是一家生物技术公司，其股价曾从 31 美元跌至 25 美元。随后，它稳步上升，全年收于 49 美元。收益增长强劲的折扣零售商开市客（Costco）股价从 60 多美元跌至 45 美元左右，这让我的心沉了下去，但我有信心。当开市客股价反转时，它的涨幅达到了 60％，全年收于 72 美元，这真是令人惊喜。

我在《金钱》杂志上向公众提到的股票都是很好的股票。

我最喜欢的一些科技公司如何了呢？戴尔公司经历了暴跌，随后股价回升并大幅上涨。雅虎公司 7 月初的股价接近 200 美元，最低跌至 104 美元。但到了 12 月 31 日，它又涨到了 475 美元。蓝筹股和其他股票的持有者大幅获利。贪婪貌似在短时间内再次取代了恐惧。

我的基金如何了呢？汗水和研究都是值得的。《今日美国》多次将我的基金评为25只全明星基金之一。《今日美国》指出："全明星基金旨在衡量长期核心持股表现，但前提是基金的业绩必须稳定。"

当我的基金被选入1998年的25只全明星基金之一时，我的基金已连续15年进入全国共同基金前五名。自然年和全明星基金财政年度的结果基本相同。《今日美国》的最终报告和排名指出，在截至2月18日的过去12个月中，全明星基金平均上涨了11%，而股票共同基金平均上涨了5.9%。科布里克资本的涨幅为46.4%。在《今日美国》的排名中，我的基金远远超过了市场和竞争对手，在2月财政年度结束时，我的基金的业绩几乎达到了50%。我的基金轻松夺得了《今日美国》1998年度全明星基金第一名。

蝴蝶效应与七步走法则

总会发生蝴蝶效应，我们可能知情也可能不知情。当我们进行了解时，全球经济的复杂性致使我们不可能很好地理解这些事件的影响和连锁反应，把握不住市场时机，也做不到在事件迅速发展时卖出或买进所有股票，最终我们得到的只有一系列新闻。

许多人认为他们可以把握市场时机，依据情绪或是他们认为自己在书中学到的内容判断。但历史表明，把握市场时机根本行不通，大多数情况下他们会损失惨重。事实上，在我所认识和尊敬的最伟大的投资组合经理中，没有一个是通过试图把握市场时机而创造他们的长期投资记录的。

杰克·博格，这位创立了先锋集团（Vanguard Group）共同基金的超凡大师，一再告诉投资者不要试图把握市场时机，一些备受推崇的书籍和许多顶级投资专家也是如此。正如博格所指出的，即使是专业人士管理的共同基金，在市场下跌的底部也持有更多现金，而在顶部则没有持有现金。

了解自己持有的股票。

如果你认为你持有的股票可以让你的资金翻5倍或10倍，或者甚至是一些真正的好机会，可以发展成思科、沃尔玛或其他能让你的资金收益超过100倍的股票，你还会把握市场时机吗？以下是导致投资者情绪化把握市场时机的关键因素：

（1）对自己持有的股票缺乏信心。动荡的市场将考验你。

（2）投资资金很快用在其他重要的事情上。

（3）有点贪婪，承担的风险超过了自身财务状况或自身所能承受的范围。

（4）缺乏耐心。投资期短，而未能长达几年。

（5）赌博心态，或相信自己能把握市场时机。

与此同时，无数的个人和公司向投资者出售服务，据说这些服务在把握市场时机方面确实有效。其中一些包含技术分析师的工具、股票价格图表和市场均线等。

技术分析师

明智的投资者知道，图表分析并不能取代七步走法则和其他调查工作。一些专业人士知道如何与极少数真正做得好的技术分析师合作，并通过研究图表来辅助判断股票的好坏。对于我所认识的那些杰出投资者来说，这只是一种辅助手段。对于那些误入歧途、相信"图表无所不知"而忽视专业人士所做工作重要性的人来说，这就是祸端。"图表无所不知"这句话我听过无数次，但我一个字都不相信。在我刚刚描述的俄罗斯货币贬值和 LTCM 事件发生的那个夏天，我记得有一位比较专业、著名的股票图表分析师在电视上宣称市场即将进入熊市。那些听从了这个建议的人错过了获得巨额投资收益的机会。

一篇报道在谈到这位股票图表分析师（在华尔街，我们称之为"图表大师"）的观点时称："他的分析在很大程度上依赖于对不断变化的市场均线趋势的玄妙比较。许多专业的投资组合经理表示，这种所谓的技术分析的变化是无常的，所提供的洞察力如同残渣一样。"

我想起在我从业初期，我曾引用一位技术分析师（当时我还不懂）的观点，对此华尔街的一位战略家对我说："如果你还相信这些技术分析师的话，下一次我看到你时，你应该正在某个街角处当流浪汉。"

我使用图表来观察股票的收益趋势，因为一些好图表，如证券研究公司的图表，在显示股价的同时，还附有季度收益图表。这是一个很好用的基本面工具，因为通过比较可以直观地看到估值何时变得更贵或更便宜。但我并不是在进行市场择时，也不是用图表来告诉我投资什么。拒绝"残渣"，购买卓越的股票并遵守纪律，你就会获得极为出色的结果。

泡沫困境

泡沫和熊市是两件截然不同的事情。投资者在使用七步走法则和 BASM 时，确实需要了解两者的区别。就像使用其他工具包一样，你需要了解在什么时候使用哪种工具，而不是在需要螺丝刀的时候使用锤子。不过，一旦你看到了直接的区别，你就会知道该怎么做。如果你使用本书中概述的方法，你会发现这很简单。一个人在熊市中买入，在泡沫中卖出。你已经了解到我在市场不好的时候买入并赚了很多钱的经历。这种方法避免了市场择时的误区，并利用你所拥有或想要拥有的知识，最大限度地发挥优势。泡沫源于狂热，此时的情绪和观念压倒了"真相"，估值严重偏离实际情况。如果你意识到泡沫的存在，最好的办法就是逃跑卖出。

有些人不明白，为什么纳斯达克指数 2000 年后的多年来一直比 2000 年的高点低约 3 000 点。他们想知道为什么在 2000 年的泡沫中亏损的钱很难赚回来。他们认为泡沫就像熊市一样，而没有意识到泡沫可以巨大到令人难以置信，且必须加以解决的地步。但最重要的区别在于起因。

熊市主要是由基本面问题造成的。本章前面列出了熊市的五大因素。熊市自行其道，而糟糕的市场也是如此，然后又会恢复正常。你在熊市中买入股票，因为你能以低价买到股票；然后股价回升，你就能赚更多钱。泡沫不是由基本面事件造成的，是投资者自己制造了泡沫。投资者会相信一些不真实或不合理的事情，从而在股票、行业或整个市场中制造狂热。如果这种狂热持续一段时间，泡沫就会产生，并不断扩大，直到其固有的不稳定性导致泡沫破裂。

泡沫与熊市之间的一个有趣的区别是：在熊市中，多头和空头都很多；而在泡沫时，少数空头淹没于铺天盖地的多头中。互联网就是如此，因为狂热通常是由于人们相信某种新奇的东西，尽管这种相信无法得到证实。

人们对势头和金钱的喜爱是很自然的，但如果投资者没有辨别能力和泡沫意识，那么他们就不是在赚大钱，而是在走相反的方向。

在熊市中，我们要遵守买卖纪律，并在价格和基本面适合买入时买入。这就是七步走法则。

市场泡沫偶有发生，也许一生中仅有一次，而个股泡沫更为常见。所有泡沫都有一些相似之处，涉及观念、情绪和缺乏准确信息等，它们结合起来给投资者设下陷阱。

2000年3月6日是艾伦·格林斯潘（Alan Greenspan）的74岁生日，我有幸参加了这次的小组聚会，与格林斯潘、拉里·萨默斯（Larry Summers）、阿瑟·莱维特（Arthur Levitt，美国证券交易委员会主席）、郭士纳以及其他一些经营互联网和通信公司的高管会面，这些公司是新经济不可或缺的一部分。当日，世界通信公司董事长伯尼·埃贝斯（Bernie Ebbers）也在。这次可谓是鹰派聚会，一起共同探讨新经济的真正含义以及发展方向。我很高兴能收到邀请，并期待着他们中许多人的发言。

莱维特谈到了监管环境和个人投资者的需求。虽然他为投资者对新经济如此兴奋以至于完全无视风险而感到不安，但他从未质疑新经济将继续存在的观点。拉里·萨默斯和艾伦·格林斯潘以及许多高级管理人员对生产力的提高、技术的发展、资本市场的繁荣和新技术的巨大进步赞不绝口，并认为这对我们的未来意义重大。

聚会 4 天后，即 3 月 10 日，泡沫破裂了，游戏结束了。一切都变了。

但是我当时不会，即使是现在也不会责怪格林斯潘、萨默斯或郭士纳，甚至那些互联网公司的首席执行官们。

当时，这一切看似非常真实，而过去我们的政府高层人士也向我们证明了其拥有最有价值、最值得信赖的来源：消费者和企业产生的真实经济数据，以及经营这些企业的高管们所能提供的最佳信息。我们看到同样的事情，并且也都相信了。

> 浊而静之徐清。
>
> ——老子

从这次泡沫中吸取的教训非常重要，原因有三。首先，在我们的投资生涯中，不太可能再遇到这么大的股市泡沫了，基本上一生只能遇上一次大泡沫，但不能完全排除其他可能性。其次，市场的确存在很多小泡沫（我自己是这样定义小泡沫的，小于 1929 年和 2000 年的泡沫），其中包括 20 世纪 60 年代末到 1973 年初由蓝筹股（漂亮 50）狂热引起的泡沫，1983 年技术股的中度泡沫，以及 1987 年股市崩盘前的市场估值过高泡沫。最后，也是最重要的一点，个股经常出现泡沫。

在过去的几年里，我们经常听到"泡沫"和"狂热"这两个词，人们在谈论房地产以及外国金融工具时，认为可能出现泡沫。

像泡泡糖或肥皂泡一样的气泡有各种不同的大小，但它们都有一个共同点：它们都会破裂。泡沫是不可持续的，因为它们没有足够的基础来支撑自己。许多泡沫都是由狂热发展而来的。狂热只是一种感性多于具体或理性的东西，因此可以认为它是一种非理性。

价格膨胀可能只有一个非理性因素，也可能是两个或更多因素共同作用的结果。非理性本身在一开始并不容易被察觉，因为如果它显而易见，就不会有泡沫。泡沫的起因始于令人兴奋的信念，但大众并不知道自己不知道什么，因为他们的知识是不完整的，或者原本就是错误的。

当新的事物出现，并且似乎具有无限的潜力和某种神秘感时，对我来说，这就是"大事件"。这种情况在历史上发生过很多次，比如电力首次进入家庭，或者运河、铁路和无线电的出现等等。它甚至可以是 KK 甜甜圈——并不是那么神秘或科技化的事物，而是由感知、欲望和情绪驱动的。感知，而不是分析，把这只股票推到了荒谬的水平，然后泡沫就破灭了。

泡沫的教训永不过时，它不仅能帮助你应对大泡沫或个股泡沫，还能让你在几乎所有的投资中分辨出哪些信息是真实的，哪些是感知到的。请仔细领会。

泡沫有其神秘性。要解决这个问题，可以从七步走法则中的第一步知识入手，并将其与 BASM 相结合，因为在泡沫中，众人的信念很可能无法得到真实知识的支持。有了定义明确的 BASM，就可以更好地理解这一点。

投资界有相当多的人（但不是所有人）认为，人们对技术、通信和互联网股的需求是无限的，其潜力也是无限的——所有这些假设最终都被证明是错误的。然而，由于信息不正确、不完整，很多人都对互联网公司抱有这种想法。情绪暂时填补了信息错误与残缺的空白。七步走法则包含了控制情绪这一步。

非理性行为的另一个重要因素是大众被随意愚弄，因此一些泡沫要么伴随着欺诈或诈骗，要么建立在欺诈或诈骗之上。不过，我并非如此看待 2000 年的互联网泡沫，尽管它所营造的贪婪氛围确实让一些高管表现出了最坏的一面，而他们的行为也被证明属于犯罪行为。他们要么直接从公司偷窃，如泰科和阿德尔菲亚通信公司（Adelphia Communications）的高管所为，要么从事会计和财务欺诈，世界通信公司董事长伯尼·埃贝斯正是其中之一，他也因此于 2005 年 3 月被判有罪。

我个人认为，2000 年有三个泡沫破灭，它们彼此相关。第一个泡沫最明显，即股市泡沫，其中包括互联网股、电信股和其他各种科技股的泡沫。对这些股票的狂热情绪致使大多数股票估值过高。

第二个泡沫是企业在电信建设方面的资本支出泡沫。电信建设的目的是容纳所有新通信，为大多数企业和用户提供宽带接入，并处理互联网的所有新用途。同理，导致科技股飙升的信念也推动了电信企业的资本支出，毕竟各种有关技术潜力的新信息看似正在酝酿着巨大的机遇。最终，互联网的确被证明是一股变革的力量（就像 19 世纪欧洲和美国的铁路一样），也改变了许多人的商业和生活方式。

因此，并不是说所有造成狂热的东西都是虚假的，但事实只会加剧人们的混乱。

第三个泡沫是美国的整体经济。当时它的最高增长率是长期平均实际增长率的两倍多。正是前两个泡沫导致了这种情况，因此当股价下跌时，低迷的股价和人们的恐惧导致消费者和企业减少支出。其中，电信业的支出损失惨重，电信业在当

时的整个经济中所占的比重非常大，因此造成的影响也最
严重。

历史会指引我们吗

实际上，泡沫出现已有千年之久。罗马经济中出现了大量投
机活动，其中包括放贷和资本主义的其他方面。最有名的狂热和
泡沫之一是 17 世纪 30 年代初荷兰的郁金香泡沫。当时人们坚信收
藏家们所珍视的普通郁金香球茎价值只会越来越高。这仿如一种
病毒，它随机地使一种品系的球茎发生了变化，并变得更有价值，
从而为这一游戏引入了一种带有赌博或投机成分的未知因素。球
茎的价格随着人们的竞价而上涨，一个球茎的价格可能远远超过
一栋昂贵的城市别墅。自然而然地，有一天，市场变得有些疲软，
谣言四起，说没有更多的买家了，于是市场崩溃了。

你可以说这就是疯狂，但这是一个很好的教训，告诉我们人
类的情绪和错误信息如何结合在一起，误导和愚弄人们（包括老
练的人），并形成一股强大的力量。

在英国和美国，围绕铁路和运河的建设也都出现过狂热，因
为这些发展带来了生产力和经济优势的飞跃。这一现象持续了很
长时间——实际上在英国持续了 20 年。人们太情绪化了，他们
的情绪让自己相信这种经济扩张会永远持续下去。这些狂热现象
终将崩溃。在英国，著名的铁路投资狂热导致了 1847 年的英国金
融危机。1897 年 10 月 17 日所在那周发生了很多事情，对伦敦而
言就是"恐怖的一周"。

有趣的是，英国的运河和铁路创造了真正的、巨大的经济扩

张，这反过来又创造了大量的财富，直到形势陷入狂热。因此，当股票价格开始回落时，人们（其中许多人还非常老练）真的相信这只是经济扩张中的暂时回落，而经济扩张将无限期地持续下去。那些在扩张中发财致富的人大部分都沉浸在狂热之中，无法区分现实和一厢情愿的想法，因此他们最终失去了全部或大部分财富。

对每个人来说，历史视角总是很有启发。它不是唯一的工具，但却是一个好的开端。如果我们退后一步，从本质看问题，历史一定会有所帮助。但是，如果我们得到了错误的信息，或者被欺诈或是被谎言误导，那么历史的作用就会大打折扣，我们需要在历史视角之外增加其他工具。

20世纪90年代，经济高速增长了10年，这本身就给人们带来了极大的信心。当时人们普遍认为，只要联邦预算赤字消除，提升生产率以及减少个人和公司债务，经济就能持续增长。很多经济学家，包括政府部门，都非常乐观。

计算机、生物技术与互联网

实际上，早在1990年上市之前，思科公司就通过互联网向相关客户销售路由器和交换机。当时的互联网虽然生机勃勃，但还没有形成今天的规模——还没有开发出真正的公众用途。1995年，网景公司（Netscape）开发出了浏览器。投资者、投资银行家和风险资本家都预见到一个现实，即未来人人都能使用浏览器。也就是说，通过为人们提供一种工具，使他们能够以简单、实用的方式使用互联网，互联网变得似乎可以被数百万人以各种方式访问和使用。

美国的经济、社会和股票市场已经发生了各种革命，因此公众和专业投资者都非常乐于接受任何新的创造巨额财富的想法。当然，其中最突出的就是个人电脑，它所引发的硬件和软件革命甚至远远超出了当初乐观主义者的设想。生物技术也出现了同样的情况，尤其是在股票市场上，许多生物技术股票的发行远远超出了人们的预期。这些技术的发展为"完美风暴"的到来提供了条件。

生物技术和计算机的发展激起了人们的热情，微软和戴尔等公司的业绩令人惊叹，还有数不胜数的技术成功案例，因此，一家公司推出看似神奇的产品的时机已经成熟。浏览器是直观的。它让任何人在任何地方都可以通过互联网查找到信息。它既是指南针，又是导航仪，并且还有更多用途。

当网景上市时，它只有几个季度的运营经验，尚未盈利，但是它的股价不仅一路飙升，还为其他追随者铺平了道路。一些人应该记得，早期的思科没有销售团队，通过互联网销售，季度收益的增长高达 60％。那时，互联网仍是一片蓝海，等待大批用户涌入。

我实地考察了所有互联网上市公司——包括网景、雅虎、网络全球公司（Theglobe. com）、亚马逊、eBay、CMGI 和 Lycos 等行业领头羊，以及 drkoop. com、Webvan 等小公司，当然还有因扩张业务而加入互联网阵营的玛莎·斯图尔特生活全媒体有限公司。虽然有很多跟风的公司，但似乎所有这些公司都有无限上升空间。通过拜访这些有趣的公司，我不仅认识了它们，而且逐渐了解到互联网可能发展成什么模样。我从所有高层管理者那里获取和吸收了大量信息，这些信息涵盖了技术知识、商业理念和新市场机遇。

我记得，亚马逊公司的首任首席财务官乔伊·科维（Joy Covey）早期在一家科技公司工作，那时我们就认识了。当亚马逊的一行人乘电梯来到我的办公室时，她告诉一同前来的亚马逊创始人杰夫·贝佐斯，这将会是他在波士顿参加的最棒的会议。不管事实是否如此，我很高兴人们称赞我与企业管理者会面的技巧。杰夫、乔伊和我的这次会面非常愉快。在这次会面中，我学到了很多东西，这次会面给我留下了深刻印象。这些年来，每次与杰夫会面，我都印象深刻。几年后，我和他一起坐在爱达荷州太阳谷的一棵树下，我们一起讨论他当时的商业计划是否可行。他既有开放的心态，又有坚定的信念——这是他的优势特征。

每家公司都憧憬着这一新市场机遇的到来，并相信市场增长空间巨大且潜力无限。这些公司的商业模式还没有经过时间的检验，因此我们无法知晓这些公司能否抓住好的投资机会，成长为潜在的卓越公司。如今我们知道，其中一些公司成了卓越公司，如 eBay 和亚马逊等。

我们的投资方式

经过几十年，我学到了投资新公司的最佳方式。在早期的生物技术领域，我的投资表现特别亮眼。实际上，无论投资的是康柏、太阳计算机、微软、戴尔等科技公司，还是零售商、餐馆或媒体公司，投资方法都是一样的。我学得越多，就越是借用 BASM 进行分析。你可以像我一样，通过 BASM 避免投资那些徒有其表的新概念或新产品，而是学会如何将概念、想法和产品融入你对整体行业和公司如何取得成功的理解中。

　　我认识的大多数专家和经验丰富的投资组合经理，也就是那些有良好投资记录的人，都明白最好的投资方式是：只要这些新公司在管理、商业模式、愿景和战略等方面符合我们的标准，就可以把所有感兴趣公司的股票都买一点，参与到市场中，并履行对基金股东或客户的责任。接下来，仔细观察这些公司的具体表现，观察它们如何发展以及如何应对来自竞争或客户需求变化的新挑战。

　　一切变化都以光速进行。股价一路飙升，在互联网公司的终极市场明朗之前，许多小公司的市值已达到数十亿美元。很多股票的价格飙升至 100 美元、200 美元甚至 300 美元以上〔亚马逊公司的股价在分析师亨利·布洛杰特（Henry Blodget）的推荐下涨至 400 美元〕。然而，其中大多数公司最终轰然倒塌，要么破产，要么股票跌至极低的价格，甚至一些股票的价格只能以美分计价。无论是涉及的资金规模，还是变化的速度，这些公司的情况都超过了金融史上的任何时期。

　　一些以价值为导向的投资者通常不看好高增长股和科技股，他们对这种快速发展、看似很高的估值以及新经济股的高预期持严肃保留意见。

　　然而，对于曾投资初创企业而获利的成功者而言，这些估值只是"看似"很高，因为我们明白：新公司的估值取决于它们的未来，而不是没有盈利的早期。

　　首先做出估算，然后根据不确定性或风险做出调整，这就是我们公司所做的工作。因此，当安进（Amgen）、健赞等公司上市时，我们理所当然地通过这些股票获得了巨大收益。如今，大多数优秀的生物技术公司（上市时被许多人视为"不入流"的公司）都已成长为成功的企业，甚至一些人将其股票视为蓝筹股。安进不仅成为最成功的生物技术公司，而且与任何行业的公司相比都表现出色。2004 年，安进实现 104 亿美元收入、31.48 亿美元利润。

在互联网公司中，eBay 在 2004 年的收入达到了 32.7 亿美元，利润达 7.782 亿美元。雅虎 2004 年的收入为 35.7 亿美元，利润为 8.395 亿美元。

有两点值得注意。首先，成功的互联网公司创造了巨大的收入和利润，其速度超过了生物技术公司，可能也超过了之前的任何其他行业，而失败者则破产——这正是过去其他任何新兴行业所发生的事情。雅虎、eBay 等公司的收入曾以每年 50%～60%的速度增长，之后的利润增速也有加快。

其次，这两家公司是公司管理的典范，它们的财务报告清晰明了，投资者可以一目了然地了解到公司的所有进展。公司的邮件和网站也都非常出色。

那么，既然互联网运行得如此之好，接下来又发生了什么呢？

当时有很多错误的信息在流传，股票市场以及电信和互联网公司之间的竞争瞬息万变，以至于当真相开始浮出水面时，一切都已经结束了。股票、经济和电信业的繁荣都已风光不再。

公司管理者做了许多翔实的陈述，华尔街和机构投资者将其奉为真理，投资界开始将这股由互联网推动的科技热潮视为类似于生物技术甚至电力或铁路行业的新盛况。公司管理者几乎都非常诚实，他们相信自己向华尔街传达的信息正确无误。但是，他们提供的信息存在错误，他们自己也深受其害。此外，他们也被那些不熟悉该领域的经济学家误导了。

许多备受推崇的技术大师都对未来充满了美好的憧憬，甚至比尔·盖茨也在1996年出版的《未来之路》一书中指出，互联网和其他新技术对社会的影响与印刷术不相上下。

从一方面来讲，比尔·盖茨并没有预测任何与股市有关的事情，他只是在思考未来的整体动向，这些可能会成为现实。但从另一方面来讲，他没有说明具体需要多长时间，我肯定他也没有预料到人们会变得如此狂热。当微软上市时，我第一次与盖茨会面，那时我就意识到他是一位极具预见性和创造性的思想家，他所说的话值得我们认真思考。当时，在公众眼中，盖茨主要是一位世界级的技术大师，许多人以最乐观的方式对他的观点进行诠释。

2000年第34届超级碗被称为"泡沫碗"，因为很多广告商都来自网络公司，其中很多后来都破产了。宠物网（Pets.com）为拍一支广告花费高达260万美元，还有其他一些昙花一现的明星公司，如 Computer.com、LifeMinder.com、Epidemic.com 和 OurBeginning.com（我从未持有过其中任何一家公司的股份，因为我搞不清楚这些公司的名称，也没有见过它们的经理）。这些公司在短暂的巅峰时期大肆挥霍资金做广告，而此时距离末日的来临只剩两个月。这些广告反过来又助长了人们的狂热情绪。

皇帝的新衣：错误信息和弥天大谎

除了炒作、广告和媒体的欢呼声，还有三个因素分别或共同作用，创造了泡沫。

第一，弥天大谎。

世界通信公司告诉所有客户，包括潜在的以及全世界的客户，互联网流量每100天增长1倍。这种规模在任何商业或技术领域都是前所未见的。在投资者和客户的心目中，世界通信公司是一家极具成长性的公司，而且信誉卓著。如果一家公司的规模每100天增长1倍，那么在约两年的时间里，它的规模将是现在的8倍左右——这几乎是一个天文数字般的增长速度。这也意味着，即使是最乐观的预期也跟不上公司的发展速度。有鉴于此，一家互联网公司要想取得成功，只需在如此巨大的市场中抢占一小部分份额，并快速发展壮大就可以了。

不仅是世界通信公司，美国商务部也告诉公众，互联网流量正在以惊人的速度增长，因此这"肯定"是真的。商务部撰写了一份报告，其中指出，互联网流量每100天就会增长1倍。美国政府对这一增长预测和基本商业实力的衡量标准盖上了"有效印章"。

商务部只是通过世界通信公司了解到这些数字，并使用了它，之后却没有再往下深究！直到泡沫破灭后，人们才知道——这些数字都是凭空捏造的。

但在当时的狂躁气氛中，"百日翻倍"刺激到了投资银行家们。在他们看来，每一家新公司都孕育着巨大的商机。在那个时期，初创公司如雨后春笋般涌现，它们没有可靠的商业计划就创立了，上市后开始向公众出售它们的股票。后来，投资银行家们像我们一样发现，虽然快速发展并获得先发优势是件好事，但如果商业计划不扎实，那就毫无意义。

世界通信公司为什么要这么做？该公司认为，这将给潜在客户留下深刻印象，让他们知道谁才是王者。这样，该公司就能占据最大的市场份额。世界通信公司为了成为第一，不惜一切代价，以至于捏造数据。这不仅使互联网行业公司误判了未来市场的规模，导致扩张速度过快，而且还影响了电信行业公司。电信行业公司不甘心让世界通信公司独占鳌头，于是一些大公司决定扩张，告诉投资者它们将建立一个庞大的宽带光纤网络，为客户提供最好的服务。

互联网公司也超前开支，拼命扩张，它们向分析师展示了它们的计划——基于错误"知识"的计划，这使局势变得更加疯狂。

但是，他们都相信了，我们也都相信了。

也许这就足够了，但还有另外两个因素促使泡沫膨胀。

来自传统可靠来源（如商务部）的可靠信息，与企业告诉政府和公众的信息相结合，最终都被证明具有可怕的误导性。华尔街分析师提供了其他误导性信息。所有这些消息来源都是可靠的，但又都是错误信息的受害者，而受害者又反过来传播错误信息。财政部长拉里·萨默斯和美联储主席艾伦·格林斯潘也未能免遭这种信息的感染。萨默斯、格林斯潘与那些私营部门的绝大多数高管一样，尽职尽责，诚信行事。几乎每个人都相信这些神奇的故事。这就是 19 世纪哲学家威廉·詹姆斯（William James）所说的"相信的意愿"。人们只是想相信好消息。

第二，疯狂的电信支出。

在一切结束、真相大白之后，拉里·萨默斯在午餐时向我解释了我所谓的第二个因素。他说，那是一场令人难以置信的"电信支出狂潮"。

只要给拉里·萨默斯提供真相和信息，他就能比其他人更好地找出问题的症结所在。每当我和他谈论生态学或商业时，我都会感慨他的头脑真了不起，他是多么出色的一位导师。泡沫破灭后，在纽约的一次午餐会上，拉里向包括我在内的三个人讲述了泡沫破灭的过程和原因。在他想解释电信公司的支出如何增长到远远超出需求（在很大程度上是为了创造远远超出需求的网络容量）时，他环视一圈说："让我们设想一下，我们都想要这 1 美元，从 5 美分开始竞标。"于是，我们开始竞标，价格慢慢上升到大约 70 美分。

拉里继续说："竞标价格象征着电信公司为完成建设、为未来提供可用容量以及为客户提供足够的服务所花费的资金。每家电信公司都希望客户对其资本支出、现在及未来的整体容量有足够的信心，以便锁定客户。"

"现在，随着竞标价格越来越高，电信公司逐渐意识到，无论它们在竞标中投入多少资金，如果输了就再也收不回来了。因此，它们得出结论，它们不能输，必须不惜一切代价。"拉里补充道。因此，电信公司的支出继续攀升。

最终，超额支出是如此巨大，以至于它们都输了。这就是所谓的老练商人陷入了与养鸡人完全相同的经济情景，养鸡人几乎总是在一个周期的末期，在高价格的诱导下过量生产，最终导致过剩。

第三，蓝领工人与挖掘机。

在与英特尔公司董事长安迪·格鲁夫的一次小组会议上，我了解到了第三个因素。安迪说，电信公司购买了很多我们都知道的元件来构建网络。其中包括康宁公司生产的长达数英里的光纤电缆、思科公司生产的大量交换机和路由器，以及捷迪讯光电

(JDS Uniphase) 公司生产的泵浦激光器。激光器将光分成不同的波长，然后通过光纤发送。当然还涉及其他技术产品，每家公司都有自己的供应商。例如，思科公司从 PMC 新瑞公司（PMC-Sierra）、应用微电路公司（AMCC）等购买了大量专用半导体。

但是，当电信公司清算扩展过程的经济效益时，粗略估计后发现这些技术采购费只占全部费用的 25%，剩下的 75% 都被挖掘电缆沟消耗了。当时劳动力稀缺，实际上是那些戴着棒球帽、操作挖掘机的工人消耗了大量开支。

因此，在一家公司挖了一条电缆沟后，再不想挖另一条，所以它在一条电缆沟里铺设的电缆是所需铺设的 10 或 12 倍（近似值）。当时用到的被称为"亮光纤"，而以备将来之需的被称为"暗光纤"。就这样，我们在地面上铺设了大量的光纤电缆，其长度可以从地球拉长至月球，再从月球拉回地球，来回 16 次左右，远远超出了市场的需求。

在我看来，安迪所表达的意思是，所有的分析师都忽略了这一经济现实，不了解电信业的扩建与本应达到的水平相比有多大差距，这对他们的工作能力来说是一个相当糟糕的证明。华尔街所有推荐的股票都是基于这些被夸大了的数据。

这三个因素相互促进，在投资者心中创造了巨大的市场机会，从而导致股价飙升。如果这些数据是真实的，也许我们就不会看到狂热。

是的，它们不是真的，那只是又一场狂热。

2000 年 3 月，股价开始下跌，起初，人们普遍认为这只是一次市场回调，属于正常调整。各大媒体都在告诉人们，在价格下跌时买入思科和其他潜力无限的股票看似是个好机会。我却坚持我的七步走法则，没有试图把握市场时机。正如我们在本章中所看到的，择时根本行不通。

2000年股灾前，当科技和互联网市场高歌猛进时，我曾认为思科和其他大公司的成本太高，无法保持较快的增长速度，所以最好还是持有一些基本面好的小公司。因此，我在股价见顶之前卖掉思科和其他公司的股票，将资金投入小公司股票中，以抓住它们的成长机会。但是，尽管我坚持买卖纪律，我还是和其他人一起遭受了市场打击。当市场崩溃时，我和所有其他个人和专业投资者一样，几乎每只股票都赔了钱。

30多年来，这是我唯一一次因市场下跌而亏损，而且亏损的钱没有很快赚回来，也没有在市场复苏时赚得更多。尽管几乎所有追求高增长的投资者都亏了钱，但我专注于如何把事情做得更好。我从中学到了一些教训。

2000年经济泡沫的教训

教训一

了解过去的泡沫有助于我们了解狂热的心态，而狂热正是导致泡沫的原因。然而，每个泡沫都不尽相同，这也意味着我们没有避免泡沫的万能保险。我们必须用纪律和七步走法则所要求的知识来克制贪婪，我们需要尽可能多地了解我们所持有的资产。我认为，最好的办法是利用BASM，即商业模式、假设、战略和管理。

我可以反复问自己，在这个泡沫破裂的第一阶段，尽管我对自己投资的公司很了解，但我是否会因为这个原因而损失钱。管理层让我们相信一切都会好起来。但我们不知道的是，我们被灌输的信息掺杂了多少虚假成分。

没有唯一的答案，也没有简单的答案。我没有投资那些"差"公司。我不会购买那些在 BASM 中得分似乎很低的新成立的小公司的股票。

我分享一个与我相关的教训。

我只顾与管理层一次又一次地会面，试图确定事情是否与管理层最初告诉我的一样，但我却忽略了其他投资者。在普通投资者中，有很大一部分人既没有投资理念，也不了解他们所持有的公司股票。他们之所以购买热门股，是因为从一开始就有媒体在超级碗的广告中大肆宣传。然后，他们又读了更多文章，而这些文章向他们保证，这是一次好的买入机会，即使思科和其他股票的价格在下跌。他们信以为真，买了这些热门股票。遗憾的是，很多专业投资者也做了同样的事情——不是所有的专业投资者都这样，但数量也足够多。他们或许没有深厚的技术知识，但他们想获得额外的业绩。如果我早意识到这一点，就会对推高股价的原因有更多的了解。这可能会让我相信，狂热正在起作用，我应该大量抛售股票。毕竟，我了解狂热的下场。

在之后的牛市中，我将始终确保了解投资者的知识状况，我敦促你们也这样做。如果我们再次遇到建立在巨大预期基础上的估值极高的长期大牛市，我们需要确认投资者是否真的掌握相关知识。

对自己的资金投向知之甚少或一无所知的投资者警告我们，当这类投资者成为大多数时，市场可能会出现狂热。

教训二

不要受近期的经历（或记者或"技术专家"的建议）影响而尝试把握市场时机、预测短期方向，然后大笔买入或卖出。当专家说这是最后的投资机会，一定要抓住它时，只要你听从了这种建议，你就迟早会付出惨重的代价。

反过来，通过避开市场时机，人们可以运用知识和纪律买入下跌的股票，就像我在很多市场情况下所做的那样，从而获得巨大的收益。

舌头被热汤烫伤过，之后喝酸奶都怕被烫。

——土耳其谚语

教训三

我理解在经济低迷时，我们仍然可以加仓。尽管互联网的发展速度并没有让我们充分了解和区分不同的商业模式，但这并不是我们害怕和放弃所有发展机会的理由。

关键在于应该区别对待不同价值的股票。我始终坚信，由错误信息和其他因素共同形成的毁灭性泡沫再次发生的可能性微乎其微，因此我们的研究和投资不应避开机会最大的领域。

知识是恐惧的解药。如果你需要买入新上市公司或业绩记录有限公司的股票，那么是知识帮助你赚大钱，而非市场时机和情绪。这是我成功投资家得宝、思科、微软和其他许多公司的股票所取得的经验。

通常，人们投资新上市公司是为了赚快钱，而当情况变得有点不稳定时，他们就会落荒而逃。戴尔、微软、家得宝、思科等无数公司的早期投资者都是如此。投资时情绪超过知识的人往往就是这样失去了本可以让他们获利 100 倍或 200 倍甚至更多的股票。记住，要让自己遵循七步走法则，尤其是耐心。

戴尔公司于 1988 年以 8.50 美元的价格上市。我在它上市时就投资了，并在其回调时增持了股票。大约 18 个月后，当价格跌至 5 美元左右时，市场情绪被调动，空头气势汹涌。那些在这个价位买入并持有的人，经过 7 次股票拆分，在 2004 年以 768 倍的收益收盘。

安进公司于 1983 年上市，我当时买入了它的股票。（图 7-1 展示了安进公司的股价波动情况。）对我们许多人来说，那是生物技术投资的黎明期。安进公司为我们指明了方向。在那个年代，没有什么比互联网更具确定性，而事实上，大多数事情都没那么确定。1984 年，安进公司股价跌至不足 1 美元（经拆分调整），怀疑者纷纷抛售，但在随后 7 年其股价上涨了 100 倍。后来，它又涨了 6 倍。这种心态（包括牛市和熊市情况）和表现正是十几年后早期互联网的特点，但生物技术并不是处于狂热期，许多公司，即使是那些处于早期阶段的公司，其业务和商业模式的发展也远远超过 20 世纪 90 年代末的互联网公司。因此，生物技术公司带来了巨大收益，并且没有走向崩溃。1984 年底，医疗设备公司邦美公司的股价为 35 美分，之后 7 年内上涨 95 倍；另一家生物技术公司健赞公司的股价仅 3 年内就上涨 9 倍，然后在 20 世纪 90 年代又上涨 10 倍。

这样的案例很多，但你应该已经明白：在现代的不同时期，进取的投资者看到有创新、有价值的优秀公司在极短的时间内创造了天文数字般的巨额收益。个人电脑、半导体和软件的出现就是

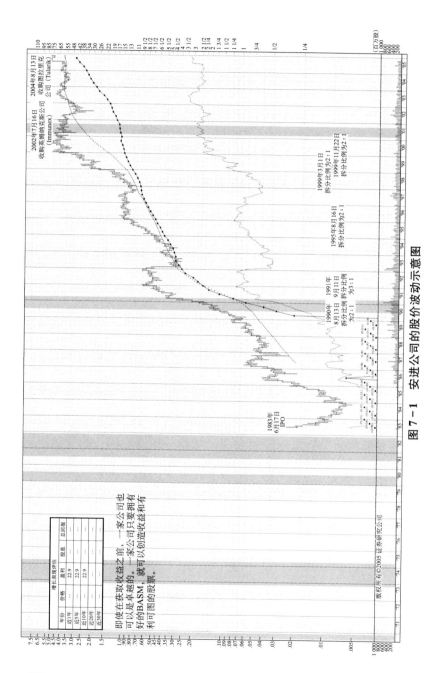

图 7-1 安进公司的股价波动示意图

例证。我还见证了英孚美（Informix）的崛起，这家数据库管理软件公司的股价在短短一年半的时间里从 2.75 美元上涨至 36 美元。

教训四

狂热会助长人们买入个股。要理解狂热之下的情绪与知识匮乏，只要看一只或几只股票可能发生的情况就可以了。整个市场普遍出现狂热的情况很少见，更常见的是个别股票的狂热。

当泡沫在 2000 年春天慢慢破裂时，KK 甜甜圈上市了。许多人称 KK 甜甜圈是最好吃的甜甜圈。它有一大特点，即限量发售，总是供不应求。所有这些综合起来使得这只股票蕴藏了一股"邪教"味道。

KK 甜甜圈上市后股价立即飙升，并持续走高，其市盈率堪比生物技术或互联网公司的市盈率，远远超过 100 倍。虽然整个市场越来越差，KK 甜甜圈却越来越受欢迎。销售额和收益迅速增长，分销渠道也随之迅速增加。

但最终，收益开始停滞不前，股价也随之下跌。如同一家倒闭的互联网公司，早期买家的收益化为乌有，而后期买家则损失惨重。我提前卖出了股票，获得了丰厚的收益。尽管如此，我仍受到了其他投资者的批评，他们指责我被高市盈率吓跑了。但事实上，这并不是我卖出股票的原因。不管怎样，我的收益还在，这与那些持有时间更长的投资者形成了鲜明对比。我明白，KK 甜甜圈不可能继续以同样迅猛的速度开设新店，并一直能够找到好的店址，因为没有哪家餐饮公司能做到，而不好的选址就是未来收益的隐患。此外，KK 甜甜圈过于急功近利，超市、加油站和其他商店成为它的销售商，反过来也成为自身的竞争者。

即使不是餐饮业分析师，你也能看出它的商业模式和战略的拙劣，KK甜甜圈最终将不得不关闭分店，并面临收益问题。最后但同样重要的是，这家甜甜圈制造商在几个月内从仅有几家分店扩展为在美国各地拥有大量分店，这弱化了商业稀缺性的光环。

对于这一案例，常识和餐饮公司经营者一样重要（甚至更重要）。通过常识，你能一眼识别出这是一种狂热情绪，而大多数投资者对商业模式、公司战略、市场的展开方式等都不了解。当一家公司陷入如此困境时，总会有欺诈的风险，因为管理层往往试图通过花哨的会计账目和其他欺骗手段，让收益看起来不错。这也是一个常识。2005年4月，KK甜甜圈辞退了当时的CEO，新聘请了一位"扭亏为盈"的CEO，并对美国证券交易委员会关于公司可能存在欺诈的调查做出回应。

要警惕狂热的股票，它们就像市场狂热一样让你付出代价。这又让我想起了思科，它是互联网大规模扩张和随后衰落的典型代表。当时，思科的路由器和交换机都用于网络建设。当估值过高时，我卖掉了思科的股票，把资金投资到小公司，因为终端市场给这些小公司带来了广阔的上升空间。事实证明，这种策略虽然存在一定道理，但显然小公司也会遇到麻烦。

于是，我拿出纸笔，以2000年春季达到的最高增长率计算思科的可能成长空间。我的结果显示，如果它以这么高的增长率增长，只需9年，思科的体量就相当于2000年左右的整个美国经济体量。然而我们都明白，它的增长或早或晚会停止。

　　投资者不仅要关注那些意味着狂热的不合理情况，还要关注那些不符合常理的因素。要始终关注就其客户群体而言一家公司的规模大小，而不必在意整个国家层面。当公司保持增长所需的客户体量超过公司实际服务的客户体量时，就是抛售信号。这一判断只需简单的计算结合常识即可得出。

第八章

科技股投资——从微软、戴尔到 eBay 和谷歌

没有什么比引领一种新秩序更难掌握、更危险，
成功与否更具不确定性。

——马基雅弗利（Machiavelli，1469—1527）

他无所不知，他能看到所有事情，预见未来，看到漆黑一片的未知世界。那些能极大改变和影响我们生活的事物都在他的能力范围之内，他可以按照自己的意愿去创造和塑造它们。

他是巫师，甚至可能拥有传奇巫师梅林的力量。这一点我们不得而知。我们只知道经纪人和其他人谈及他时总是带着赞赏和惊羡。他们压低声音说："他要来了，真的是他，他会让你们大吃一惊。"

这也许有些夸张，但在比尔·盖茨和微软公司首次公开募股时，华尔街的证券公司给人的印象就是如此。随着上市的临近，在 1986 年，人们的兴奋之情油然而生。此时，个人电脑和微软都已成为科技界的核心。每个投资者都关注个人电脑产业，并将其纳入自己的投资组合。我已经在这一领域获得了不错的收益，但

我仍认为最佳时刻尚未到来。当然，事实证明我的想法非常正确，情况比我或许多其他人的乐观预测要好得多。

对于尚未开发的领域而言，没有可靠地图，但我们可以从价值 1 200 亿美元的个人电脑产业的创建和发展中吸取重要的经验教训。

——比尔·盖茨，1995

比尔·盖茨的这句话很有道理。正因如此，投资者更应该了解微软和戴尔如何后来居上，并赢得了这场游戏。

微软和戴尔不仅后来居上，在行业中占据主导地位，而且成为历史上最卓越的两家公司和最棒的股票。然而，时至今日，许多想在科技股上获得丰厚收益的人仍不清楚这一切是如何发生的，也不知道应该如何寻找下一个比尔·盖茨或迈克尔·戴尔。

管理成就了微软和戴尔，也成就了我所知道的所有卓越的科技公司。

制胜的技术，以及更重要的制胜的战略和商业模式，都是由卓越的管理者创造和执行的。他们为应对不断变化的技术或竞争挑战，不断调整战略和商业模式等。如今，在大多数情况下，商业模式服务于战略，并使其发挥作用；而在许多情况下，微软的战略都遵循盖茨的设计方式：管理者就如何取胜提出关键假设，并围绕这一目标确立战略。

那么技术如何融入这一制胜秘诀，又是什么样的假设推动了整个过程呢？微软、戴尔和 eBay 就是最典型的例子。相比之下，一些失败的互联网公司虽然往往拥有很好的技术，但却与比尔·盖茨的成功模式截然相反，我称其中一些公司为"非微软公司"。我们将从比尔·盖茨和他的假设说起。

当年比尔·盖茨从哈佛大学退学，是因为他强烈希望趁早进入崭新的计算机行业。他预见到，抢占先机或至少抢占部分先机至关重要。在盖茨的心目中，最重要的原因或许是计算机的客户需要软件为他们实现强大的功能，同时他们需要可以标准化的软件。这就意味着要有统一性和连续性，这样商务人士等消费者在学会使用后，不必因为更好更新的技术——或许由其他公司提供——的出现而需要重新学习。盖茨意识到，这将是一个巨大的障碍，会阻碍行业的发展和壮大，而"早起的鸟儿"必须避免这种情况的发生。因此，他迫切希望成为"早起的鸟儿"，进而主导行业和制定行业标准。

推动这一切的第一个假设是客户对标准有迫切的需求，如果一家公司的产品能满足他们的需求并在新技术领域具有竞争力，他们就会一直使用这家公司的产品。第二个假设是标准将由这些早期公司——也许是一家公司制定。因此，这些标准必须尽早占据主导地位。

第三个假设是技术必须是最好的，从一开始就是，或者接近最好的，并且要让客户相信这一点。第四个假设是基于这样一个认识，即任何一家公司都很难永远拥有最好的技术，年复一年，产品不断更新迭代。因此，管理层假定，一旦一家公司成为行业标准而占据主导地位，那么每种新产品都必须具有竞争力——但不必是绝对最好的，因为客户不会放弃他们想要的标准。没错，企业在任何时候都会努力做到最好，但一个伟大的战略对于保持领先地位至关重要。

由于公司的核心战略是在20世纪70年代中后期制定的，当时微软还远未在市场上推出产品，也未做好上市的准备，因此，制定标准和尽早取得主导地位的战略就源于以上这些假设。

我们在 1986 年与盖茨的第一次会面中就了解到，他并没有简单地以好的技术来追求计算机市场。如果他这样做，可能会在高科技竞争中脱颖而出，甚至在一段时间内拥有最好的产品。但是，这样他就不可能设计出以锁定客户、实现产品周期和产品的可重复性为主导的战略方针，以使微软成为该行业的长跑运动员。这与绝大多数高科技公司形成了鲜明对比。这些公司中的佼佼者可能会让投资者的资金短期内翻 3 倍、5 倍或更多，但它们不是赚大钱的股票，因为它们不具备长期的可重复性。

据我了解到的内容可以清楚得出，计算机操作系统，如 DOS（以及后来的 Windows——嵌入计算机中，使计算机能够理解和运行应用程序），是第一个标准。之后是各种应用程序（如电子表格和文字处理程序）。它们与标准操作系统相协调，这样客户就不必担心每次使用时被迫在不同的操作系统之间跳来跳去。

因此，微软当时的战略是，无论如何都要尽早占领尽可能多的市场份额。在这一最初的战略中，利润并不是最重要的，这与其他大多数公司的战略不同。市场份额和市场主导地位才是该公司的目标和战略，该公司的商业模式就是为了实现这一目标而建立的。

因此，管理层——比尔·盖茨和其他关键人物，如他的朋友、公司的共同创始人保罗·艾伦——在一开始就为计算机程序员开发了工具，以便让那些为该行业编写软件的人接受这些工具。这样做的目的是尽可能多地控制知识产权。接下来，微软知道，要想拥有一个标准的操作系统，并在此基础上编写和销售文字处理程序等标准应用程序，就必须得到大型计算机制造商的认可。当时，IBM 是最大的计算机制造商，在个人电脑成为主流的早期它完全主宰了整个行业。

起初，小型个人电脑公司也有令人振奋的早期成功案例，它们都拥有卓越的技术。然而，当"蓝色巨人"IBM 决定大举进军个人电脑市场时，小公司都没有足够好的商业模式和战略来抵御IBM。再一次，决定胜负的不是技术，而是管理——更彻底地说，是 BASM。技术的开发和管理必须支持可以制胜的战略。技术是关键，但不如 BASM 重要，因为 BASM 决定了谁将成为真正的赢家。

一旦你了解了公司内部的 BASM 如何"瞄准"和开发技术，然后运用七步走法则来管理贪婪、恐惧等投资纪律，你就会成为一名成功的科技投资者。

比尔·盖茨知道，他必须抓住 IBM。这符合建立在前两个假设基础上的整个战略。他与 IBM 达成了一项秘密的独家协议，为IBM 的个人电脑开发操作系统。然后，当他尚未及时做好成品操作系统时，凭借对微软和所研究公司技术开发的了解，他来到西雅图海湾对岸的一家小车库作坊——这是众多为新兴的、令人兴奋的个人电脑产业开发软件的小团体之一。盖茨仅以 5 万美元的价格买下了这家公司的 QDOS 系统——一个快速开发而不太精细的操作系统。

随后，盖茨去掉"Q"将其改名为"DOS"——磁盘操作系统，并将这一操作系统授权给 IBM，而不是卖给它。IBM 也有自己的操作系统，但售价不菲，因此盖茨决定将自己的操作系统定价为 40 美元，仅为 IBM 系统价格的一小部分。这又是一个伟大的举措，这基于他最初的假设，即早期的主导地位比早期的利润更重要。他通过与 IBM 的交易和低价，取得了主导地位，而利润则随之而来。他的战略和商业计划始终未偏离追求丰厚利润和实现增长的最终目标。他也明白，如果加入技术至上的市场竞争中，最终将很难估计出有多少同质化的竞争者，而这并不是最终的制胜战略。

有些人争论说，如果当时小车库作坊把 QDOS 卖给了 IBM 而不是微软，会发生什么事情。历史会有所不同吗？我认为，这一切都与管理（和 BASM 中的其他因素）有关，相信比尔·盖茨可以依靠自身的远见和假设找到另一条制胜之路。

比尔·盖茨真的能洞察一切，预见未来吗？一旦你对未来的事物有了一些关键的假设，知道了客户真正想要和需要的是什么——因为了解客户的行为比知道或猜测未来的技术更容易，甚至更重要，这样看起来就好像你预见了未来！比尔·盖茨的假设非常精准，他的一切都建立在这些假设之上。微软开发出了伟大的软件，但好产品并不能代替 BASM 作为评判公司的标准，因为好产品是在 BASM 驱动下制造出来的。记住，管理是最根本的，因为管理可以创造伟大的技术和公司的可重复性，以及几乎每次都能获胜的战略。

再次强调，阅读非常重要。关于计算机和软件，特别是关于比尔·盖茨，有很多资料可供阅读。即使我从未见过比尔·盖茨，但通过阅读有关他个人如何专注、变得有竞争力的报道，查看有关微软公司的文章，以及阅读最初的招股说明书和后来的公司年度报告，我也可以清楚地认识到微软具有成功的要素。正如 BASM 可以帮助管理层创造未来并取得成功一样，BASM 也可以帮助投资者预测未来。它比根据出色的季度盈利报告进行预测更有效，因为热门科技公司可能一时盈利不错，但多数无法长久存活下去。

微软的商业模式是制定标准并结合优势定价，从而在早期市场占有率上取得领先地位，因为它明白市场规模会随之增长。这将创造巨大的增量利润，因为公司的所有成本都集中在软件开发而不是制造环节。

想想吉列公司（Gillette）早期开创的剃须刀加刀片的商业模式的高明之处：廉价出售剃须刀，甚至赠送剃须刀，这样人们就会购买你的刀片，而真正的利润在刀片上。这就是商品的可重复性。这也是柯达公司（Kodak）早期采取的策略。柯达是一家伟大的技术公司，开发出了当时领先的胶卷技术。柯达希望相机得到普及，使摄影成为大众市场。通过低廉的价格销售照相机，它为胶卷开发了一个市场。

互联网与非微软公司

微软公司意识到，人人都可以复制和开发好的技术，因此必须避免平庸，但令人吃惊的是，从王安电脑开始到互联网时代，许多技术公司都忽视了这一点，它们未能利用自己的技术将自家公司打造为好的 BASM 公司。但也不必过于吃惊，毕竟杰出的工程师和技术专家要比杰出的管理和战略家多得多，而打造一家好的 BASM 公司比想象中要难。

与 20 世纪 90 年代末的预测相比，互联网已经成为我们生活中一股更为强大的力量。eBay、雅虎和其他拥有优秀商业模式的公司已经取得成功，成为真正的卓越公司。然而，在互联网新公司涌现的初期，很难确定哪些公司拥有正确的东西，哪些没有。事实证明，它们中的大多数都没有出色的管理和商业模式，因此，尽管它们可能拥有出色的技术，但大多数都失败了。

与许多其他产品一样，在互联网上销售玩具的想法是好的，但由于门槛过低，这个领域很快就拥挤不堪。尽管如此，大公司还是介入收购互联网玩具公司，为它们提供资金，增强它们的实力，因为即便其中一些公司面临困境，这一想法也仍具有极大前景。迪士尼收购了网上玩具零售商 Toysmart，但迪士尼及其资金并没有挽救它。另一家娱乐巨头维亚康姆（Viacom）收购了红火箭公司（Red Rocket）。维亚康姆有两位杰出的经理人——萨姆纳·雷德斯通（Sumner Redstone）和梅尔·卡马津（Mel Karmazin），他们是美国最伟大的经理人之一。如果是梅尔管理红火箭，他肯定会为其开发出更强大的商业模式，但他与萨姆纳一起管理着母公司。红火箭与微软恰恰相反，它拥有不逊于任何人的技术，但没有任何专有技术，也没有独特的战略使其区别于其他公司并帮助它从其他电子零售商手中抢占市场份额。任何拥有技术的人都可以做到红火箭所做的事情，而这个领域正变得越来越拥挤。

红火箭是与微软截然不同的存在，它缺乏优秀的 BASM，试图仅仅依靠技术和想法取得成功。因此，它注定会失败，与无数其他非微软公司一样。

之后梅尔·卡马津成为天狼星卫星广播公司（Sirius Satellite Radio）的董事长兼首席执行官，这家公司是快速发展的新兴卫星广播领域的两大领军者之一。该公司虽然拥有很多出色的技术，但不难看出，梅尔作为一名出色的管理者，正在部署一个伟大的商业模式和战略，因为他明白取胜之道。

eBay 和互联网的成功

在公元前 400 多年，古希腊历史学家希罗多德（Herodotus）记录了希腊的房地产拍卖。罗马帝国也以拍卖而闻名。古代时期在世界各地都有奴隶拍卖，虽然很难确定人类历史上最早的拍卖要追溯到何时，但拍卖在汇集买卖双方和确定价格方面显然具有经济效益。同样明显的是，拍卖对许多人来说有趣、好玩，其心理吸引力超越了经济和便利的范畴。

如今，很多人都说，股票、债券和商品交易市场才是世界上最大的拍卖市场。在这些市场上，买卖双方一个出价，一个要价，并通过交易所或电子网络撮合完成拍卖。这种形式与古希腊和罗马帝国时期基本相同。

想一想，互联网拍卖理念也只是几年前的一个想法，而 eBay 抓住并完善了它。

在 1995 年 9 月 eBay 成立之初，互联网已经成熟，几乎所有的企业和数以千万计的家庭都在使用电脑。当时，人们所要做的就是运用技术，促进买卖双方通过互联网沟通。很多公司都有尝试，但只有 eBay 活下来了。

在我看来，只有 eBay 将一流的技术与 BASM（商业模式、假设、战略和管理）完美地结合在了一起。

根据 eBay 提供的信息，人们在 eBay 上花费的时间比其他任何网站都多，eBay 成为互联网上最受欢迎的购物网站。eBay 对其商业模式毫不讳言。eBay 提供的信息很有价值，帮助投资者清晰了解它的动机、运行情况以及未来预期等。与大多数公司一样，你可以通过网站、邮件或证券交易委员会查阅 eBay 的年度报告、季度报告和其他声明。eBay 上市时的招股说明书包含了大量重要信息，它向证券交易委员会提交的其他文件以及所有季度报告和年度报告也是如此。与大多数卓越公司一样，eBay 让事情变得简单明了，并列出具体指标，如网站流量、电子商务指数等。

eBay 关于商业模式的声明说明了其如何开展业务，以及使其独一无二的因素。下面的声明来自原始招股说明书，即 eBay 上市时提交的招股说明书：

> 本公司的商业模式与现有的许多在线拍卖和其他电子商务业务有很大不同，因为网上的所有商品由独立电商而非本公司提供，所以本公司没有产品销售成本，没有采购、结转或运输成本，也没有库存风险。公司的费用增长率主要是由员工人数及广告和促销活动支出的增加推动的。

我见了 eBay 公司的经理们，我非常欣赏他们的计划、战略和商业模式。我也很喜欢 eBay 的高盈利能力和以首席执行官梅格·惠特曼（Meg Whitman）为首的管理层。eBay 看起来非常稳健，前景广阔。因此，尽管 eBay 的首次公开募股很热门，价格也很高，但我还是在 1998 年 9 月它正式上市时买入了股票，当时它已经开始盈利，而且增长很快。

一路走来，按照一些普通的估值公式，eBay 的价值已经被高估了。为了坚持持有 eBay 的股票并获得高收益，我们必须明白，eBay 的商业模式将继续在以下几个方面取得成功：（1）创造巨大的增长；（2）创造高盈利能力；（3）eBay 的护城河使其免于被竞争者抢走客户。在我们看来，BASM 的力量提供了这些要素。如今，当我看到公司取得的骄人业绩时，我觉得它依然如此。

利用估值原则来制定框架（详见第五章）和基准指标。但请记住，许多投资者总是试图将事情归结为简单的公式，而这些公式往往掩盖了 BASM 的重要性。这就是为何他们会卖掉那些本可以让他们获得巨额利润的股票。整体方法也可以结合估值原则，但记住不要只依靠估值原则来确定全局。如果你看到一个像 eBay（或微软、思科、戴尔等公司）一样成功的商业模式，那么你就找到了拥有前景的公司。

谷歌的"新世界"

每当有一项新技术出现，并有一个或多个新的、令人兴奋的领先者出现时，人们往往会放弃我们在七步走法则中使用的纪律，或者暂时忘记 BASM，因为投资者正沉浸在赚大钱股票给他们带来的兴奋和最初的成功中。显然，这种行为在大多数情况下都会带来麻烦。谷歌拥有卓越的技术，是搜索领域的领头羊，而投资者只沉浸在谷歌带来的欣喜中，却忘了 AltaVista、HotBot 等其他早期搜索领域的先行者，更不要说研究它们了。谷歌上市一周年时，其股价表现极为出色，一上市就买入的投资者已赚了将近 4 倍。

我经常听到投资者谈及谷歌，他们总是问我是买入、卖出还是持有，或者我对谷歌的高价（估值）有什么看法。然而，他们不会问我应该从哪些方面来判断谷歌能否成为一家卓越公司或拥有美好的未来，而这正是 BASM 所关注的，也是决定谷歌股票未来走势的关键所在。

无论你投资过早期的生物技术公司，还是我们已经讨论过的公司，或将要投资新领域公司，比如现阶段的纳米技术公司，其道理都是一样的：要关注技术公司的管理和商业模式，以及了解什么能让它们变得卓越。

对于谷歌，就像当年微软面对宝蓝公司（Borland）和莲花公司等竞争对手的挑战一样，我们需要关注的是，谷歌将如何应对微软和雅虎这两家优秀的、历史更早的公司所带来的强有力的竞争挑战。这两家卓越的老牌公司正在开发技术产品和战略，试图抢夺搜索市场的领导地位。有一点很容易观察到，即谷歌在做很多新的尝试。它开始将搜索扩展到大学，也在尝试推出即时通信产品。它正试图将客户都锁定在谷歌，这也是它免受竞争对手侵害战略的一部分。

我敏锐地注意到（你也应该注意到），在谷歌 2004 年的公开招股文件中，它承认微软将是它的竞争对手。然而，该商业计划没有详细说明公司应对竞争的战略。在微软和雅虎于 2006 年公布其战略和产品之后，如果投资者想了解谷歌能否让他们的股票翻几番或让他们真正致富，那么观察谷歌战略的发展就是他们应该做的第一件事。

最后要知道的是，随着公司规模不断壮大，在市场上所占的份额越来越大，它们的行为会与整个市场甚至整个经济趋同，因为它们规模庞大，并拥有如此之多的客户，而这些客户的消费可能对行业支出或经济的变化很敏感。只要一家公司能避免与自身无法控制的周期（如经济周期）过于紧密地联系在一起，它就能成为真正的成长股。与那些因规模或主导地位（或两者兼而有之）而在一定程度上失去对自身命运的掌控的周期股相比，成长股更有可能为你带来财富。领先的半导体公司股票规模庞大，但其面向的客户对经济敏感，因此更有可能为你创造财富的是新公司和小公司的股票，而不是老牌蓝筹股。老牌蓝筹股可能会在你的投资组合中占有一席之地，但已经不是它们刚起步时的位置了。

正如我之前所说的那样，对自身命运的掌控是一家公司保持卓越的一个重要因素。这是谷歌成功的关键所在，也将是未来取得成功的关键所在。正如我们接下来将看到的，这也是戴尔从众多个人电脑公司中脱颖而出的关键所在。

突破重围的戴尔

> 在这个世界上，你必须成为你希望看到的改变。
>
> ——圣雄甘地

1982 年的一天，德州仪器公司的两位经验丰富的经理和一位精通技术的风险投资家在休斯敦的馅饼之家餐厅共进午餐。在那里，他们集思广益，计划创办一家个人电脑公司，在 IBM 占据主导地位的市场中分得一杯羹。他们在餐垫上记下了他们的想法，并将其带走。

那次会议之后，三人几乎立即创办了这家公司——康柏电脑公司。他们成立公司并开始运营，到 1983 年 1 月就卖出了第一批电脑。第一年销售额就达到了 1.11 亿美元，创下了美国商业史上首年销售额的最高纪录。

康柏公司于 1983 年底迅速上市（印象深刻的是，我在它发行时还买了股票），并迅速成为有史以来最年轻的跻身《财富》500 强的上市公司，也是最年轻的销售额达到 10 亿美元的公司。大约 10 年后，康柏的股票表现出色，成为当时历史上由风险投资支持的首次公开募股中表现最好的股票。

1983 年是科技行业变得过于昂贵的一年。一些基本面上的不尽如人意引发了当时规模不小的泡沫破灭，市场乏善可陈，康柏公司的股票在开始交易后不久就一落千丈，跌幅在 70％左右，随后又掉头飙升。

一些只想寻找热门 IPO 的投资者被康柏公司最初的暴跌所震慑，错失了后来的机会。而还有许多人做了一些功课，发现他们喜欢它的商业模式。优秀的产品和业绩也让这些投资者兴奋不已，而且他们还发现，它的定价低于领先者 IBM。他们纷纷买入康柏公司的股票，并赚得盆满钵满。

康柏公司的收益增长很快，但对于这样一个新实体公司来说，收益并不可观，因此，正如许多对未来充满希望的新生公司一样，康柏公司的股票非常昂贵，存在很大的市场风险和不稳定性。我的基金买了一些，因为我喜欢康柏的管理层、商业计划，以及康柏电脑比 IBM 电脑性能更高、价格更低的事实——换句话说，就是能为客户提供性价比更高的产品，以及比市场增长更快的好机会。除了股票市场本身，我看不出价格大幅下跌的原因，我仍然非常喜欢当初吸引我投资该公司的所有品质，以及整个个人电脑市场的光明前景。

不过，由于我对这家新公司还有些不确定，因此我还是降低了风险，只买了少量仓位。我在首次公开募股时损失了一些钱，后来又多买了一点，最终我实现了收支平衡。后来，随着我对该公司和个人电脑市场的进一步了解，以及看到客户对康柏产品的好评，我在上涨过程中又买入了更多的股票。这样的操作符合我的买入原则，我以对待新公司一样的标准衡量它的估值，预测了大约 3 年后的销售额和收益情况。

康柏公司的股价波动示意图如图 8－1 所示。

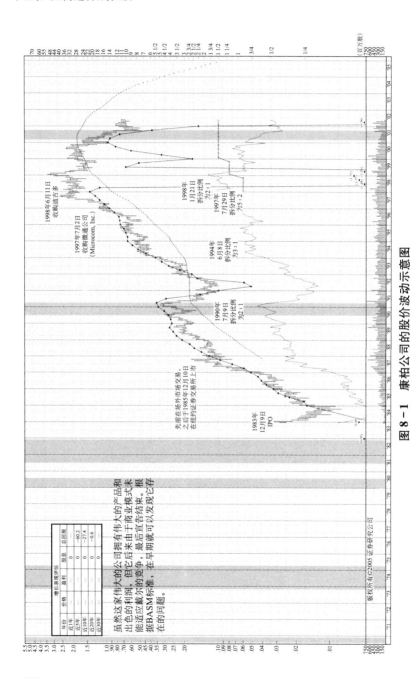

图 8 – 1　康柏公司的股价波动示意图

快进到 1988 年：戴尔上市

5 年后，个人电脑行业，特别是康柏公司和 IBM 个人电脑部门取得了巨大的发展。以英特尔为基础的个人电脑的销售量从 1983 年的 698 000 台猛增到 1988 年的 700 多万台。

在这 5 年中，IBM 的股票毫无起色，而康柏的股票，正如人们所预料的那样，表现惊人，使投资者的资金从发行价翻了 4～5 倍。当它从发行后不久的低点回升时，翻了 11～12 倍。投资者真的很爱康柏。

顺便提一下，当时康柏在整个市场的份额略高于 5％，虽然只有 IBM 规模的四分之一，但仍使康柏成为全球第二大个人电脑制造商。

与康柏公司经验丰富的管理团队形成鲜明对比的是，于 1988 年中期将戴尔公司上市的迈克尔·戴尔在创办戴尔公司之前，唯一的经历就是在大学宿舍里卖过个人电脑，然后萌生了创办公司的念头。他说他想成立一家大公司，并认为它可以成为业内的大公司之一，即使不是第一。

我当时看到的是一位 23 岁的首席执行官，他只有很少的经验，却想挑战 IBM 和康柏，以及其他许多领先的、成熟的、做得非常好的公司，并试图超越它们。我立刻就喜欢上了他，喜欢他的雄心壮志、沉稳自信和思考方式，喜欢他的远见卓识和商业计划。

此时，有太多公司试图生产个人电脑，以抓住这个巨大的机遇。我们知道，在高峰时期，全球大约有 1 000 家公司在生产个人电脑，从亚洲的车库商店到 IBM，再到其他大公司，不一而足。这与 20 世纪 20 年代的情况类似，当时由于内燃机这样最重要的技术，汽车的销量也在疯狂增长。

前 20 家公司的市场份额和市场份额趋势值得密切关注，这是在一个高度竞争的行业中的关键指标，因为投资者知道，它们最终有很多会沦为牺牲者，只有少数几个大赢家可以存活下去。

当时，IBM 的价格最高，市场份额正在被包括康柏、戴尔在内的众多价格较低的竞争对手蚕食。虽然戴尔公司的规模比康柏公司小得多，市场占有率只有 1% 左右，但这已使它跻身前列。

我从招股说明书中看到，康柏的销售额正在飞速增长。很明显，康柏的市场份额正在逐步扩大，它的市场份额甚至超过了迪吉多，而迪吉多是微型计算机（中档功率）的领先制造商。

显然，戴尔公司在很多方面都做得很好，我想知道这家公司到底是如何实现销售额的快速增长、利润率的不断提高以及市场份额的稳固提升的，所有这些都是一个企业在股市中获得巨大收益的重要指标。

直销——获取更高利润的捷径

第一，戴尔公司不使用中间商或经销商销售电脑，其商业计划的核心与其他行业不同，主要是通过电话营销直接向客户销售。第二，迈克尔·戴尔说，他早在大学时代就了解到，这种方式意味着制造商有更大的利润空间，以及比竞争对手更强的降价空间。关于第三个优势，戴尔公司认为是真正贴近客户，了解客户的需求，收集客户的信息和数据，而不仅仅是完成一次销售。戴尔公司坚持认为，这是非常重要的且是一个巨大的优势。戴尔公司在最初的招股说明书中简明扼要地描述了直接向客户销售计算机的过程，并说明了这样做的原因：

> 本公司通过电话销售队伍和全国性的广告宣传活动（"直接响应"方法），直接对接终端客户进而销售个人电脑产品。通过直销，公司可以省去经销商的加价环节，从而使产品价格更具竞争力，同时公司还可以接触到终端客户，而不必争夺有限的零售货架空间。本公司为所有系列的个人电脑均提供全面的服务和支持。

多年来，戴尔公司说到做到，而且始终如一。

即使迈克尔·戴尔在宿舍里卖电脑时，他也知道如何搜集购买者的信息，他认为自己的业务就是要了解客户。后来读到或听说过这件事的人都会意识到，这种先知先觉是罕见的，这不仅是一个精明的商业模式的开端，也是对一个潜在的伟大管理者的判断依据。后来，迈克尔·戴尔扩大了信息搜集范围，搜集了 10 万甚至更多客户的信息，最终甚至超过百万客户。对客户信息的搜集是以吸引客户为目的这种商业模式的关键要素。当然，我也想到了莫仕和其他公司。戴尔公司就了解客户和如何在这一领域获胜做出了假设，并采取了后续行动，使这些假设在公司的发展道路上一直行之有效。戴尔公司很早就符合 BASM 的标准，原因就在于此。

第一课

这就是为什么我非常喜欢看出色的商业计划书。第一，在任何一个高度竞争的市场，无论是专业零售、搜索引擎还是软件、硬件，几乎所有的东西都会存在大量的价格竞争，一些公司将无法维持良好的利润率和资本收益率。第二，大多数公司最终都会消失。第三，对于公司和投资者来说，指望无限期地依赖最佳性价比是非常投机和冒险的行为，对于那些部分依赖供应商技术的公司来说尤其如此。在个人电脑行业中，英特尔公司是中央处理器、半导体芯片的开发商和制造商，而这些产品决定了计算机的运行速度。

因此，无论是服装业的明星设计师，如盖璞的米奇·德雷克斯勒，还是麦当劳的卓越系统，或是其他东西，都需要公司可以创造足够的差异化，从而使公司（你的投资）保持领先地位并获得丰厚利润，甚至成为一家卓越公司。

我喜欢直销的概念，它是独一无二的，也是戴尔商业模式的核心，同时我很认可这些假设，这一切也让我对迈克尔·戴尔有了深刻的了解。因此，我很早就发现了戴尔的与众不同。在我看来，戴尔是一个潜在的大赢家。

我和其他投资者看待戴尔的方式，也是我们未来投资其他行业、公司的方式，即找到并投资一家能够通过结合卓越和差异化来建立并保持领先地位，同时保持高利润的企业。

我曾投资过餐饮和零售等技术和非技术领域，在这些领域中，我一直在寻找赢家。我知道，仅凭热门产品或低廉的价格不足以在个人电脑领域获胜。

戴尔上市后不久，市场环境已经出现了变化的迹象，IBM 和康柏强大的工程技术并不是决定未来成败的唯一因素。对于我们这些仔细观察行业趋势的人来说（这是投资者除了观察他们所拥有的公司之外还应该做的事情），我们看到了新兴的变化。公司的竞争不仅包括定价，还包括新的要素：分销、服务、技术支持和对客户需求的理解。

这正是戴尔的商业模式让我兴奋的原因。在目睹了康柏公司历经 5 年，从数不清的竞争对手中脱颖而出后，我越来越担心，无论是康柏还是其他任何公司，都还没有找到能让公司维持长期优势地位的方法。

我看重两项内容。首先是可重复性，也就是我们之前谈及的核心概念。在技术领域，可重复性通常不是源于率先推出更好的产品，而是商业模式的深层内涵。

其次是商业模式中的另一个核心概念——"护城河"，即公司如何保护自己免受竞争。技术会被复制，它通常并不是建立良好"护城河"的全部条件。

康柏为应对 IBM 采取的策略，即更低的价格和更好的性能，日后也可以被其他公司用于打击康柏。事实上，戴尔已经具备了这两项优势，而且还不止这些。

戴尔的招股说明书中还有以下论述：

> 本公司与客户的直接接触使电话营销和技术支持人员有机会影响客户的购买决策，并获得客户对产品设计、交付和服务等方面的宝贵意见……直接响应式营销减少了与新产品推出相关的过时风险和时间延误，因为产品周期中没有了经销商库存这一环节。

还有一件事我认为更能说明问题，这在招股说明书中也有详细说明：

公司的 41 名电话销售代表负责回答电话咨询，帮助客户确定他们对计算机系统的需求，提供有关公司产品的信息，包括与竞争产品的比较，并提供价格和交货信息。在适当的时候，这些电话销售代表还会得到技术支持人员的协助。

到现在，我在莫仕等公司的投资经验让我很早就懂得了贴近客户的价值。还有其他投资经历，当然也包括对太阳计算机公司的投资经历，以及它如何利用对客户需求的了解来推动其技术发展，并以超乎想象的成功超过竞争对手。

毫无疑问，通过投资莫仕学到的内容有助于我认识太阳计算机公司，而当思科上市时，对太阳计算机公司的投资经历又起到作用，然后再到 eBay 和谷歌，如此等等。这就是本书采用投资案例法的原因，因为这样有助于敦促你也这样做——运用七步走法则（知识、耐心、纪律、情绪、投资期、市场时机和基准指标），并从中积累经验。

第二课

首先，因为我相信所有的投资经验可以相互借鉴，而上述经验正是如此，所以在早期，当大多数投资者完全专注于定价和产品性能时，我比大多数人更容易看到戴尔的战略和商业模式的巨大价值。

其次，我做了笔记，以帮助我牢记这些经验，加强记忆，并提醒我不断寻找基准。

最后，这确实让我比其他投资者更具优势，因为其他投资者根本没有采用这种方法，也没有我投资莫仕、太阳计算机公司时与管理层亲密接触的经历。甚至我投资美国航空公司和麦当劳等公司的经历，也为我的投资决策提供了参考。投资就是投资，其原理和目的等是不变的，不管公司卖的是什么。

但是，航空公司不是成长型公司，因为它们缺乏对自身命运的掌控，而技术公司除非具有很好的可重复性和更多的功能，否则就会消失。因此，当我们关注能够催生卓越商业模式的管理层时，我们仍然需要看到行业动态的关键差异，这样我们才能正确评估管理层能够和必须做什么才能成就卓越。

组合拳

了解戴尔的关键是从管理和商业模式这两方面入手。如果你对戴尔的管理和商业模式有信心，那么它就能帮助你渡过难关，也能帮助你跨过暂时的失误，最终迎来公司的巨大成功。

戴尔确实出现过失误。在股票发行之后，戴尔召开了声势浩大的会议，并做出了许多承诺，但不久之后，戴尔就出现了内存芯片库存管理不善的问题。苹果曾遇到过类似的事情，并遭受了损失，其他一些计算机公司也是如此，这是一项非常艰难、棘手的管理工作。康柏的管理层非常老练，在当时是最出色的，IBM的管理层也令人印象深刻。

尽管戴尔的股票被抛售，下滑了很多，我也因此损失了很多钱，但我还是不甘心就这样放弃。

对股票的爱与恨

现在，我对投资已有足够的了解，脑子里已有成形的七步走法则，我也明白了如果过于喜欢一只涨幅很大的股票，那可能是源于一种危险的、代价高昂的情绪；而如果结合七步走法则进行控制和平衡，这又可能是一个积极因素。

投资者开始厌恶戴尔。他们指责戴尔的经营问题，因为这些问题让他们损失了金钱。他们也指责戴尔违背了承诺。他们认为迈克尔·戴尔是一个没有经验的年轻人，没有可能把事情做好。他们抛售股票，以至于股价跌破发行价，股价一度徘徊于 5.75 美元，约是最初发行价 8.50 美元的三分之二。

如果你读过关于迈克尔·戴尔的报道，就会发现有人认为他只是一个 23 岁的新贵，昙花一现，也有人多少有点喜欢他，但觉得很难判断。我觉得他非常有野心，非常诚实，不能也不愿意欺骗或夸大其词来争取股东。他恪尽职守，全仓持有戴尔股票，而且他的计划非常奏效。

从我所有的商业和个人经历来看，我相信他的为人，也相信他作为首席执行官的能力。我深信，只要你想去了解就能了解到一个人的全貌，毕竟有很多关于戴尔公司和迈克尔·戴尔这个人的书籍可供阅读。我通过星巴克的霍华德·舒尔茨学到这样一个教训，有时即使是一份伟大的商业计划，也必须由合适的人来制订、发展和管理。因此，你应该了解人这一要素，而不仅仅是企业的组成要素。

我认为，当你遇到一个像迈克尔·戴尔这样有能力及野心的人时，即使你从未见过那个人，也能通过阅读和研究意识到这个人具有获胜的品质，他的毅力和长期目标并不是空谈。我们都看得出来他是一个有实力的竞争者，而且他持有如此之多的股票。因此，我认为一些人的情绪超过了理智，这导致他们出售戴尔股票。

于是，我又买了一些戴尔股票，当然心里还有些忐忑不安。不过，七步走法则帮了大忙。"耐心"让我明白这个机会将是巨大的，而且会持续很长时间，抓住它也需要一些时间。"情绪"让我理解那些讨厌这只股票的人已把股价压得足够低，而这对我而言是一次机会。

买卖纪律告诉我，人们会由于管理层的短期执行不到位而卖出，但就长期价值来看又是买入的机会，因为我认为管理层会快速学会如何执行。为什么？因为迈克尔·戴尔说过，每一次失误都是学习的机会，就像他管理内存芯片库存问题时所做的那样，一切会变得更好。与许多试图掩盖问题或只是寻找乐观理由的激进高管相比，迈克尔·戴尔坦率地承认了自己的错误，因此他学得很快。

考虑到"投资期"和"基准指标"，我决定给戴尔公司一年的时间，并对其抱有合理的期望，希望随着公司问题的解决，能挽回一些股票损失，并开始赚钱。我也避开了"市场时机"，只关注这家公司的基本面进展。

最重要的是"知识"。我知道戴尔公司这种差异化的商业模式有可能创造出一个大赢家；从我投资其他许多股票的经验中，我知道戴尔公司了解客户的能力是竞争对手所缺乏的，这是一项巨大的资产；我还知道，在一个更加强调服务和支持的市场中，戴尔公司正在获益。

当我在年度报告中看到戴尔公司在客户满意度和服务方面获奖时，我感到非常高兴。这对我来说意味着直销模式正像戴尔公司所说的那样发挥作用。这是一件大事。

就我个人而言，我倾向于走进商店查看产品，并与航空公司飞行员和卡车司机等交谈。这种方法确实有助于我积累知识和信心。个人投资者至少可以像专业投资者一样做到这一点。如果他们做不到这一点，就会错失良机。

因为需要，我很早就买了一台戴尔电脑，体验不错。戴尔公司的产品及其价格令人印象深刻，这一点也非常重要。

一天，我需要增加硬盘的内存容量。按照当下的标准，这件事很容易，但在早期阶段并非如此。我的硬盘内存容量为 100MB（兆字节），需要增加一倍。人们讨厌带着电脑去售后服务店，而电脑公司也不愿意处理这种问题。

我先与戴尔公司的客服通了电话，并未表明自己是戴尔公司的股东，只说明了需要增加内存容量。事实上，电脑让我望而生畏，我不知道该如何应对，也不想做任何事情。

戴尔公司的那名工作人员说："我们可以连夜给您寄送新的 100MB 的硬盘，您收到后再打电话，我们可以指导您如何在 10 分钟内安装好它。"刚得知问题可以这样解决时，我感到很惊讶，有点怀疑，但又很兴奋。

我同意了，第 2 天我拿到了硬盘，打了电话，10 分钟后问题解决了。我亲身体验了戴尔公司的服务和技术支持完全符合公司的要求，也许还不止这些。对我来说，这不仅仅是一次个人经历，它也证实了一些重要的事情，这实际上可以作为一种分析方法。这是所有投资者都可以做、也应该做的事情。当你无法直接亲身体验一家公司的业务时，可以与朋友、邻居或商店里的陌生人交谈，用你自己的眼睛去看，用你自己的耳朵去听，这往往比阅读冗长又复杂的分析报告更有效。

更多的知识意味着更多的信心，我看出戴尔的商业模式确实可以使公司从众多竞争者中脱颖而出。而且，我现在亲身体会到，戴尔制造的电脑有多出色。这个行业有着巨大的增长和利润空间，所以值得投资，而在高度竞争化的行业中，差异化是一项关键标准。

戴尔在定价和性能方面都优于康柏和 IBM。早在戴尔上市之初，康柏个人电脑的定价比戴尔高 20%，因此，在这个对价格敏感的市场中，戴尔的直销模式可以使它以低价销售同等性价比的电脑。康柏必须向经销商分割利润，而戴尔则通过电脑购物者阅读的杂志做广告。

电脑零售商会将标价打折，形成所谓的"街头地摊价"，就像你今天在许多产品上看到的那样。戴尔在广告中将自己的标价与康柏的标价进行比较，避免给消费者留下"街头地摊价"的廉价货感，从而在购买者心目中留下了深刻印象，即康柏的标价比戴尔高出 50%。这一策略非常成功。积极的市场营销加上戴尔的商业模式及其较低的成本推动了戴尔的发展。当我看到戴尔上市的原始数据时，可以明显看出戴尔在上市前两年销售额一直在飙升。现在，作为持有戴尔股票的股东，我密切关注着公司的市场营销和销售情况，尽管在制造和库存方面存在运营问题，但戴尔的销售额仍在飞速增长，并从比它大的公司手中夺走更多市场份额。正如我们所讨论的，市场份额的扩大和客户的维系是很多成功案例的核心所在。

戴尔加速抢占市场份额

上市两年半后，戴尔的市场份额已是微型计算机老牌公司迪吉多的两倍多，并且正在加快步伐从很多供应商手中夺取更多市场份额。由于戴尔的市场份额较高，自戴尔上市以来，康柏在行业中所占份额有所下降。按日历年计算，戴尔的战略使销售额增长速度惊人，从 1988 年的不足 2.5 亿美元增长至 1991 年的超过 8.25 亿美元。

虽然我懊恼自己的胆怯，没能在人们都厌恶这只股票时大量买入，但我实际拥有的仓位也处在中等水平，占我当时基金的 1% 左右。到 1992 年，这只股票的价格已经涨到了 32 美元以上，也就是说，在三年半的时间里，它的价格几乎变成当初价格的 4 倍，是当初最低价的 6 倍多。幸运的是，随着事态的发展，我甚至在更高的价格上增加了原来的仓位。

这已经是收益不菲的一笔巨大投资。当时我并不知道这一切才刚刚开始，我也不知道戴尔和作为投资者的我在接下来的一年里将会遇到更多困难。

不受尊重

即便如此，戴尔在大多数人心目中的地位仍然很低。那些放弃、忽视戴尔的人缺乏足够的知识，没有看到拥有戴尔的充分理由。就像喜剧演员鲁德尼·丹泽菲尔德（Rodney Dangerfield）一样，这家公司和它的股票"不受尊重"。这非常有趣，因为巨大的投资机会就在眼前。

在那时，人们随时买入戴尔的股票，都可以获得有史以来最好的投资之一。人们所需要做的只是了解行业的真实情况而已。

1992 年，一本介绍硅谷的书只用两句话就否定了戴尔公司。

大多数经纪人都不看好这家公司，因为戴尔公司在摸索如何通过快速推出产品来应对巨大增长的过程中不时出现运营问题。

我在华尔街只找到一位分析师和我的想法一样，即主要以商业模式和机遇为判断依据。迈克尔·夸蒂内茨（Michael Kwatinetz）自在华尔街杰出研究公司桑福德·伯恩斯坦工作的第一天起就喜欢和我一起共事。他既是我工作上的伙伴，也是我的私人好友。多年来，我们曾一起外出寻找股票，分享心得，也曾就股票进行讨论甚至争论。几年前，他在硅谷创办了一家出色的技术风险投资公司 Azure 资本管理公司，成为计算机领域和软件领域的顶级分析师，我们也一直保持着对话讨论。

对戴尔公司的首要问题是商业模式这一问题，迈克尔·夸蒂内茨是我发现的唯一和我持有相同观点的人。我们两个一致认为戴尔公司发展过程中的坎坷、电脑销售等问题都不是最重要的。

事实证明，正是这种专注和对成功抢占市场份额的商业模式的信念，让我们和其他投资者在戴尔公司身上赚到了比其他股票更多的钱。我的收益率远远高于与我竞争的其他投资组合经理。出于类似的原因，迈克尔·夸蒂内茨连续六年被机构投资者调查评为华尔街头号计算机分析师，一直到 1999 年他成立 Azure 资本管理公司。保罗·温斯坦（Paul Weinstein）在加入迈克尔·夸蒂内茨的 Azure 资本管理公司之前，按我们的思考方式对待他自己所持有的股票。他是一位出色的分析师，擅长分析思科公司。他连续五年在机构投资者调查中排名第一，一直保持到 1999 年。

我的成功经历和我认识的优秀投资者的经历，让我相信只要你以 BASM 方式思考问题，则在追求财富的过程中你也会获胜。

行业竞争恶化

行业竞争的激烈程度、不断增长的价格折扣、市场份额的变化、混乱且如雨后春笋般涌现的新供应商，以及越来越多的新产品的推出，使企业和个人用户的日子越来越难过，到 20 世纪 90 年代初，这些因素对整个行业造成了影响。

销售个人电脑的公司越来越多。消费者知道其中一些公司的名字，但更多公司的名字不为人所知，而这些不知名的公司通过大幅降价来提高销售额。除了管理做得最好的公司外，其他公司的盈利能力都很差。

康柏公司发现，越来越多销售渠道因利润微薄而陷入困境，于是它将 8 个渠道合并成 4 个。康柏公司当时的市值约为 40 亿美元，其股票在近 8 年里一路高歌猛进。然而，分销问题和小幅经济衰退共同给康柏公司的收益和销售额带来了压力，1991 年销售额出现了有史以来的首次下降。这次下降不仅使康柏公司股价跌了一年，而且令投资者和行业观察家感到震惊。他们中的许多人开始认为，也许个人电脑行业今后都不会再有那么大的发展了。

康柏公司表现出了自身的弹性和智慧，着手变革销售方式。康柏公司授权一些电脑顾问和折扣连锁店销售其产品，并同时设立免费热线电话进行直销试验。有趣的是，戴尔公司在总体上仍然没有很高的信誉，而康柏公司却注意到了它的成功，并有意尝试直销。很多在此期间卖出康柏公司股票的人都认为，个人电脑行业所有公司的股票大涨行情已经结束。

同一时期，苹果公司的股票在经历了几年的沉浮后，表现略有好转。康懋达，一家较早进入市场的公司，表现也不好，其股价就能显示出这一点，而 IBM 的股价则在一段时间内保持持平状态。

但是，在康柏公司重整旗鼓之后，股价从悲观主义者抛售时的超卖深渊开始一飞冲天，在接下来的 7 年里，投资者的资金翻了 30 多倍，投资者在个人电脑行业新的一轮扩张中获得了丰厚的利润。我捕捉到了这一波上升的部分行情，观察战略和执行情况，若合理就参与投资。我不是第一个投资者，但我一直没有退出。最有利可图的做法是根据纪律和知识进行购买，而我也是如此。

与此同时，戴尔公司从 1990 年到 1993 年一路高歌猛进，股价表现十分亮眼。

戴尔 1993 年大考验

一家一年内增长 127% 的公司，要么正在走向巨大成功，要么已经失控。1993 年，戴尔的增长速度从极高骤降为 25%，它正处于因经营混乱而亏损状态。公司需要处理的事务太多，从日常经营到是否更换笔记本电脑电池、是否使用基于新技术（锂离子）的电池等重大决策。之后，戴尔突然意识到，其巨高的增长率已经超过了管理业务所需的信息。因此，公司需要做一些重大的改革。

股票市场一般是不近人情、缺乏耐心的，而且大多数人都不会以卓越公司和商业模式为中心。因此，戴尔公司的股票又一次被大幅抛售。我卖掉了我持有的大部分股票，但还保留了一些，以进一步判断戴尔无法应对成功所带来的问题是否会超过其差异化商业模式的优势，以及迈克尔·戴尔能否在不久的将来重新振作起来。

迈克尔·夸蒂内茨和我都很担心，并为此感到恼火。1992 年 7 月，迈克尔·夸蒂内茨写了一份长达 143 页的关于个人电脑行业的初始报告，并建议买入戴尔股票。1993 年初，也就是几个月后，戴尔公司和它的股票以及迈克尔·夸蒂内茨的建议都促使我们成为高增长预期的受害者，而戴尔公司也没有足够的内部控制来应对这一切。

我仍然看好公司的长远发展，因此迈克尔·夸蒂内茨和我都受到华尔街其他分析师和同事的抨击，但当我们仔细讨论后，我们发现我们对迈克尔·戴尔和公司的实力充满信心。那是一个艰难的时期，紧张、担心自不必说。

戴尔公司的股价波动示意图见图 8-2。

我考虑了很多，包括我和市场的情绪，同时七步走法则每时每刻都呈现在我的脑海中。我在这些事情上从不仓促下定论，而是一直依据买卖纪律。

当然，我分别与戴尔公司的高管和厌恶戴尔公司的分析师进行了交谈，了解事情的方方面面。迈克尔·夸蒂内茨和我都掌握了很多知识，我们的交流不仅仅是为了增加彼此的信心。自我质疑和与持不同意见的人交谈是投资者的财富，因为这有助于增加知识和信心。我推荐这两种方法，既能让你避免亏钱，又能让你赚更多钱。迈克尔·夸蒂内茨和我在这两方面都做了很多。此外，如今通过阅读公司发布的信息和行业报告以及分析师的评论来增加知识，对你的帮助几乎不亚于与管理层坐下来交谈。因为管理层不会偏袒任何一方，所以每个人都能获得重要信息。你也会得到你需要的信息。

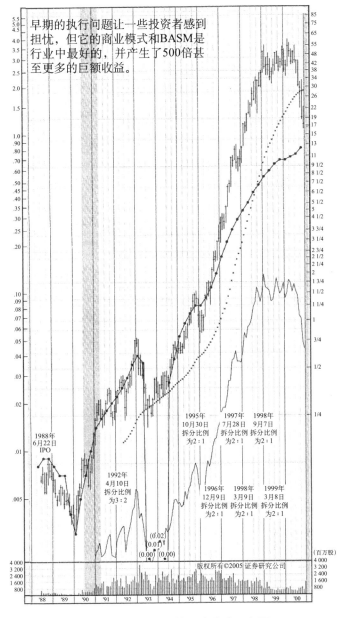

图 8 - 2　戴尔公司的股价波动示意图

我与迈克尔·戴尔经常讨论，当然在这次的关键时刻也不例外（此外，持续阅读也是一种方法）。很多次我的话都极具挑战性。有一次，他对我讲，如果他有足够的零部件，他的季度报告会好些。我直截了当地告诉他，零部件是要解决的事情，因此不能以此为借口。我习惯了很多技术主管会继续以更复杂的理由作为借口。然而，迈克尔·戴尔让我大吃一惊，他当时回答说："你说得对，弗雷德。我马上去解决这个问题。"

不久前，谈及那段艰难的日子，迈克尔·戴尔给我讲了一个他以为我早就知道的故事。在上市之前，戴尔公司的发展速度非常快，以至于从英特尔采购的微处理器不能满足其日益增长的需求。当时，戴尔对英特尔来说只是一家默默无闻的小公司，太多公司想要利用英特尔处理器进而抓住个人电脑市场机遇，而戴尔只是众多公司中的一个。

迈克尔·戴尔告诉我，他飞到加利福尼亚州圣何塞，走进英特尔总部，说他是戴尔公司的迈克尔·戴尔，想要见格鲁夫先生（英特尔公司董事长安迪·格鲁夫）。工作人员告诉他，格鲁夫很忙。他等了一天，第二天的情况也一样，于是迈克尔·戴尔说他要在大厅里扎营，直到他能见上格鲁夫为止。

他们妥协了，最终迈克尔·戴尔将最初给定的 10 分钟见面时间延长至 1 小时。最终，他的请求得到了批准，自此以后，两人在相互尊重的基础上建立了良好的个人层面和业务层面的关系。虽然 1993 年我还不知道这个故事，但从迈克尔·戴尔与格鲁夫的会面中，我看到他想要成为行业第一的性格、驱动力以及他的毅力。时至今日仍然如此。

转折、胜利、巨大收获

我的经验告诉我要坚持下去，但我并没有扩大持有的仓位，直到我看到切实的证据表明转折是真实的。然后，我以略高于我卖出时的价格买回股票。以坚定的信念去行动总是正确的选择，而不是在不了解自己在做什么或公司在做什么的情况下对最高价或最低价进行投机。

迈克尔·戴尔解决了问题，对于那些密切关注形势的人（包括迈克尔·夸蒂内茨和其他一些非常优秀的基金经理）来说，这只股票表现非常好。迈克尔·戴尔被评为"年度最佳扭亏 CEO"，这只股票也成为 20 世纪 90 年代的第一大股。

我们赢了，但我认为这要归功于知识和其他良好的投资要素。我从一开始就知道，戴尔已经具备了 BASM 的所有要素。良好的纪律是制胜的法宝，我和其他人都在实践七步走法则的要素，尽管不是每个人都称这种方法为七步走法则。怎么称呼它并不重要，但当你用知识和纪律以及耐心、投资期、市场时机和基准指标取代情绪时，你就会赢。

当然，还有更多的挑战和考验，但现在我们知道这是一家卓越公司。对我们来说，艰难的时期已经过去。

从 1993 年的最低价算起，在不到 5 年的时间里，戴尔的股价就翻了 100 多倍，而且还在继续增长。

在戴尔飞速上涨的 10 年间，我们遇到了更多的问题、发展和怀疑，但包括我和迈克尔·夸蒂内茨在内的一些人从未动摇过。

事实上，在 20 世纪 90 年代，由于人们对经济或整个个人电脑市场忧心忡忡，戴尔公司的股票一度停滞不前，迈克尔·夸蒂内茨对很多人过于关注不着边际的事情而感到沮丧，因为这些事永远无法预测，而戴尔公司的发展和商业模式才是真正可以预测未来的基础。

他发布了一份研究报告，略带调侃地给出了以下投资建议。由于家乐氏公司（Kellogg's）的股票正在大幅上涨，而且价格昂贵，深受市场喜爱，而戴尔公司的股票则令人嫌弃（没错，又是这样）、非常便宜，并且戴尔公司的业绩非常好，所以你应该卖出家乐氏公司的股票，买入戴尔公司的股票。不但要卖出家乐氏公司的股票，还要做空它。这样，你就可以借入家乐氏公司的股票，然后卖出借入的股票，再以更低的价格买回，从而在家乐氏公司股价下跌时获利。他的建议完全正确。

这个故事给我们的教训是什么？很多时候，那些缺乏纪律和知识的人往往会过度依赖从众心理和情绪，而不是他们的实际意图，他们甚至没有意识到自己正在这样做。

研究以下事情总是有意义的：情绪化地回避有争议的股票，反之，则挤向"安全"的股票。在1969—1973年间，人们对"漂亮50"的追捧是一种狂热，但在市场崩溃后，人们损失惨重。这种情况已经反复上演，以后还会多次发生。不过，你可以做好准备。时刻牢记：幸运会眷顾有准备的人。

关于戴尔的几点启发

请记住，非常重要的一点是，戴尔的个人电脑技术非常出色，即使在运营混乱的时候也能继续保持出色的性能。

第一点

优秀管理层可以汇聚创造优秀技术的人才，但反过来不一定如此。

第二点

康柏比戴尔早 5 年上市，在戴尔之前还有许多其他公司，行业高峰时期全球个人电脑供应商多达上千家。虽然也有动荡和坎坷的时候，但在这个充斥着模仿者的行业中，差异化是取胜的关键因素。戴尔做到了，而其他公司则没有。康柏最终陷入了困境，收购了迪吉多（这是一个坏主意）。当收购对公司没有贡献时，康柏被卖给了惠普。

即使惠普和康柏合并，戴尔仍是世界第一大个人电脑制造商。商业模式的差异化以及迈克尔·戴尔的远见和成为第一的驱动力，造就了戴尔的技术和整体成功。

第三点

在戴尔上市后的几个季度里，以及在 1993 年再次出现问题时，我运用买卖纪律和耐心，先减小仓位规模，后又回购，甚至以稍高的价格回购。在股价下跌时，应避免受那些分析师和股东愤怒情绪的影响，因为愤怒会使整个投资过程变得混乱。必须用纪律对抗情绪。对戴尔的投资是我最早、最经典和最盈利的投资案例之一。

第四点

即使有人不追高也不追低，但通过耐心积累知识，以及关注和研究这家公司，而不是仅仅把它的股票当作一个可能快速赚钱的新股，他或她也可能在这只股票上发家致富。

2004 年，戴尔公司出色的季度报告发布后，股价收于 42.14 美元。一路走来，戴尔进行了 7 次拆分。这意味着原始投资者每持有 1 股原始股，现在就拥有 96 股股票。因此，这只股票的股价大约是发行价的 476 倍。

顺便补充一下，上市第一年股价跌至 5.13 美元左右（该数据未经调整，当日最低价为 5 美元）。按这个价格算，投资者的收益几乎达到了 789 倍。

就像我投资小公司的朋友戴夫所发现的那样，买一只股票即可致富。他一直在寻找一家卓越公司，结果发现了施乐公司。当时施乐还是一家刚刚起步、未经考验的公司。他在施乐跌宕起伏的过程中掌握了更多知识，这只股票也让他变得非常富有。我从未忘记这一点。我也没有忘记我在投资戴尔公司之前的所有经历，我一直坚持从这些经历和知识中吸取教训，不断提升自己。

一只股票即可致富。七步走法则一直在帮助我，同样它也可以帮助你找到并留住那只可以致富的股票。

第九章

如何防范骗局

那是什么样的愿景

20世纪90年代初，在一个大致正常的市场时期，科技股市场表现也不错，我和MediaVision公司的管理层一起坐在办公室里。他们当时正在准备"路演"，他们与投资银行家们一起四处奔走，为他们的首次公开募股寻找可能的投资者。他们的技术似乎很新颖，他们用奇妙的语言谈论着未来会是如何光明。有传言说，这将是一只需求量很大的股票，投资者可能会争相购买有限的股票，股价可能会飙升。当时互联网股票还没有变得泡沫化，也没有出现20世纪90年代末泡沫的任何迹象。

他们原本想重点突出他们的技术优势，而我认为我们看到过很多伟大技术的崛起，但我们不能被这些耀眼的灯光所蒙蔽，而是应该判断公司的管理和商业模式是否有可能成功。根据BASM，我想了解管理层对最重要的因素做了哪些假设，如市场规模、应对竞争对手的措施、增长、竞争所需的资源（主要是人力和资金）等等。这些可以作为你判断一份商业计划是否合理的衡量标准。

常识性假设是非常重要的，任何公司的管理层都应提出这样的假设，这样才能让任何人，无论其背景如何，都能非常容易地理解。

MediaVision 的业务是数字互动娱乐，与传统的书籍和电影不同，观众的参与性更强。产品包括互动电影、游戏和三维网络电影。所有这些显然都涉及大量复杂的软件，因此公司需努力确保其内容简单明了，否则没有人会理解整个技术或商业模式。然而，MediaVision 并没有把任何事情说得简单明了。

相反，公司管理层只是滔滔不绝地向我展示他们产品美好的一面，还把产品拖进我的办公室，在大屏上演示。我直接提出了问题，如果你像我一样坐在那里，这些问题可能也是你想要提的问题，尤其是在你消化了这本书中的许多案例和教训，并对什么是好的公司或好的管理有了一些想法之后。我所问的问题并不复杂，我只是希望他们以简单的方式阐述他们的商业计划。

然而，他们只是夸夸其谈，并没有使我了解到商业模式，所以我的态度变得更加强硬。最后，他们的首席执行官说："弗雷德，弗雷德，如果你不友好一点，我就不给你演示了。"我暗自笑了笑，因为我想要的不是演示，而是一些事实。我告诉他，我需要在他的帮助下深入理解他们的商业计划。接下来的交流变得更糟了。

最后我也没得到对整个商业计划的一个合理解释。我对那位首席执行官的态度并不怎么友好，但他还是给我演示了。我必须说，这个演示非常棒，我看得出它可以把股票卖给很多买家。但按照我的规则，这个商业模式没有任何实质性内容。没有迈克尔·戴尔那样的管理人才，没有任何东西能让我对这家公司产生强烈的好感。

于是，我在它首次公开募股时买入股票，为我的股东赚了一笔快钱，然后卖掉，再也没有买回。我偶尔会看看这家公司的经营状况，但没什么吸引我的地方。最终，这家公司陷入了困境，其高管被指控欺诈、做假账，整家公司变得一团糟，最终破产了（顺便提一句，如今，这项技术在新的管理层和新公司下，起了新名称，得以延续）。不管 MediaVision 曾有过什么愿景，但它肯定称不上有什么商业愿景。

你也做得到

在这种情况下，与管理层坐在一起固然是一种优势，但任何投资者，更不用说读这本书的人，都可以通过查看招股说明书和依据 BASM 来评估首次公开募股的股票。我一直强调要寻求一致性，因此我强调获取知识、遵守纪律以及七步走法则中其他步骤的重要性。关键在于，许多投资者并没有做足功课，他们只是阅读或听信媒体的报道。

> 如果我们做了所有我们能做的事，我们肯定会被自己吓到。

——托马斯·爱迪生

就像孩子第一次骑自行车或尝试接球、击球前都会感到害怕一样，旁观的投资者也会认为投资比实际情况更加神秘。我之所以能避免损失，并不是因为我在商学院学到了什么，而是因为我阅读年度报告，听取管理层的意见，或在互联网上阅读收益报告，并以我敦促你遵循的常识方式，根据这些信息采取行动：观察公司的一致性，看它说了什么又确实做了什么。

一段时间后，你就能发现其中的规律。理解就是感知模式。

以思想史著称的英国传奇哲学家以赛亚·伯林（Isaiah Berlin）爵士说过，知识有两种形式：一种是谚语中所说的狐狸，它知道许多事情；另一种是刺猬，它只知道一件重要的大事。在本书中，我强调了你们必须知道的重要的事情，并告诫你们不要让自己淹没在并不需要的数据海洋里。所以，我敦促你们关注那些重要的事情，然后采取行动。本书的重点在于行动。

关键准则

当更多的知识不能帮助提升理解时，你拥有的只是一堆毫无意义的事实，它们可能会给你带来大问题。但只是嗅出问题还不够，你必须关注数据。请记住，七步走法则中至关重要的一步是积累知识，这样你就可以拥有信心和信念，在市场动荡时持有更大的仓位或持有卓越公司的股票。知识的一个重要功能是让你能够察觉问题，然后逃离问题，避免亏损大量资金。另一个功能是坚定信念，坚持做能让你赚钱的事。这两个功能都需要同样的原则。正因如此，时刻对问题保持警惕是使用七步走法则的关键方法。这样做不仅可以避免问题和不可靠的管理，还能创造财富。

早在20世纪90年代的大牛市之前，我也曾遇到过管理层欺诈的情况，大牛市似乎成了许多商人无节制贪婪和撒谎的温床。当时，安然公司和世界通信公司被爆出金融丑闻，一长串不正当的会计、财务和商业政策被揭露，随后公司破产。这也是金融市场遭遇的最大破产案。

你将不得不面对欺诈。生活就是如此，欺诈不能阻碍你做好投资，就像下雨天不耽误你上班一样。雨衣和雨伞在雨天的作用，也是本章中简单、常识性技巧在欺诈中的作用。

在我参加的一次金融聚会上，纽约州总检察长艾略特·斯皮策（Eliot Spitzer）发表讲话后，我与他谈了一些事情。我问他，对那些被定罪的人采取严厉措施，是否会在未来一段时间内保证我们这些股民的安全。

艾略特微笑着说："弗雷德，当人们在高速公路上超速行驶，然后看到警察把超速行驶的人拦在路边时，他们当然都会减速，但他们只会减速一两英里。在接下来的行程中，人们肯定不会一直减速，不是吗？"

我明白艾略特·斯皮策的意思，我一直都知道这一点，但我这么问出于一种自我安慰的心态。人性就是这样，我们希望得到充分的保护，以避免那些不怀好意之人的伤害。从我进入投资行业的第一天起，就有智者告诉我，我们拥有世界上最伟大的市场，部分原因是我们有鼓励企业活动的经济体系，另一部分原因是美国的会计、财务披露及全面的报告体系更成熟，这一点比任何国家都做得好。这使得美国国内外投资者更好地参与美国市场，资本不断流入美国，估值随之提高，经济也随之繁荣。事实确实如此。

通过日本的萧条我们深刻地认识到，如果人们失去信心，他们就会离开，而且很难再回来。因此，几年前，曾经是我们时代金融繁荣标志的日本，其股市创下 19 年来的新低。出现这种情况的部分原因是糟糕的经济政策根植于文化而非理论，但在很大程度上也是因为市场信息的揭露存在不可信的因素，而公众不想与一场被操纵的游戏扯上任何关系。

尽管一些著名的美国公司被曝出财务和会计丑闻，但你应该知道，每当经济出现巨大繁荣时，都会发生这种情况，而这些从未影响过美国健全的底层系统，这次也不会。事实上，正是美国这种健全的底层系统揭露、化解了这些丑闻。

强大、稳健、安全

我们都应该庆幸美国的底层系统不仅完整，而且强大。虚假或不可靠的财务报告被揭露是一件好事——当然不是指谎言或其他问题本身，而是说我们揭露、处理问题的这个底层系统，在这一过程中系统随之更坚固。正如我所说过的，每次出现巨大的金融繁荣时，贪婪的人就会失去控制，他们或过分贪心，或走捷径，因此，不要因为 20 世纪 90 年代的繁荣和由此产生的问题，就觉得人性会出现新转变，或是开始怀疑美国的底层系统。

我们是强大、稳健和安全的，绝大多数管理层是诚实的，我们有优秀的会计师和监管者，我们也有非常熟练的金融分析师和投资组合经理，他们正在尽最大努力保持投资业务的透明和诚实。如果有人作怪，市场会清理他们，这种情况在过去反复如此。

几千年来，以及自现代股票市场出现以来的所有年头里，谎言一直存在，我们不能完全依靠监管机构来保护我们的资金，以避免纠错为时已晚。我们必须自己采取行动。只需一些简单方法就可以做到这一点，而人们也不必离开股市躲藏起来，从而错过未来 5 年、10 年或 20 年甚至更长时间的巨大机遇。我们要在遭受损失之前了解金融谎言和其他投资陷阱。

你不必成为会计天才或财务侦探。你需要做的事情非常简单直接——学会鉴别常识，进而发现公司言行不一致之处和问题，并在学习和积累经验的过程中不断获取信息。从常识中学习，从观察公司的一致性中学习，积累的时间越长，这种比较就会变得越容易。保护自己意味着注意提示、掌握技巧，以及学会如何识别和避免某些情况出现。掌握知识和纪律是一个不错的开端，七步走法则在一定程度上确实能保护你的资金，但在某些情况下，知道要寻找什么是非常宝贵的。你总会遇到这些情况，并且在大多数情况下，无论公司本身的信息充足还是缺失，你都可以应对自如。

Sambo's 就是我的第一家安然——大的投资教训之一

知道和理解之间存在着巨大的差异：你可以知道很多事情，但并不真正理解它。

——查尔斯·F. 凯特林（Charles F. Kettering）

20 世纪 70 年代，Sambo's 是一只热门股票，很多人只知道 Sambo's 的业绩有多好，而不知道它为何会做得这么好。

但是，股价上涨了，人们往往认为上涨自有其原因，即使他们并不清楚这一原因是否合理。

这听起来熟悉吗？尤其是在 21 世纪初之后，每当发现一起欺诈行为或一组模糊的财务数据时，总会伴随着出现一些关于损失惨重的股民的故事，他们因为喜欢一只股票所带来的利润而坚持持有，而他们自身并不十分了解自己投资的公司。其中最重要的投资教训是，当最好的财务专家也无法正确理解或弄清一家公司的财务报告时，最好的办法是离开，而不是持股观望公司是否存在欺诈行为。毕竟，当赚钱或一切看起来都很好的时候，谁会想要仔细研究呢？当然，如果人们能遵守一条简单的规则——了解你持有的股票、明白它的上涨逻辑、不懂就撤，那么安然、泰科、阿德尔菲亚通信公司和其他公司的欺诈行为可能就会少很多。

我当时是惠灵顿管理公司（如今是一家管理着大部分先锋共同基金和大量退休计划资金的巨型公司）的分析师。我的主要职责之一是负责餐厅行业研究，包括麦当劳、牛排与麦芽酒（Steak and Ale）餐厅〔创始人为诺曼·布林克尔（Norman Brinker），他创办了包括奇利斯（Chili's）在内的许多优秀的餐厅〕，以及Sambo's等其他餐厅。

Sambo's的店名容易让人联想到一本带有种族主义色彩的儿童读物《小黑人桑波》（*The Story of Little Black Sambo*），因此它遇到一些麻烦。但管理层极力为其辩护，撇清了与书名的关系，声明这是两位创始人名字的缩写组合，即萨姆·巴蒂斯通（Sam Battistone）名字中的"Sam"和纽厄尔·博内特（Newell Bohnett）名字中的"Bo"的缩写组合。

与Denny's等休闲餐厅相比，Sambo's利用便利的地理位置、优质的食物和超值的低价来吸引大众市场。事实上，在20世纪70年代的年度报告中，我最喜欢的部分是菜单，它显示了Sambo's以低廉的价格提供了多样化的食物。Sambo's吸引了大量消费者，公司发展非常迅速，1975年餐厅收入超过2.5亿美元。

我认为，美味的菜肴和低廉的价格使得人们喜爱Sambo's，前往就餐的人数越来越多，在两年时间里推动了餐厅的高速增长，这也是它的总收入翻了一番的直接原因。

这只股票在过去几年中表现出色，投资者的资金几乎翻了7倍。我曾大力推荐过这只股票；我们的许多投资组合经理都持有这只股票，并获取了大部分丰厚收益。

这家餐饮公司与每一家餐厅以合伙关系展业，它保留了50％～60％的所有权，其余归餐厅运营人员所有，从餐厅开业时就开始记账。这种模式使经营分析变得相当复杂；它不像其他休闲餐厅那样，只有餐饮业务和特许经营业务。我们分析时除了考虑餐饮销售额、特许加盟费外，还需要考虑房地产业务和大量来自折旧和摊销的非现金收益，以及递延所得税。此外，还有一些非常重要的金融交易，如土地和建筑物的售后回租，这一项在总收入中占比很大。

是的，即使你被迫在紧迫的情况下为未来几个季度提出收益估计，这些也足够让你头晕目眩了。当时我刚从哈佛大学商学院毕业，并且我的财务会计课程表现出色，但是我仍感到困惑。投资界的其他人也对这种收益计算公式颇有微词。他们希望，既然Sambo's在煎饼、鸡肉和汉堡包等本职业务方面如此出色，那就不要再搞一些花里胡哨的房地产业务和合伙企业了，把餐厅挣来的钱收起来，这样就可以了。此外，公司还有一项行动计划，它为不同层级的员工提供激励，如餐厅经理、区域经理等，让他们分享其负责运营业务模块的部分利润。

随着时间的推移，这家拥有数百家餐厅的公司每年新增的餐厅数量远远超过100家，呈"金字塔"状，非食品收入随之不断增加，整家公司的复杂性也与日俱增。

以下内容摘自Sambo's1976年的年度报告：

　　每家合资餐厅拥有的剩余权益（40％～50％）分配方式如下：餐厅经理拥有20％（"经理权益"），剩余的20％～30％

出售给其他合资伙伴（"投资方"）或房地产合作伙伴（"房地产方"）。

后两者为员工提供投资机会，这被作为一种奖励性报酬。

这就是本章最复杂的部分。我要表达的重点是，我们都相信自己是一名优秀的分析师，可以明白整体运作过程，什么都能搞清楚。然而，当首席财务官欧文·约翰斯顿（Owen Johnston）在各个城市进行巡演，并在我们或其他大股东的办公室眉飞色舞地演示各种数据时，我们终于明白，这就是"皇帝的新衣"的重演。我们看着他，一切看起来如此明了——类似于 19 世纪末旅行推销员的推销方法。

约翰斯顿离开后，我们对未来收益有了基础理解。我们试图回忆他如何把所有数据融合在一起。他能如此频繁地从加利福尼亚州圣巴巴拉来到波士顿（以及纽约和其他地方），对我们来说是一件幸事，毕竟这帮助我们了解到更多知识。

七步走法则的核心

有一天，我正打算去洛杉矶拜访各家公司，突然意识到我要横跨整个美国，而且距离 Sambo's 总部圣巴巴拉只有大约 90 英里。

由于我对 Sambo's 的真实收益感到担忧，同时在数据获取方面又很困难，因此我想要花半天时间拜访 Sambo's，与其管理层一起把一切都搞清楚，即便它的高管经常来波士顿拜访我们。

无论何时，知识越多意味着理解越多。这就是为什么知识是七步走法则的核心。你知道得越多，你对事物的理解就越深，就越有信念和信心，从而就能赚到越多的钱——或者学会何时退出。

当更多的知识并不一定带来更多的理解时，这往往就是一种警示。当然，或许这种警示意味着其他，比如提醒你换一种方法来看待某件事情；但在了解一家公司时，对产品、客户、管理、模式等有了更多了解后，你就会真正了解它的运营、未来和潜力。

我对 Sambo's 的了解越来越多，但我的知识不足以让我理解它的财务结构如何与合作关系、收入等结合在一起。这让我越来越担心，尽管投资界的大多数人似乎仍然觉得一切都很好，并且这只股票在我们的客户投资组合中为我们赚了很多钱。华尔街的研究报告都没有比我们做得更深入，它们不应该只是停留在会计层面的分析——毕竟这些大多数通过年度报告和管理层发布的信息就能够解释。

请牢记以下两点：

第一，管理层不希望收益的来源让人费解。预测收益可能很难，但就了解报告而言，不需要金融学位或分析师资格就可以做到。真正优秀的公司一定可以做到这一点。甚至一些公司在报告里提供一些说明，以辅助人们理解。可以看看 IBM 的网站，它就是这样做的公司典范。无论是过去还是现在，好公司很少有这种财务上的"理解"困难。

第二，股票表现越好，人们越不愿深入挖掘，在这一方面，很多专业分析师也是如此。这归因于人性，人们都很忙，都在关注下一个想法，或者研究那些看似不起作用的地方。七步走之类的法则可以与之抗衡，在这些法则的指导下，就能明确需要做哪些事。

考虑到以上要点，在 Sambo's 访问的半天让我感觉自己很愚蠢。管理层非常友好，但他们很快就讲完了，而我却什么都未听懂。我上面引用的年度报告中的言论只是冰山一角。Sambo's 年度报告的脚注很长，而且没有什么启发性。管理层只做了口头讲解，我没有拿到任何纸质资料。

当我准备离开时，总裁小萨姆·巴蒂斯通（当时他的父亲，即创始人兼董事长，以及他们的首席财务官也都在）问我怎么回洛杉矶。我回答说自己租了一辆安飞士（Avis）车，他让我把车钥匙交给他的助理，让助理帮我还车，因为他正要去洛杉矶，我可以顺路坐他的私人飞机。于是，我们乘着他的法拉利，以极快的速度到达机场，然后坐飞机回到洛杉矶。

这很有趣，给我留下了深刻的印象，但我也因此感到更不舒服。在长途飞行中，我仔细研究我的所有笔记和可用数据，仍是一头雾水。我明白结果就是这样了。我必须建议抛售这只股票。我唯一的问题是：我是应该责怪自己不会分析，还是应该说有什么地方出了问题（尽管我无法找出问题所在）？这让我感到压力很大，并且不知道该采取什么行动。

得救：钟声敲响

回来后不久，我开始着手写报告。写了改，改了写，过程并不轻松。突然，罗马的幸运女神走进我的办公室，对我说："弗雷德，这个月你一直表现很好，工作也很努力，你搞不清楚 Sambo's 不是你的错。我会来救你的。"说完，她就消失了，我想我一定是在做梦。

好吧，我承认她没有走进我的办公室，我也没看到她。但是，突然道琼斯通讯社传来消息，格雷斯公司（W. R. Grace & Co.），一家一直在收购中小型连锁餐厅的大型企业集团，打算出价收购 Sambo's 的所有股票。于是，Sambo's 的股票在涨势良好的基础上又上涨了约 35％。我们在这只股票上赚了一大笔钱，而且按照目前的收益预期，这只股票的价格越来越贵。

于是，我很快写了一份不到一页纸的备忘录，说明这只股票的价值被严重高估了，我们应该立即卖掉手中的所有股票。实际上，我亲手把它交给了按我意见买入这只股票的所有投资经理。我们卖掉了所有股票。这是一次胜利，或许我应该说是一次逃亡和巨大的解脱。那天晚上，我终于睡了个好觉。

几个星期后，那时我们正在忙其他事，Sambo's 的股票仍没有动静，股东们都在等着收购交易的完成。突然，Sambo's 的世界里刮起了一阵恶风。格雷斯公司又通过道琼斯通讯社宣布，由于无法弄清 Sambo's 的会计问题、公司的行动计划以及公司账目的底细，它决定取消收购交易。

于是，Sambo's 的股价一落千丈，这不仅是因为高价的收购预期落空，更是因为一个老练的餐饮行业买家，拥有那么多经验丰富的财务人员，竟然都搞不清楚 Sambo's 的数据来源。

Sambo's 受到越来越多的审查，麻烦也越来越多。在那之后的一段时间里，Sambo's 的股价持续下跌，直到最后管理层受到指控，Sambo's 被起诉并破产，许多店面被卖给 Vicorp 餐饮公司。

Sambo's 与 20 年后安然表现出来的警示信号非常相似。这两家公司有着相似而复杂的合作关系、会计和财务状况，专家们几乎无法确定它们是如何赚钱的。

一路走来，Sambo's 的案例让我受益颇多。当安然"火热"

时，我避而远之，因为我看不懂，总觉得其中存在大问题。我在安然身上看到了 Sambo's 的影子，Sambo's 就是我的第一个安然。

从中汲取的教训

一切都会重演。学会识别这些固定模式是赚取或节省大量资金的必经之路。

我早期的经历——Sambo's 的经历，是非常关键的经历，让我学会了核实管理层所说的一切，并阅读各种渠道的信息。每一年，我在核实和阅读方面做得越来越好，历经安然公司和世界通信公司，直到今日仍然如此。我发现，盯准正确的东西是最重要的。你不必成为超级侦探或金融专家，只要仔细观察就可以。

个人投资者的优势在于你可以随时清仓，而不必写报告进行说明，也不用为行动做辩护。你可以卖出股票，而不必在委员会面前为卖出股票辩护；你可以卖出股票，而不必向资深投资者证明你的决定；当有事情让你感到不舒服或担心时，你可以直接卖出股票，无论你的担心是来自你的常识、直觉还是研究。

现在，正如我之前所说，股票表现越好，人们就越不想去核实、挖掘、阅读，或者不相信一切会停止。但是，你有七步走法则，它包含知识和买卖纪律，可以为你提供决策框架，克制你的本能，以免你过于贪婪。

最重要的教训是，当你不理解公司报告或告知股东的内容时，一定要承认这一点，不要因为大家都喜欢这家公司，股价在上涨而敷衍了事。一旦到了这个地步，你至少知道如何处理这种情况。你可以决定忽视它，选择承担风险，即便明知自己是在投机；你也可以通过与他人交谈或调查来解决这个问题；或者你可以卖掉股票，一走了之。

多年来，我见过、与之交谈过并了解了一些投资者，他们真的感到尴尬，因为他们没有足够的知识为自己的买卖行为辩护，也无法跟随直觉或运用常识。当我认为所有人都能理解而只有我不能理解时，我害怕这会让自己看起来很愚蠢。这是人之常情，但在通往投资成功的道路上，我们要学会控制自己的情绪。

如果你从不购买自己不了解的股票，你就可以减少大量的资金损失和痛苦。如果你不了解某只股票，那么你可以积累知识，或使用七步走法则的任何一步或其他法则、技术等，只要它们对你而言直接、有效即可。如果一家公司发生了一些变化，你发现它没有坚持自己的商业计划，或者你不再了解它的报告或运营情况，只需要卖出股票即可，这样你就可以避免资金损失和随之而来的痛苦。

为什么会出现这种情况？在我看来，很多时候，当公司发现自己难以保持一直以来的增长趋势时，它们就会做出一些诚实但毫无意义的事情，这只会让情况变得更糟，惠普公司在收购康柏公司时就是如此。但也有少数公司选择欺诈，比如做假账。

卖出案例

你无法想象避免那些不好的投资标的是多么简单明了，如果你能学会这一点，你就能在市场低迷时拥有与世界一流赢家站在一起的信心。

20 世纪 80 年代，我与亚特兰大的一家医院信息系统公司

HBO 有过接触。在那里，我与华尔街研究这只股票的首席分析师度过了一天。他撰写了出色的报告并推荐了这只股票，为他的客户带来了巨大的利润。这只股票很不错。该公司声称它在整合新收购的两家公司方面不存在问题，但奇怪的事情发生了。我注意到董事长和他的七位高管都有相同款式的字母组合袖扣。这很不寻常，也许是巧合，他们对同样问题的回答也完全一致，给人一种领导强势而属下唯命是从的印象，或许还有所隐藏。

奇怪吗？也许是的，而且这种感觉一直存在。于是，我们把这只股票全部卖掉了，但那位分析师再次强烈推荐持有。之后这家公司在运营和信誉方面遇到了巨大的问题，收益和股价一落千丈。即使是在大牛市中，这只股票也崩盘了，很快就缩水 60%。

《巴伦周刊》（Barron's）就这个故事写了一个专栏，题为"同款袖扣案例"。令人惊讶的是，当你得不到你需要的答案时，你自己的直觉和常识往往会向你发出警告。如今，你为获取信息不必与管理层共处一室，但我觉得你必须保持阅读。

每当你钻研像 HBO 这样的案例时，可能会感到新奇，然而它们都有相似之处，你真正需要的知识就隐藏在这些案例中。

例如我并没有在泰科股票上亏钱，因为我对首席执行官丹尼斯·科兹洛夫斯基（Dennis Kozlowski）很不满意，而且他越来越不参与公司的运营。与他会面是否让我受益？是的，绝对受益。一方面，媒体报道中关于这家公司的信息令人难以置信地越来越好，而公司的首席执行官却花费大量时间在划船和聚会上——好吧，真相就在那里。我见过他，而且不止一次。似乎股价涨得越高，我对管理层的不满就越大。我和他的谈话越来越少。他不够敏锐，而且心不在焉。HBO、Sambo's 以及其他所有类似公司都让我更善于钻研。只要阅读和了解优秀公司披露和阐明的内容，你就会变得更睿智，因此，稍加努力就会有很大的收获。如果一开始不明白，又不进一步研究，就不要指望赚钱。

有一天，我和科兹洛夫斯基以及其他几个人一起，在迈阿密海豚队老板的包厢里做客。通常，在这种场合，我不会打听一家公司的情况。但是，你总能在不经意间获得一些信息，而且往往是非常有价值的信息。我第一次和一位首席执行官看完整场橄榄球赛，但赛后知晓的信息却完全不比赛前知道的多，有关这家公司的新增知识为零。

我将这件事告知波士顿的一位投资经理，他认为我疯了。尽管他知道我已卖掉所有泰科股票，也知道我对这只股票持怀疑态度，但他仍大量持有泰科股票。请记住，股票表现越好，你就越要确保公司的运营确实很好，以支持这一点。

泰科股票崩溃了，正如现在每个人都知道的那样。这位投资经理也掌管着一家大型共同基金公司的资金。大多数券商和投资公司的分析师和基金经理都很聪明，但这并不意味着他们擅长采访高管或根据所学知识做出推断。一些从事实际工作的人更有常识，而有些分析师则非常出色。这要看具体情况。但不要想当然。很多从事其他职业的人也会通过股票致富，还有很多人，就像我试图警告的这位投资经理一样，只会在余生中机械地工作。

有趣的是，那天举办活动的主人是迈阿密海豚队的老板韦恩·休伊曾加（Wayne Huizenga）。他先后创办了废物管理公司（Waste Management）、百视达音像公司（Blockbuster Video）（后出售给维亚康姆公司）等公司。现在，有些投资者倾向于认为所有行业高层领导要么偷工减料，要么撒谎或欺诈，而韦恩则是一个很好的正面例子。他白手起家，如今是亿万富翁，也是我25年的朋友，他的成就不仅仅是因为他的成功创业经历，也归功于他的诚实、正直，以及商业领袖能力和优秀人格。

教　训

尽量了解你所投资公司的负责人。他的时间都用来做什么了——是更多地花在社交上，还是更多地花在业务上？如果他在工作，他的技能是什么？他最擅长做什么？如此等等。

如果你做了充分的功课并运用一些技巧，请尽可能相信自己的判断、直觉。

永远不要持有你无法理解的公司股票。

数据不是直接的答案

不要因为股票对你有利就爱上它们。一定要客观。这一点听起来容易——前提是你有买卖纪律，不让情绪比知识发挥更大的作用，那么实际上也确实如此。我必须时刻提醒自己这一点，跟每个刚刚开始投资的人一样，我同样有情绪波动，但我可以运用工具来控制情绪。

小心驶得万年船。当你不了解时，以及当某只股票价位偏高时，一定要多做些工作。永远不要指望分析师会提醒你——他们几乎从不这样做。永远不要相信媒体的炒作。记者知道的通常比他们自以为知道的要少得多。

利用纪律、七步走法则和常识。记住，当你不理解时要承认，如果掌握的知识不足以让你理解，就卖出股票并继续前进。

结　语　走向巨富之路

在电影《生死时速》（*Speed*）中，丹尼斯·霍珀（Dennis Hopper）饰演的坏人炸弹客与基努·里维斯（Keanu Reeves）饰演的好人警探杰克通过电话，要求杰克按照自己说的准备好钱，否则他将引爆炸弹。杰克抱怨说自己要做太多的事情，时间又很紧迫，压力下他的思维有些混乱。炸弹客告诉杰克："专注，杰克，专注！"他尖锐的语调和话语确实让杰克专注起来。

我们生活在一个信息世界，投资就是一个信息业务。在过去的几十年里，信息时代给投资者带来了如此之多的信息，过剩的信息造成了一个重大问题：无法专注。告诉自己要专注很容易，但是当你的股票承受压力或者你不确定要专注在什么上时，做起来就很困难。七步走法则的效用就是帮助你专注于 BASM，也就是生金蛋的鹅。

读完本书，你就能明白为何简单比复杂更好，并且也知晓应该专注在哪些地方。为什么那些曾经飞速增值的科技股公司最终消失了？那些击败它们的赢家是如何取得胜利的？这些你都可以通过 BASM 找到答案。

我们并非生来就是股票挑选人。我们通过一些简单的方法、从投资经验中学习以及与同行交流，才成为股票挑选人。我们多数人天生具备足够的好奇心和常识，它们是取得成功的基石。

投资就像骑自行车。对一个孩子来说，一开始这看起来几乎是不可能的。但我们都天生具备平衡感，只需要学会运用它。很快，骑手就能轻松地说："妈妈，不用手扶了！"同样地，我们都具备常识和好奇心，只需要在投资时将其调动起来。

一些投资者或许想更多地了解金融知识。有很多书以简单、直接的方法来讲解利润表和资产负债表，以及如何计算市盈率。只要你愿意，就可以学习。这些内容我在本书中解释了一些。不过，本书的重点是向投资者展示这些数据的来源。当安进和微软开始崭露头角时，它们没有盈利，但你可以通过使用 BASM 来理解这些公司。

越是能在早期识别出哪些公司具有可重复性，哪些公司没有，越是能用一种全局的方式来理解一家公司，也就能越早确定要持有什么股票。

很多投资者似乎认为，如果管理者取得过几年好业绩，那么他们就是优秀的，但事实并非如此。如果还不知道应该关注什么，却又推断出好结果，那么这种方法未免太过原始了。只有小部分管理者能成为明星管理者，并为股东创造符合 BASM 标准、具备可重复性和赢得巨大财富的公司。如果你已有多年投资经验，你可能已经知道这一点。你也可能感到沮丧，因为传统的投资技术没有告诉你如何区分不同的公司。

对于外行人来说，这一切似乎就像在收入等统计数据的海洋中寻找一根针。然而，对于那些理解全局方法并专注于正确事物的人来说，卓越公司变得越来越容易辨认，并且在发展的早期阶段就能被识别出来。

在职业体育中，优秀的球探可以浪里淘沙，在运动员职业生涯早期就能发掘出明星运动员。对我来说，更容易辨认出优秀的管理者，特别是如果他们可以掌握企业命运和自身商业模式的话，就更容易被识别出来。

　　要成为像球探一样的投资者。要反复使用和参考本书中的案例，记住一切都会重演。像我一样，务必记下自己的投资经验。这将帮助你变得越来越擅长投资，并在早期识别出优秀的股票。BASM 和七步走法则将指引你走上巨富之路。

致　谢

　　家人是我最早的老师。早年与父母和兄弟杰夫（Jeff）共进晚餐并聊天时，我们的话题覆盖面广泛，这对我的帮助很大，也促使我成为一个更自信的投资者，可以看清关键问题。我对他们心怀感激。

　　我选择哈佛大学商学院是为了有机会向投资界大师科利尔·克拉姆（Colyer Crum）学习。他教我要看清表面之下的东西，这也是我一直努力做到的，我十分怀念那些与他共度的时光。

　　毕业后，有人建议我找一位伟大的投资者、导师，并与之一起工作，所以我选择了惠灵顿管理公司，为戴维·奥格登（David Ogden）工作。在我的职业生涯早期，他的智慧和耐心让我受益匪浅。在那个时候，惠灵顿管理公司有一些世界级的基金经理。当时的传奇人物约翰·内夫的温莎基金正在创造最佳业绩，我有幸从他那里学到了有关分析公司和选择股票的知识。即使在今天，当我思考他的告诫时，我依然心怀感激，这些告诫我从未忘记。

　　实际上，很少有分析师擅长选好股。那些在理解公司财务状况方面做得最好的分析师，即使拥有多年经验，也未必能选出一只股票。然而，分析师利用自己的专长，在相应的投资难题面前又起到了关键作用。有些人擅长选股票，但我看重的是能够剖析公司并确定其成长动力，或对行业关键因素有深入理解能力，或者两者兼备的分析师。我在本书中只提到了一些分析师，但实际上有益于我的分析师有上百人之多。我不会对他们进行"排名"，而是根据他们的专长珍视每个人。我对那些数不清的诚实分析师和辛勤工作的优秀券商表示感激，他们努力为世界营造最好、最开放的投资环境，并帮助像我这样的人。

我刚开始担任航空股分析师时，华尔街有两位既睿智又杰出的航空股分析师，他们是 DLJ（Donaldson，Lufkin & Jenrette）公司的特德·沈（Ted Shen）和奥本海默控股公司（Oppenheimer）的伯特·芬格赫特（Bert Fingerhut）。在他们的启发下，我收获了很多。

在投资这段旅程中，跨岸资本（Cross Shore Capital）的本·布鲁姆斯通（Ben Bloomstone）和维克·利内尔（Vic Linell）〔他们分别曾在第一波士顿（First Boston）和桑福德·伯恩斯坦公司工作〕、艾伦公司（Allen & Co.）的杰克·施耐德（Jack Schneider）、美林证券的弗兰克·戈基（Frank Gorky）、雷曼兄弟（Lehman Brothers）的杰米·布隆德（Jamie Blond）、哈里斯公司（Harris Corporation）的迪克·赫德（Dick Hurd），还有花旗美邦（Smith Barney）的 T.J. 菲茨杰拉德（T.J.Fitzgerald）等大型金融机构的杰出销售人员，在我需要时给予了我极大帮助。

我感谢戴维·谢尔曼（David Sherman）允许我讨论他的著作《你可以信赖的利润》（*Profits You Can Trust*）中的部分内容，并敦促我开始动笔写这本我一直想写的书。我非常感谢证券研究公司允许我使用它的股票图表。我使用证券研究公司的图表30多年了，它一直是最好的。

感谢西蒙与舒斯特（Simon & Schuster）出版公司的编辑鲍勃·本德（Bob Bender），他耐心教导我如何区分好的写作和写一本好书之间的区别。同样感谢鲍勃的助手乔安娜·李（Johanna Li）。还要感谢吉姆·韦德（Jim Wade）对我的帮助。最后，同样感谢文字编辑主管南希·英格利斯（Nancy Inglis）和菲尔·巴什（Phil Bashe）。

最后要感谢我的律师罗伯特·巴内特（Robert Barnett），他是华盛顿的威廉姆斯-康诺利（Williams and Connolly）律师事务所的律师。作为我的顾问，他教会了我许多技巧，并在各个阶段帮助了我。我对此非常感激。

图书在版编目（CIP）数据

大钱：如何选择成长股 /（美）弗雷德里克·R. 科
布里克著；卢斌，张小敏译 . -- 北京：中国人民大学
出版社，2025.4. -- ISBN 978-7-300-33356-4

Ⅰ. F830.91

中国国家版本馆 CIP 数据核字第 2024J7X308 号

大钱：如何选择成长股

［美］弗雷德里克·R. 科布里克　著

卢　斌　张小敏　译

Daqian：Ruhe Xuanze Chengzhanggu

出版发行	中国人民大学出版社	
社　　址	北京中关村大街 31 号	**邮政编码**　100080
电　　话	010 - 62511242（总编室）	010 - 62511770（质管部）
	010 - 82501766（邮购部）	010 - 62514148（门市部）
	010 - 62515195（发行公司）	010 - 62515275（盗版举报）
网　　址	http://www.crup.com.cn	
经　　销	新华书店	
印　　刷	北京联兴盛业印刷股份有限公司	
开　　本	890 mm×1240 mm　1/32	**版　次**　2025 年 4 月第 1 版
印　　张	10.375 插页 2	**印　次**　2025 年 4 月第 1 次印刷
字　　数	228 000	**定　价**　99.00 元